21の実践から学ぶ

臨床発達心理学の実践研究ハンドブック

一般社団法人 臨床発達心理士認定運営機構
日本臨床発達心理士会 ■編

金子書房

まえがき

　社会の急激な変化の中で,「気になる子ども」,発達障害,学力格差,読解力低下など,発達支援のニーズを有する子ども・人々が増加している。これらのニーズに対応するためには,人間の「心のメカニズム」への深い理解が必要であるが,そのためには,生物学的側面や認知や言語機能などの個人内の機能のみならず,対象児・者の生活世界や人間関係など多様な環境的側面も含んだ包括的な理解の観点もまた不可欠である。また,障害と定型発達との境界に位置し,旧来の障害・非障害の2分法的な見方ではとらえられない子ども・人々をとらえる,すなわち障害・非障害をスペクトラム（連続体）にとらえる,あらたなパラダイムによる支援が要求されている。

　このような状況の中で,臨床発達心理士認定運営機構（2009年度からは一般社団法人）は2002年度より資格認定を開始し,2009年度までに2600名が資格を取得し,福祉,医療,教育分野などの分野で,臨床発達心理学的な観点に基づいた支援活動が活発に行われはじめた。

　そして,そのような実践が,一般社団法人臨床発達心理士会が2006年度から刊行を開始した『臨床発達心理実践研究』に,実践研究として年々数多く投稿されるようになってきた。

　だが,『臨床発達心理実践研究』は臨床発達心理士会の会員向けの研究誌であり,他の心理専門職の方々,また他の専門職種の方々,保護者の方々などは目にすることは困難であったため,その公表の希望が多く寄せられた。

　そこで,臨床発達心理学的な観点に基づくこの間の実践研究の豊かな実りを多くの方々に知っていただき,その成果を共有していただくこと,また,あわせて,このような豊かな実践を実践研究として発表し,さまざまな人々と問題意識や支援方法を共有するための方法=「実践研究のまとめ方」についても,ガイドラインとして示すことを目的として,本書が企画された。

　まず,第I部では,なぜ,実践研究が必要なのか,またどのようにしたら,実践研究としてまとめ,共有できるようになるか,そのノウハウを整理した。

　第II部では,『臨床発達心理実践研究』の第1巻（2006年,この巻のみ『臨床発達心理実践研究誌』と称した）から第4巻（2009年）に掲載された臨床発達心理士による,育児・保育分野,特別支援教育分野,思春期・青年期・成人期分野から21本の優れた実践研究を選び,紹介した。なお,それぞれの実践研究には,編集委員によるコメントが寄せられ,研究の独創性や今後の課題などが述べられている。

　また,巻末に資料として,『臨床発達心理実践研究』執筆の手引きと臨床発達心理士倫理綱領などを示した。

　なお,本書に収録した実践研究の執筆者・コメント執筆者の所属は掲載時のままとした。現所属については,巻末に一覧を掲げたので参照いただきたい。また実践研究は掲載時の紙面を原則的にそのまま再現しているが,見出しスタイル,文献書式は現在の『臨床発達心理実践研究』の編集方針に沿って一部変更した。現時点からみると,状況の変化があるにしても,明らかな誤り以外は訂

正をしなかった。

　臨床発達心理学的な観点からの支援の重要性は今後一層増すものと考えられる。豊かで，また科学的な臨床発達心理学的実践が本書によって，今後ますます発展する契機となれば幸いである。

　　　2010 年 6 月 20 日

　　　　　　　　　一般社団法人 臨床発達心理士認定運営機構 日本臨床発達心理士会　幹事長　　長崎　勤
　　　　　　　　　『臨床発達心理学の実践研究ハンドブック』編集委員会委員長　　佐竹真次

目　次

まえがき

第Ⅰ部　臨床発達心理学における実践研究

第1章　なんのための実践研究？——実践になぜ「研究」が必要なのだろうか？
　　　　　　どうすれば「研究」にすることができるのだろうか？ ……………… 長崎　勤　3
　1節　実践になぜ「研究」が必要なのだろうか？ ………………………………………… 3
　2節　どうすれば「研究」にすることができるのだろうか？ …………………………… 3

第2章　どうすれば書ける実践研究？ ……………………………………………………… 7
　1節　育児・保育 …………………………………………………………… 山崎　晃　7
　2節　特別支援教育——個別の指導計画を活用して ………………………… 宮﨑　眞　9
　3節　思春期・青年期・成人期・老年期 …………………………………… 佐竹真次　13

第Ⅱ部　臨床発達心理士による実践研究

第3章　育児・保育分野における臨床発達心理士の実践 ………………………………… 19
　高橋ゆう子：軽度発達障害が推測された幼児への支援過程の検討 …………………… 20
　　　■コメント　　河合優年／26
　石川由美子：5歳児を対象とした巡回相談型健康診査の発達援助の方向性
　　　　——高機能広汎性発達障害児の事例から ………………………………………… 27
　　　■コメント　　長崎　勤／37
　坂上裕子ほか：2歳児集団での遊びを楽しむための関係調整
　　　　——他児との関わりに難しさのみられたY児とその母親への支援 ……………… 38
　　　■コメント　　足立智昭／44
　飯島典子・本郷一夫：「気になる」子どもの保育コンサルテーション——遊びを通じた集団参加支援 … 45
　　　■コメント　　山崎　晃／53
　倉盛美穂子ほか：保育支援の実態とニーズ——保育所・幼稚園と関係機関との連携のあり方 …………… 54
　　　■コメント　　山崎　晃／64
　土谷みち子：日常生活場面における育児・保育支援 ……………………………………… 65
　　　■コメント　　長崎　勤／74

第4章　特別支援教育分野における臨床発達心理士の実践 ………………………………… 75
　森岡茂樹：軽度知的障害で良好な人間関係を持つことが苦手な女子中学生への対応・支援について
　　　　………………………………………………………………………………………… 76
　　　■コメント　　佐竹真次／81
　中田ゆかり：ADHD児に対する社会的ゲームによる社会性の発達支援——7並べスクリプトによる
　　「ルール変更の申し出」「理由の言語化」「自己統制力」「相手の意向をきく」行動の指導を通して … 82
　　　■コメント　　長崎　勤／91

松田幸恵・宮﨑　眞：視覚障害と重度知的障害を併せもつ重複障害児における要求および
　　拒否発語の指導……………………………………………………………………………………92
　　　■コメント　　内田芳夫／97
大槻美智子・吉井勘人：社会的ゲーム型共同行為ルーティンを用いたコミュニケーション発達
　　支援の試み――知的障害特別支援学級での伝承遊びによる小集団指導を通して ……………98
　　　■コメント　　関戸英紀／106
松本惠子・長崎　勤：発達障害が推察される児童に対するナラティブ＝「自己経験や物語を分かり
　　やすく伝える力」の発達と支援――会話の「足場かけ」による体験の表現と絵話の指導を通して ………107
　　　■コメント　　藤野　博／115
米山由希子・藤野　博：自閉症スペクトラム障害児に対するソーシャルナラティブを用いた
　　会話指導………………………………………………………………………………………… 116
　　　■コメント　　長崎　勤／125
新井豊吉：重度重複自閉症児への自発的活動を目指した指導……………………………………126
　　　■コメント　　宮﨑　眞／136
佐竹真次：読字困難をもつ小学生の「イラスト漢字」トレーシング練習の効果………………137
　　　■コメント　　藤野　博／144
関戸秀子・関戸英紀：知的障害児に対する文字を用いたコミュニケーション行動の形成と
　　その般化促進――行動問題の減少を中心に……………………………………………………145
　　　■コメント　　宮﨑　眞／152
本田正義：自閉性障害のある子どもに対するコミュニケーションスキル習得の支援
　　――生活の中でのあいさつスキルの習得と集団適応を目指して……………………………153
　　　■コメント　　宮﨑　眞／161

第5章　思春期・青年期・成人期分野における臨床発達心理士の実践 ……………………163

野口昌宏：アスペルガー障害をもつ高校生と母親への支援………………………………………164
　　　■コメント　　三宅篤子／169
梅宮れいか：性同一性障害（男→女）の思春期男子と人格障害を持つその母親の症例
　　――治療者の情動に動揺を与える患者について………………………………………………170
　　　■コメント　　三宅篤子／176
遠藤美行：大学におけるチームアプローチ的支援――自傷・他害性のある困難事例への対応 …………177
　　　■コメント　　三宅篤子／185
松田光一郎：就労を希望する自閉症者の職場定着に向けたセルフ・マネジメントの形成
　　――雇用を前提とした実習支援を通して ………………………………………………………186
　　　■コメント　　佐竹真次／195
今泉祥子：思春期自閉症児の「問題行動」――発達的理解と教育的対応………………………196
　　　■コメント　　須田　治／202

資　料
　　【資料Ⅰ】『臨床発達心理実践研究』執筆の手引き　　203
　　【資料Ⅱ】研究倫理　　208

第Ⅰ部
臨床発達心理学における実践研究

第1章

なんのための実践研究?
―― 実践になぜ「研究」が必要なのだろうか?
どうすれば「研究」にすることができるのだろうか?

長崎 勤

　臨床発達心理士の資格取得者は，2009年度で2600人に達し，各地で実践が展開されている。そして，さまざまな実践成果が蓄積されており，2010年度までに5巻が刊行された『臨床発達心理実践研究』にも多くの実践が紹介され，研究的にも興味深い事例が掲載されるようになってきている。

　そこで，これから臨床発達心理の実践研究をまとめようとする方々に，実践研究を書くことの意義と，書き方のコツについて提供するのが第Ⅰ部の目的である。

　実践を「研究」することの意義は，私たちの「実践を共有する」ことであると考える。しかし，「実践報告」のままでは，「実践を共有する」のは困難である。

　まず，第1章では，なぜ（why）「共有する研究」であることが必要なのかを確認したい。そして，実践研究としての要件を考えてみよう。そして第2章で，育児・保育分野，特別支援教育分野，また思春期・青年期・成人期・老年期の分野ごとに，どうやって（how）「共有する研究」にするか，そのためのポイント（こつ）を紹介したい。

1節　実践になぜ「研究」が必要なのだろうか?

　① 実践方法の共有：実践の方法論を多くの実践者が共有することによって，より効果的で効率的な支援が可能になってくる。そのためにも他の実践者が，類似の事例に適用しようとしたとき再現可能となるよう，特に方法や結果において正確で的確な記述が必要になる。

　② 実践の相対化・自己評価：実践はとかく独りよがりになりがちで，それを避けるために，自分の実践を再現可能な形で第三者に開示し，相対化し，評価を受けることの意義が大きい。投稿の過程での審査者によるコメントにより，新たな観点を見いだすこともでき，自己の実践の相対化，自己洞察が行われる。

　③ 人間探求，発達の新たな理解に向けて：臨床発達心理学は実践技術の研究はもとより，「兆候・問題・障害」を通して，より深い「人間探究の領域」になりうる可能性を強調している（一般社団法人臨床発達心理士認定運営機構，2010）。実践研究によって，新たな人間理解，発達の理解を目指したい。

2節　どうすれば「研究」にすることができるのだろうか?

1.「実践研究（実践の共有）」の必要条件

　以下の「①（再現可能性）かつ②（反省性）」が実践研究の要件といえる。

① 「紹介された事例と類似の事例に支援方法が適応できる」ように記述されている（再現可能性）。すなわち，(a) どのような事例に，(b) どのような方法を適用したかがわかることである。
　(a) 「どのような事例」であったかが明確になっている。
　　アセスメント（実態把握），課題の達成度，生育歴・教育歴，家庭・教育環境などが過不足なく適切に記述されている。
　(b) 「どのような方法」で行えば類似の事例に適応できるかが明確になっている。
　　課題の内容，場面の設定，支援の手続きが類似の事例で再現しようと思えば再現できるように記述されている。
② 支援した結果，事例の理解が深まった，支援の方法についての反省や限界，また新たな支援の方向性が見いだされた（反省性）。
　実践を通して，こんなことができるのだ，こんなことは意外と難しいのだ，など対象者について，新たな理解ができるであろう。また，自分の実践を「他者視点」で客観的に見つめ，振り返り，これからの支援の方向性を考えることができる。

2．「実践研究」の特徴

「実践研究」の特徴を理解するために，「実践報告」，「原著」と比較しながら考えてみよう。

1）「実践報告」と「実践研究」の違い
「実践報告」と「実践研究」の違いは何であろうか？
① 「実践報告」
まずは，行ったことをまとめ・記述する「実践報告」は出発としては，大変重要なことであるが，第三者が参照するには不十分なことが多い。「実践報告」は経緯が中心で，類似の事例に適用しようとしても困難なことが少なくない。また，「よかったね。がんばったね。よくやったね。ご苦労様」で終わってしまいがちで，この実践のメリット，デメリットなどを振り返り，対象者の理解にどのような役割を果たし，今後の方向性を考えるといった観点が少ないことが多いように思われる。
② 「実践研究」
それに対して，「実践研究」では，類似の事例に適応しようとすればできる情報が含まれている（再現可能性）。また，何が効果的で，どこに限界があり，どのような課題があるかが示されるような，実践を振り返り，客観的に見つめられる情報が含まれている（反省性）。

2）「原著」と「実践研究」との違い
では，「原著」と「実践研究」は何が違うのだろうか？
① 「原著」
提案された資料から，一般的な知見を得ることができることである（たとえ一事例でも）。そのためには以下の点が必要である。
　(a) 目的：先行研究を引用し，このテーマに対し，どこまでわかっていて，どこからがわかっていないかを明確にし，自分の研究が何を明らかにしたいのかを述べ，研究のオリジナリティを示す。
　(b) 方法・結果：実験計画法（単一事例も含む），調査研究法，質的研究法等により，一定の一般的

知見が得られる（一般性が高い）。
  (c) 考察：障害特性，支援方法などへの一般的知見（自閉症児では……である，など）が得られる。
② 「実践研究」
　一事例でもよいが，類似の事例に適応しようとすればできる情報が含まれていることが必要である（個別性の特徴は明確だが，一般性は低い）。
  (a) 目的：なぜこの事例に，こういった方法で支援をすることが必要なのか，問題解決の必然性について述べる。
  (b) 方法・結果：BL（ベースライン）がない，手続きが支援の進行に合わせて変更される，などの場合もありえて，厳密な実験計画法は必ずしも組まれないこともある。
  (c) 考察：一般論までは述べられなくても，この事例についての新たな理解，支援方法の反省，新たな支援の方向性の提示がなされる。

3．実践の共有と研究倫理

　このようにした実践研究の公表によって，より多くの方々と実践成果を共有することは，支援を必要としている方々にとっても大きなメリットになると考えられるが，一方，その際，支援の対象の方々のプライバシーの保護，実践成果を公表するにあたって，支援の対象の方々の同意など，研究倫理には十分な配慮が必要である。研究倫理に関しては，巻末の【資料Ⅱ】研究倫理の「事例報告における配慮」，「臨床発達心理士倫理綱領」，また古澤・斉藤・都筑（2000），安藤・安藤（2005）などを参照にしていただきたい。

引用文献
安藤寿康・安藤典明（編）.（2005）.事例に学ぶ心理学者のための研究倫理.京都：ナカニシヤ出版.
一般社団法人臨床発達心理士認定運営機構.（2010）.*臨床発達心理士認定申請ガイド―2010年度版―*.
古澤頼雄・斉藤こずゑ・都筑　学（編著）.（2000）.*心理学・倫理ガイドブック*.東京：有斐閣

第2章
どうすれば書ける実践研究？

1節　育児・保育

山崎　晃

1．研究課題を意識する

　どのようなことをきっかけとして実践研究を始めるのであろうか。2009年までの『臨床発達心理実践研究』に掲載された中に，育児・保育に関する研究が10編程度あるが，どのような研究のきっかけがあるかみてみよう。相談施設や支援センターでの，親子教室の遊びを中心とした支援（沼崎・加藤・京野・坂上，2006; 田坂・伊藤，2008），幼児と保護者への支援（高橋，2006），友だちの遊びの中に入れないという幼児とその母親への支援（坂上・加藤・沼崎・京野，2007），通級指導教室でのコミュニケーションスキル習得の支援（本田，2008），幼稚園教諭に対する養育スキル研修による保育の変化（立元・児玉・井上・吉川，2006），巡回相談型健康診査と従来の健康診査とのあり方を探求したもの（石川，2007），巡回相談での継次的言語指導（野村，2009），幼稚園に在籍する自閉症児に関わる保育所と保護者へのコンサルテーションの検証（佐澤，2008），研究プロジェクト研究として行われたもの（倉盛・三宅・荒木・井上・杉山・金田・秦野・廣利・西川・坂田・山崎，2009），保育所での「気になる」子どもへの遊びを通した集団参加支援に関わるコンサルテーション（飯島・本郷，2009）がある。このようにみてみると，いろいろな場面でのいろいろな事柄をきっかけとして実践研究が始められている。なかでも相談施設や支援センターなどでの支援，幼稚園・保育所などでの実践がまとめられているものが多いが，いずれの場合もそれに関わる関係者が意識的に目的を明確化し，一定の書式にしたがって文字化し，論文化したものである。

　実践研究をするにあたっては，次のような展開があり，そのことについて一定程度の理解が必要である。すなわち，最初は混沌とした状態，漠然とした疑問から出発して次第に問題意識を焦点化し，問題を明確にしていくことが必要である。何となく気になるという自分の漠然とした感覚を突きつめて考える，それまでの考えをまとめてみることも必要となる。そのときに重要なポイントは，そのことを頭の中で考えるということよりも，疑問がわいたときの状況やなぜそう思ったのか，あるいはどのような意識が生じたのかなど細かな部分に至るまで記録し，文字化することにある。そうすることによって，問題意識が明確になり，同時に，そのことを他者と共有することができるようになる。さらに，文字化することによって，なぜ実践研究をする必要があるのか，何が問題の中心なのかを明らかにすることができるようになるのである。また，自分自身だけではなく同じ問題で困っている人や同じ問題意識を持っている人などとの情報の共有ができるようになり，異なった領域からのその問題・課題に対するとらえる視点の違いの意識化，ものの見方の多様化，たとえばある問題行動や保育場面に対する多様な考え方や，対処方法，支援方

法を知るためのきっかけともなる。特に，実践経験がある場合，実践の場で日常的にみられる事例については，「当たり前の行動で，特別に目新しいこと・取り上げなければならないことではない」ととらえることもあるかもしれない。しかし，そのような認識や態度は時としてある種の拒否反応を示しているともいえ，実践研究につながりにくい認識の持ち方，あるいは態度であるといえる。

2．課題に関連する文献を探す

課題に関連する文献を容易に手に入れることができないこともある。また，自分の問題意識あるいは課題に完全に一致する内容の文献を探そうとしても，それほど簡単に探すことはできないことが多いので，実践的研究にあっても地道な文献の収集は欠かすことはできないが，いつも心にとめておいて積極的に探す姿勢を持つことである。自分の今持っている興味・関心とは少し距離があるかもしれないと思った文献でも思わぬ発見や示唆・ヒントが隠されていることがある。ピンポイントで領域を絞って文献を探すことも必要であるが，幅広く自由度の高い文献の探し方が研究の幅を広げることにつながることも多い。文献から得られる示唆，他者との交流から得られる示唆，さらに，実践現場での活動から得られる示唆もある。自身の先入観や固定的なものの見方，偏りや枠組みにとらわれず，虚心坦懐に，情報を得ることが研究課題の明確化や方法の決定，さらには得られた結果の考察などに生かされる。自らの経験は貴重でかつ重要であるが，経験のみに基づいた解釈や考察は避けなければならない。あえて意識的に自らの経験から離れて，文献や他者からの意見を聞くことも必要になってくる。経験する→文献を探す→他の人の意見を聞く・交流する→省察する→実践する→……のサイクルが考えられる。このような過程は繰り返し行われることになり，それが実践研究の実りにつながってくる。ただし，そのときに注意すべきこととして，やみくもに考えるのではなく，順序立てて自らの考えを振り返ってみる，あるいは客観的にみる態度・姿勢が必要である。つまり，ひとつの順序立てた思考プロセスを身につける必要がある。

具体的には，それぞれの過程でそれぞれを文章化することが大切である。どんなときも記録に残すことが，堂々巡りを脱する有効な手段となる。また，そのような一連の活動をタイムスケジュールに則って行うことも有効である。ある期限を決めそれまでに，文献をまとめるとかあるいは結果をまとめるとか，結果の解釈についてどのような相互作用やコメントがあったのか，それまでの経緯を記録として残す作業を，どのような形でも良いのでそのスケジュールに載せることである。そのような研究姿勢を持つことが，実践研究を進める上では必要である。

実践研究をする人の中には，実践現場で働いている人もたくさんいるはずである。近年，社会の変化や価値観の変化もあり，実践者はより忙しく，さまざまな課題や仕事の対応に追われることも多くなってきている。その中で実践研究をまとめるためには相当の覚悟と努力が必要である。そうであるからこそ実践研究を支えるための環境，支援体制の整備も大切な課題となる。

3．実践研究を進めるために

実践研究を実りあるものにするためにはいくつかの条件をクリアすることが大切である。その一つは，当たり前のことだが，研究目的を明確にすることである。そのためにはなぜ研究をするのかについて，先行研究も参考にしながら，研究の位置づけを明確にした上で研究目的を記述することである。何がどこまで明らかになっていて，何が残された問題であるか，明らかにされていない問題であるかを明確に記述することが必要である。

次に，研究目的に沿ってどのような方法でデータを収集したのかを記す。執筆者は対象となる個人や集団についての情報を持っているために，重要な情報を自明のこととして省略してしまうことがあるので，少していねいすぎるくらいの説明をすることを勧めたい。

さらに，情報の分析においては，研究目的に照らして分析する視点を明確に焦点化することが大切である。生の記述データのままでは漠然としすぎていることが多く，問題に対応する内容をそのままの形で焦点化することは難しい。そこで，いくつかの情報の特徴を，関連する出来事や気づきを文章化したり，要因としてまとめたりすると良い。また，自分のやりたいことに関連づけていくつかの要因にまとめ，それらの相互関係をじっくりと考えたり，KJ法やグラウンデッドセオリーアプローチなどを使ったりしながら，「データをして語らしめる」（川喜田，1996）段階まで進めることが必要である。

また，結果の読み取りや考察について，先入観や偏見にとらわれたり，予測した結果に無理に解釈をあわせようとしたりすることは厳に慎まなければならない。あくまで実際のデータ，そこにあるデータに基づいて解釈する必要がある。データの解釈は直接情報を収集していない第三者であっても納得できるものであることが大切である。説得的であるためには，先行研究や観察事例，問題意識等の整理とそれに基づく研究目的の設定，データの収集方法，結果の記述，結果の解釈，結論までが論理的で妥当性があること，筋が通っていることなどの条件をクリアすることが必要である。

保育や育児に関する実践研究は，実際の保育場面や育児場面でのさまざまな問題に関する事例や情報を基に，その本質を探究していくことに意義がある。たとえば子どもの成長がどのような要因によって支えられ，どのような要因の支援が発達を保障することにつながるのか，また，保育活動の展開をどのようにすべきかなど，実践研究を進めていかなければならない領域や課題は多い。

最後に，実践研究など臨床に関わる多くの研究に共通して配慮すべきこととして次のことを指摘しておきたい。乳幼児のプライバシーなどに関わる個人や保育所・幼稚園などに関する情報の保護と情報の収集やデータの公表などについてのインフォームド・コンセントの確認である。これまでも少なくなかった「研究のための研究」は許されるものではない。特に，乳幼児期を対象とする研究においては研究者が細心の注意と配慮をしながら研究を進める必要がある。

引用文献

川喜田二郎．(1996)．*川喜田二郎著作集：5　KJ法――渾沌をして語らしめる*．東京：中央公論新社．

2節　特別支援教育――個別の指導計画を活用して

宮﨑　眞

1．はじめに

今度の特別支援学校幼稚部教育要領および小中高等学校学習指導要領（平成21年）などによると，特別支援学校だけでなく幼稚園から高等学校までそれぞれの現場で特別な教育的ニーズのある子どもに個別の指導計画を作成することが推奨されている。個別の指導計画は子どもの特別な教育的ニーズを尊重し，必要な指導を適切に組織的に提供し，子どもの持てる潜在的な可能性を十分に発揮させる効果的なツールである。更に，この指導計画を活用すれば，日頃の実践を実践研究論文にまとめることができる。

日頃の実践において担当する幼児児童生徒（以下，子どもと略す）が私たちの指導により成長する・元気になるなどの著しい成果をあげると，その成果をまとめ，他の人たちに伝え，共有し，更に優れた指導のあり方へつなげたいと願うことだろう。そのための発表の場が『臨床発達心理実践研究』である。ただ，現場の実践を実践研究論文にまとめるためには，幾つかの必要条件を満たす必要がある。この条件とは，再現可能性と反省性である（長崎，2009）。この2つの必要条件を私なりに言い換えると，「指導者が何をしたのか。そして，子どもがどのように変化したのか。指導者の介入と子どもの変化との関係はどのように結びついているのか」を，他の人たちにわかるように明確に記述することである。この節は，この必要条件を個別の指導計画を活用して確保するポイントを紹介する。なぜ個別の指導計画と実践研究を関連づけるか，その理由は，個別の指導計画と実践研究は共通する部分があり，個別の指導計画を活用してPDCA（Plan-Do-Check-Action）を行い記述することで，実践研究論文が作成できるからである。共通する部分の一つに，どちらも同僚や保護者に公開し，指導とその成果を説明する役割を果たすことがあげられる。また，日頃の実践を個別の指導計画を活用し実践研究論文にまとめることで，実践と研究の統合が図られ二度手間を避けることができること，個別の指導計画を作成する技能が向上することなど研究を通して指導者としての技能も向上することが期待できる。指導者本人だけが，この指導はすばらしかったと満足しているだけでは，次の指導への発展は期待できない。まわりの同僚や保護者に事実を示して，自分の指導を説明する能力が求められている。

2．実践研究の基本的な項立てと個別の指導計画の対応

実践研究論文の基本的な項立ては，問題，方法（アセスメント・指導目標・指導手続き・記録法），結果，考察である。結果と考察をあわせて，「結果と考察」と一つにまとめることもできる。

問　題	先行研究を含め研究テーマの意義・研究目的・指導仮説
方　法	アセスメント・長期および短期目標・指導手続き・記録法など
結　果	結果の図表化，エピソード記録
考　察	指導仮説の検証，まとめと今後の課題

個別の指導計画を活用した指導の流れは，まず最初にアセスメントと総合所見の作成，次に指導目標と指導仮説の設定，指導計画（教材・活動・プロンプト手続き・記録法など）の立案と進行する。そして指導を開始する。指導の途中で評価を行い，目標や指導の修正を行う。学期末になると，報告書を作成し保護者へ報告する。

この個別の指導計画の作成から報告までの過程は，実践研究の，問題・方法・結果・考察におおよそ対応している。つまり，個別の指導計画に基づいてPDCAを行うと，実践研究論文の各項立ての元原稿を得ることができる。この元原稿に推敲を重ね，論旨の通った実践研究論文に仕上げていくのである。

3．個別の指導計画から実践研究論文へ

個別の指導計画を活用して，実践研究論文の各項立てを作成する際の留意点について述べる。

1）アセスメントと研究テーマ・目的

学校などの現場には，入園入学時の記録，心理検査，医学的な診断や配慮事項，日々の行動観察，保護

者へのニーズ調査や日頃のやりとりなどなど対象となる子どもに関するデータがたくさんある（活用に当たって研究倫理を遵守することが大切である）。これらのデータに基づき対象の子どもの全体的プロフィールと重要な課題を明らかにする。社会性や言語，運動といった領域別，あるいは教科や授業名といった教育課程に沿って幾つかの課題が明らかになる。次に，課題の優先順位をつけることが大切である。最も優先順位が高い課題が指導目標であり，通常，実践研究の研究テーマ・目的となる。指導の対象とする課題を決めるとき，指導者側からの見立てだけでなく，保護者の希望や子どもの希望・長所・好み・できることが十分に加味されていることが大切である。

さて，優先順位の高い課題から指導目標を立て，またこれが実践研究の研究テーマや目的となったとする。次に，この研究目的に関連して，実践研究の「問題」の部分をまとめる。なぜこの研究テーマが子どもにとって大切なのかを論述する。また，この研究テーマに関連した先行研究を集め，参考となる知見をまとめて論述する。この問題の作成は，指導が終了した後に行うことが多いようである。

2）指導目標の設定

アセスメントで明らかにされた重要な課題が指導目標となる。次に，指導目標を長期目標と短期目標に分ける（新学習指導要領では自立活動について短期目標を設定することになっている）。短期目標は，具体的なここ数か月から半年間の目標であり，絞り込む必要がある。ここで，松田・宮﨑（2008）を例に挙げる。「欲しいものを要求することができる」（長期目標）の短期目標は，「指導者が歌詞カードを2枚示したとき，Aさん（歌が大好き）は片手で歌詞カードを叩いたり触れたりして，選択することができる」となる。これくらい，短期目標は具体的に設定することが大切である。

どうして長期目標だけでなく短期目標を立てるのか，その理由は目標が達成できたかどうかを再現（検証）可能とし，その実践の反省性が高まるからである。

3）指導場面や指導手続き

短期目標が具体的に絞り込まれると，短期目標を達成するための活動や指導の手続きが明確に，具体的になる。Aさんの場合，大好きな活動である歌をうたったり楽器を演奏する活動が指導場面として取り入れられた。そして，手で叩いたり触れたりできる形状の歌詞カードを用意する。同時に2枚の歌詞カードをAさんに提示する。その内1枚は大好きなカードとし，選択行動が出やすい場面を設定することとした。絵カードを手で叩いたり触れたりしない場合は，もう一度2枚提示するなどの付随した指導手続きが決められた。このように，指導手続きもできるだけ具体的に記述する必要があり，これにより再現可能性と反省性が担保される。

4）記　録

実践研究論文にとって記録は非常に重要である。具体的な短期目標が設定できれば，何を記録すればよいか明確になり，再現（検証）可能性も高まる。Aさんの例では，2枚の歌詞カードを提示したときに，好きな歌詞カードを手で叩いたり触れたりすれば，「あり」（＋と符号化してもよい），触れない場合「なし」（－と符号化）と評価の基準を予め決め，記録用紙やノートなどに記録していく。このようなデータが集まれば図表にし，PDCA（Plan-Do-Check-Action）を行い，指導経過を評価する。現場で活用しやすいその他の実践的な記録法として，エピソード記録がある。これは，子どもが指導目標としている行動を

行っているかどうかだけでなく，「いつ・どこで・誰と」などの５Ｗ１Ｈをできるだけ具体的に記述する方法である。何でも書けばいいのではなく，短期目標の評価に活用するので，その目標に関連した事項に絞り記録することが大切である。いずれの記録法を使うにしても，指導者の主観的な印象・感想（うれしかった・よくできた・努力していた）と子どもが何のために何をどのようにしたのかを分けて記述することが大切である。

５）結果および考察

個別の指導計画に沿って指導を実施し，その指導経過を記録してあれば，その指導経過を図や表に示すと端的に指導と子どもの変化との関係を示すことができる。それに加えて，エピソード記録を指導の初期，中期，後期と時系列に合わせて示すと，子どもの発達や変化の様子がより鮮明になる。このようにして，実践研究論文の結果をまとめる。

考察では，研究目的，指導仮説に関連して，この指導の効果や限界，課題について論述する。ときどき，考察の論述が研究目的や指導仮説から逸脱することがあるが，避けなければならない。また，得られた結果から主張できる範囲を超えた論述があるが，かえって，その主張を弱めることにつながるので注意する必要がある。

６）まとめ

特別支援の現場で保存されている各種のアセスメント資料と，現在活用している個別の指導計画をうまく活用すれば，日頃の実践が実践研究論文となることを述べた。日頃から，子どもの実態把握，指導目標や仮説の設定，そして実践に日夜励まれていることだろう。その中で，"みんなに示したい"という実践があれば，実践研究論文にまとめ，わが国の特別支援教育の更なる発展のため，共有財産としていきたいものである。

引用・参考文献

Albert, P. A., & Troutman, A. C. (2004). はじめての応用行動分析 日本語版第２版（佐久間徹・谷 晋二・大野裕史，訳）. 大阪：二瓶社. (Albert, P. A., & Troutman, A. C. (1994). *Applied behavior analysis for teachers* (5th ed.). New Jersey : Prentic-Hall.)

「発達障害研究」常任編集委員会. (2004). 発達障害研究論文投稿マニュアル. 日本発達障害学会.

松田幸恵・宮﨑 眞. (2008). 視覚障害と重度知的障害を併せもつ重複障害児における要求および拒否発語の指導. *臨床発達心理実践研究*, 3, 70-74.

文部科学省. (2009). *特別支援学校幼稚部教育要領，小学部・中学部学習指導要領，高等部学習指導要領*. 東京：海文堂出版.

文部科学省. (2009). *特別支援学校学習指導要領解説 自立活動編*. 東京：海文堂出版.

文部科学省. (2009). *特別支援学校学習指導要領解説 総則等編（幼稚部・小学部・中学部）*. 東京：教育出版.

長崎 勤. (2009). こうすれば書ける実践研究――実践をどう共有するか？ 日本臨床発達心理士会ニューズレター, 2号（通巻16号）, 10-12.

「臨床発達心理実践研究」常任編集委員会. (2009). 『臨床発達心理実践研究』執筆の手引き（2009年6月版）. *臨床発達心理実践研究*, 4, 217-222.

3節　思春期・青年期・成人期・老年期

　　　　　　　　　　　　　　　　　　　　　　　　　　　　　　　　　　　　　佐竹　真次

1．研究テーマについて

　研究にはテーマの新しさ，すなわち独創性が必要である。臨床的に成果のあがった実践であれば，実用的な価値は十分高い。しかし，それが専門家の間では広く既知の知識であったり，方法的な工夫の度合いが低かったりする場合は，研究としてのインパクトに乏しく，論文にする意義がないかもしれない。
　研究の独創性にはいくつかの観点が考えられる。
　（1）　これまで誰も記述したことがない症例の研究
　（2）　これまで誰も記述したことがない方法とその結果に関する研究（実際にはいくつかの場所で試みられている方法〔技法，プログラム，教材など〕であるとしても，誰も記述したことがなければその報告は新しいとみなされる）
　（3）　これまで誰もが正しいと信じていた方法が間違いであったことを証明した研究
　（4）　これまで誰もが間違いであると信じていた方法が正しかったことを証明した研究
　（5）　これまで誰も試さなかった複数の技法のコンビネーションの実施とその結果に関する研究
　（6）　これまで誰も作らなかった支援システムの構築とその効果に関する研究
　（7）　これまで誰も気づかなかった意外な発見（新しく開拓した支援分野など）に関する研究
　以上のような研究であれば，独創性の観点からその研究は高く評価されるであろう。「これまで誰も」の部分を確認するには，文献検索を行い，関連しそうな複数の先行研究論文を見直す（レビューする）ことが最善の方法である。独創性についてこのように書くと，実践研究を行おうとする人は萎縮してしまうかもしれない。しかし，必ずしも大それた規模の挑戦ではなく，小さな方法上の工夫やわずかながらの効果であっても，それが対象者に発達上の利益をもたらし，かつ臨床発達心理的実践を行う仲間にとって役立つ新たな知見をもたらす研究であれば，十分に独創的であると考えてよいであろう。

2．方法について

　実践研究とはいっても，それは科学論文であることが前提である。科学論文であるためには，以下の3点を踏まえていることが必要である。
　（1）　公共性：同じ現象が特定の一人についてだけでなく，他人についても認められることである。
　（2）　反復性：再現可能性のことであり，条件さえ同じであれば問題の現象が1回だけでなく，何回でも認められることである。
　（3）　体系性：できれば数値化された形をとるような，論理的整合性の高い記述がなされることである。
　研究の方法についても，先行研究論文の方法を十分に調べ吟味することが必要である。また，研究の公共性と反復性のためにアセスメントは極めて重要である。アセスメントが正確であれば，その研究で用いた臨床的方法が，類似のアセスメント結果を持つ症例に応用できる可能性が高くなる。その臨床的方法が他の症例に対しても同じように効果を再現することが可能となることにより，それが公共の財産となり得るのである。

正確なアセスメントを行うためには，以下の諸点に留意することが望ましい。
（1） 可能な限り標準化された検査を用いること
　青年期以降は検査実施について本人の同意を取ることが難しくなる傾向があるので，ていねいに話し合う必要がある。同意が取れない場合は，観察や面接によってデータを収集することになる。
（2） 観察や面接の結果を述べる場合も事実を述べること
　憶測や感想はアセスメントの精度を引き下げてしまう。
（3） アセスメントはテーマと支援に必要十分な内容に絞り込むこと
　あまりにもたくさんの情報を盛り込みすぎると，アセスメントの焦点がぼやけてかえって支援に結びつけにくくなる。
（4） アセスメントにより介入前の対象者の実態が明確に示されること
　介入の効果は，アセスメント時の対象者の実態と介入後の対象者の実態の差分によって明らかにされる。したがって，その差が明確に浮き彫りになるように，アセスメントの結果を介入後の結果と比較可能な形にする必要がある。典型的には数字で比較できるようにすることが望ましいが，数字に還元することが難しいデータであっても，可能な限り合理的に差を示すことができるような工夫をするべきである。
（5） アセスメントにより介入の仮説を導くことができること
　アセスメントにより，対象者の現在の問題が，学校や家族や友人やメディア等の環境との相互作用により生じている行動なのか，生育歴における誤学習による行動なのか，もしそうだとしたらそれらはどのような環境要因や本人の認知特性により成り立ったものなのか，あるいは，それらは経験不足からくる未学習によるものなのか，または，思春期・青年期以降の場合は本人の独特の信念や考え方によるものなのか，などが明らかになる。その後，それらに対応した環境調整や介入プログラム，相談・指導の方針，他機関との連携の方針等が仮説として提案される。
（6） アセスメントにより周囲の人々や機関との関係性を把握すること
　環境のアセスメントや他機関との連携にも関わることであるが，特に思春期・青年期以降では，対象者が関わってもいいと思っている人や機関と，すでに関わることを拒絶してしまっている人や機関があり，対象者自身はこれらを明確に区別している。これを見誤ると，対象者の支援がうまく進まないばかりでなく，場合によっては後退してしまうこともある。
　以上の点に気をつけながらアセスメントを正確に実施して記述すると，介入後の変化を明らかに示すことができやすくなる。
　仮説から導き出された環境調整や介入プログラム，相談・指導の方針，他機関との連携の方針等の手続きを実行することは，「独立変数」を導入することである。また，その結果として対象者に生じた変化を「従属変数」という。
　類似の別の症例に対してこの同じ独立変数を適用したところ，従属変数として同じ変化が生じることが理想的である。そうなれば，反復性，すなわち再現可能性が担保されたことになる。その際，他人がこの論文を読んだだけでその独立変数，つまり手続きを確実に実行できるような正確な書き方が必要である。
　たいていの実践研究ではこの手続きの記述が希薄である。実践者自身が執筆者であるために，手続きは自明のものと勘違いしてしまい，簡潔になりすぎたり独りよがりな表現になったりして，客観性を欠く記述になってしまうのではないかと思われる。場合によっては，執筆者が実践者としてどう関わったのかがまったく不明で，関係者の関わりが漠然とは推測されるものの，まるで対象者の問題が執筆者以外の人と

の関わりの中で自然に解決してしまったかのように見える実践報告も，まったくないわけではない。もし，直接介入しないまでも，執筆者がコンサルタントとして関わり，コンサルテーションを行ったのであれば，そのコンサルテーションの内容を詳細に記載する必要がある。

3．結果について

研究の結果とは，従属変数の記述である。結果には事実のみを書くようにする。

従属変数は数量・数値的データか，質的データで示される。どちらかといえば，数量・数値的データは独立変数との関連性の有無を示しやすい。しかし，質的データの形でなければ結果を記述できない場合も少なくない。その場合は，質的データでも独立変数との関連性を証明できるように，明確でていねいな記述を行うべきである。明確なデータを用意すれば，他人が類似の症例に対して同じ手続きを用いて実践研究を行った場合，そこから生まれた結果とこの論文の結果を照合しやすくなる。

実践研究の結果は，ある筋道における変化として現れる。変化の大筋は時間軸に沿って，できるだけ量的・数値的軸で表現することが望ましい。重要であっても量的・数値的軸では表現しきれない変化は質的データで補完する。そのような表現法の方が読者の理解を得やすい。

質的データのみでしか表現できない場合は，時間軸と対象者の変化の段階軸で表現する。その段階は仮説に基づいてあらかじめ定義しておくことが望ましいが，実践終了後にデータを整理する時点で確定する場合もある。

段階軸でも表現できない場合は，時間軸に沿って，対象者の変化が浮き彫りになるような重要エピソードを配列する。

4．考察について

考察の中にまで結果を書く人が少なからず見受けられる。考察は，英語では"discussion"であり，結果に関する討論または解釈のことである。考察では，手続きによって具体化・実行された仮説が結果によって支持されたかどうかを検討する。また，支持されたとしても，どういう条件の中でどのように支持されたのか，逆に，どういう条件でなら支持されないのか，などを分析的に検討する。さらに，得られた事実と先行研究との間の一致や矛盾について，なぜ一致するのかなぜ矛盾するのかをも含めて検討することである。加えて，必要であれば，この実践研究の限界や今後の展望について述べてもよい。以上に限らず，重要な検討内容があれば，紙幅の許す限り記載する。

5．研究協力の同意について

『臨床発達心理実践研究』誌の投稿規定に，「投稿する際には，論文の内容および公表の仕方において，人権の尊重と福祉に十分配慮しなければならない。投稿者の責任においてプライバシーに十分配慮すること」とある。

対象者とその保護者に研究の趣旨をていねいに説明し，署名にて研究協力の同意を得ることが基本である。対象者や保護者が書字スキルを持たないなどの特別の事情がある場合には，対象者に対して責任ある立場の代理者の同意を得ることをも考慮しなければならない。同時に，研究協力を拒否したり，いったん同意した意思表明を途中で取り下げたりする権利と機会を保障することが重要である。また，同意を得た場合でも，対象者とその保護者等が特定されることのないような記述を行うよう，細心の注意を払う必要

がある。
　ところで，引用文献の記載は，「執筆の手引き」にその形式が明確に紹介してあるので，それに従って正確に行っていただきたい。

第Ⅱ部
臨床発達心理士による実践研究

第3章
育児・保育分野における臨床発達心理士の実践

　人間の発達の初期段階で直接的に対象者に対する支援が行われるのが育児支援，保育支援である。育児支援とは，乳幼児に関わる家庭や地域での保護者を対象とした支援であり，保育支援とは，幼稚園・保育所等の教育・保育機関・児童福祉施設などにおける保育者による集団を対象とした支援である。

　育児支援や保育支援において臨床発達心理士がどのような役割を果たしているかについては，すでに多くの研究が明らかにしている。実際，現場においてはどのような支援ニーズがあり，何が期待され，それに対して臨床発達心理士がどのような具体的支援を行ったかを公にすることは，具体的な実践のあり方を広く知らしめると同時に，臨床発達心理士がどのような役割を担い，どのような立場で育児支援・保育支援に関わることが大切であるかを明らかにすることにつながっていく。さらに，実践をまとめ公にすることは自らの実践を省察することにつながり，他者からの意見を聞く機会をもたらし，多くの多様な支援の可能性を知ることになる。

　本章に掲載された論文は，育児・保育現場での支援に関するものである。臨床発達心理士がどのような場面でどのような支援をしているのか，また解決すべき課題は何かを明らかにしている。さらに，軽度発達障害が推測された幼児への支援過程，巡回相談型健康審査の発達援助，集団での遊びを楽しむための関係調整に関する支援，日常保育場面で「気になる」子どもの保育コンサルテーション，日常生活場面における育児・保育支援，そして保育支援現場の実態と支援ニーズが掲載されている。

　現在，育児・保育の現場においては様々な支援ニーズがあり，多様な対応が求められている。本章に掲載された実践を，自らが関わる現場に必ずしもそのまま適用することはできないかもしれないが，支援を進めるための一つのモデルとして支援体制の構築にも役立ててほしい。支援に関する実践研究を学ぶことは，発達している人を支援することの意味を考えることにもつながる。自らの支援の振り返りと同時に，明日からの支援の基礎を固め，確固たる支援の方向性を学ぶことが大切である。

　　　　　　　　　　　　　　　　　　　　　　　　　　　　　　　　　　　　　（山崎　晃）

軽度発達障害が推測された幼児への支援過程の検討

高橋　ゆう子
大妻女子大学家政学部

　本研究では，保護者からニーズとされたことを尊重しながら行った支援のプロセスを検討することを目的とした。対象となったのは4歳2ヶ月の男児で，来談に至るまでの経緯を踏まえた上で，いくつかの検査が実施され，動作法が主なアプローチとして適用された。その結果，①身体への気づき方に変化がみられ，合わせてセラピストとの課題遂行の共有の仕方が変化した。②アプローチを通して，保護者の本児に対する理解の仕方や見守り方にも変化がみられた。以上から，感情のコントロールの改善をねらったアプローチの一つとして動作法が有効であること，また支援のプロセスにおいては保護者との協働が重要であることが示唆された。
【キー・ワード】　軽度発達障害，動作法，保護者支援

問題と目的

　幼稚園などへの入園をきっかけとして，同年齢の子どもたちと様子が異なると感じたり，そのような内容を保育者や教諭から話されたりすることは，保護者にとって衝撃的なことで動揺することも少なくない。医療機関への受診が望まれる場合もあるだろうが，実際に受診に向けて行動を起こすまでには時間がかかることが考えられる。現在，子どもに対するアプローチのあり方も多様であり，子どもの発達的特徴を踏まえることは当然であるが，子どもをめぐる状況（保護者の思い，家族関係，幼稚園等の集団）を考慮しながら支援を検討する必要がある。ここでは，筆者が所属する相談機関に来談した子どもと，その保護者に対する支援過程を報告する。今回，保護者が最も心配していたことは対象となる幼児の，周囲との関係であり，社会性の育ちであった。そこで，保護者からニーズとして挙げられたことにもとづき，保護者とセラピスト（筆者，以下thと略す）との間で対象児の変容について，確認しながら行った支援のプロセスを検討することを目的とする。

事例の概要

1．対象児

　来談時，4歳2ヶ月の男児である（以下，本児と略す）。保護者によると身体の発育は，幼少期は他の子どもと比べると早く感じるほどであったが，ことばは遅れていて，初めて話したのは3歳11ヶ月だった。初回面接後，いくつかの発達検査を行った。KIDS乳幼児発達スケールでは，発達年齢が3歳，S-M社会生活能力検査では，社会生活年齢が3歳2ヶ月となった。また，幼稚園担当教諭に依頼したPRS（LD診断のためのスクリーニング）の結果では，LDサスペクト児となった。

2．来談の経緯と保護者の思い

　本児が在籍する幼稚園から保護者が紹介された形で来談した。その前に，幼稚園の教諭に勧められて保健所に相談して「少し発達に遅れがありますね」と言われたが，深刻には考えていなかった。しかし，初回面接で母親が「ちょっと遅れがあるだけで取り戻せますよね」と話したとき，thが「今の状況ではわかりませんね」と答えたこと

にかなり動揺したことが，だいぶ後から明かされた。その後，幼稚園で行事の参観があり，両親で出かけたところ，あまりにも他の子どもたちと様子が異なり「他の子たちは，なぜこんなに座っていられるのだろう」と驚いたという。初めての子どもということもあり，他の子どもたちとちょっと違うと言われても，具体的にイメージできなかったが，じっとせずに教諭に付き添われている本児の様子を目にして，担当教諭から相談を勧められたことを納得されたようだった。その後，2週間ほど落ち込んだが両親で毎晩遅くまで話し合い，来談を継続するに至った。

3．アプローチの方針，及びその内容と期間

両親は，当初「思い通りにならなかったりすると，友だちに乱暴なことをしてしまう」と，このままでは友だちといい関係が保てないことを心配された。そこで，thは感情のコントロールの改善をねらって動作法の適用を提案した。そして本児の興奮しやすい具体的な特徴や状況，やりとりにおける変化を，thと保護者の間で確認し，本児に対する理解につながることを期待して毎回，セッションに同席してもらった。動作法は，動作課題を通して，援助者とともに緊張のしやすい身体部位に注意を向けながら弛緩を試みるというプロセス，つまりこれまでと違った自分の状態（不安や緊張が大きくなりすぎない自分や，興奮しても長引かないでいられる自分）を体験してみるものである。そこでは，動作を介して現実の他者への手ごたえや現実の自分の身体（現実の感覚としての身体）への気づきが起こっているとされる（田嶌，2003）。本児の場合も，このような体験を繰り返すことで，感情の表出の仕方や周囲への注意の向け方に変化がみられることをねらい，ここでは「腕上げ動作課題」を用いた。thとともに腕を上げていき，途中で肩や肘，肩など身体部位に生じた緊張を弛緩することが主な課題となる。誘導のもとに課題が進められるので本児の思い通りにはならず，身体部位に緊張が生じること，情緒的に不安定になることが予測されるが，この課題の場合，自分の腕が視界に入りやすく，腕の動きの様子をthと確認するなど，課題遂行の状況を共有しやすいと考えた。またこの課題に入る前に，肩を軽く押さえた状態で仰臥位姿勢を保ち，呼吸を整える導入を行った。

今回，検討の対象とした期間は，来談時から（4歳2ヶ月）就学後まで（6歳）の約2年間である。その間，母親の第二子出産があって中断したが，就学前はほぼ2週に1回，就学後は月に1回の割合で合計15回のアプローチが行われた。就学の時期と重なったこともあり，卒園や入学後のことも話題となったが，本児の変容について確認しながら話し合いを進めた。また本児の在籍した幼稚園は支援に積極的で，担当教諭の来談が数回，筆者の幼稚園への訪問が2回ほどあり，それぞれの立場からみた本児の成長を確認した。

支援経過

本児は，来談は毎回楽しみにしていたようである。ただし始めの頃は，thが動作課題に誘ってもまるで聞こえていないかのようだった。どちらかというと自分のペースで遊びたいという気持ちが強く，耳に入っていないという印象を受けた。th「ちょっとごろんして，勢いつきすぎない練習しよう」と本児の身体に触れて横にしようとすると，急に興奮して噛み付こうとしたり暴言を吐いた。上体の緊張が強く，呼吸をゆっくりにしながら肩に生じた緊張を緩めてみることはかなり難しかった。その様子を見ていた保護者からも「家でも思い通りにならないと興奮して，肩が上がって爪先立ちになることがある」と話された。「ちょっと待っててみようね。ほら，少し緩みそうだよ」と声をかけながら，本児が緩んだ感じに気づけるよう力をかけすぎないで待ち，実際に緊張が弱まったとき「できたね」と確認して終了し，その後，また本児の好きな遊びをいっしょに行った。その間，保護者から発達障害のことに関する本を

紹介してほしいと言われていくつか紹介した。

課題遂行時の様子が変化したのは4回目以降である（表1参照）。緊張が生じたときに急に噛もうとせずに「噛むぞ」と言ったり（4回目），言うだけで噛まなかったり（5回目），そばで本児の身体に触れながら見守っている母親に向かって「おかあさん，先生のことぶって，やっつけて」と言っていたのが「助けて」と，興奮時の様子に変化がみられた。このようなわずかな変化を保護者にその場で伝え，実際に興奮したとしても治まりやすくなっていることを確認した。このように興奮の仕方に変化がみられ，乱暴なことは口にするが，本児が言い出した内容についてthとことばでやりとりをしていると，しだいに語気が和らぎ，興奮が治まるという経過をたどった。合わせて腕の動きに対する注意が向けやすくなり，「できたね」と声をかけるとうれしそうな表情も見られた。そのころ，母親からも公園で友だちと遊ぶ様子にも変化が見られたことが報告された（10回目）。「これまでは『遊ぼう』と誘って断られると，それこそ怒って乱暴なことをしていたのに，この前は『おかあさん，ダメだって～』と甘えるように私のところに半べそをかいて言いに来たんですよ。甘える感じが今まであまりなかったなと思って」。thはそのような変化に気づいたことを賞賛した。そして甘えや恥ずかしいという感情が出てくることもとても大切ではと伝えた。このころ，幼稚園の担当教諭によると（11回目），園でも友だちと遊びたいという思いが強くなってきたようで，好きな子を遊びに誘っていた。ただし自分の好きなことをしてほしいため，かなり強引な誘いとなり，周囲に嫌がられることが少なくなかった。それでも周囲の子どもたちの本児に対する見方も変化し，以前の「乱暴で恐い」というイメージから，「ちょっと変わっているけど，おもしろい遊びを見つけてくれる」と変わったようである。

セッションを重ねるにしたがい，保護者も説明しなくとも，動作法適用時の変化に気づくようになり，しだいに心配とされる内容が，対人関係の保ち方や本児の就学のことに移行した。本児の保護者は以前から学校について情報収集を行い，どんな環境が本児に合うかについて考えていた。「通常学級でも特殊学級でも，基本的に学校を嫌いにならないでほしい，いろんな人と関わって社会性を身につけてほしい」という思いがあり，thは学校について質問を受けたり意見を求められたりすることが増えた。thとしては，わかる範囲で情報提供をしつつ「かなり地域や学校によっても状況が異なりますが，子どもさんのために動いてみて悩むことは決して無駄ではなく，ご両親が納得した形で就学を迎えられるといいですね」と伝えた。その後，本児は地域の小学校の特殊学級に在籍した。来談した当初，実施した発達検査の

表1　動作法適用時の本児とthのやりとりの経過

セッション	本児とのやりとりの主な内容
S1	興奮してthの腕を噛む。暴言を吐いたり乱暴したり，興奮が治まりにくい。
S4	腕を噛む前に「噛む」と言う。
S5	「噛んでやる」と言うが，噛まなくなる。
S7	興奮して「包丁で先生，刺す」と言うが，「刺すとどうなるの？」と聞くと，「骨が見える」「それから？」とやりとりしているうちに興奮が治まる。
S9	本児「先生に唾かける」th「どうして？」と聞くと「悪いことするから」th「どうしてそう思うの？」と返すと，「んと……」と考えこむ。
S11	th「勢いつきすぎない練習しよう」本児「無理，できない」 th「できないんだ？」本児「できる」

結果からは，1歳程度の遅れが推測されたが就学前，児童相談所で実施された知能検査では，IQが100近くあったことが報告された。ただし検査の種類や内容，及びその結果について詳しく伝えられず，学習面での支援や生活上の配慮について，どんなふうに学級担任と話したらよいかわからないと話されたので，就学後，thがWISC-Ⅲを実施することとした。下位テストにはばらつきが認められることがあるので（永田，1999），改めて実施することで本児の特徴が理解しやすくなると考えたからである。また，検査中の態度などにも特徴が現れやすいと思われたので（吉田，2004），母親にその様子を見てもらった。検査の結果を踏まえ，学校でも起こりそうなことを話したら，母親からも日常生活で思い当たるような，いくつかの行動が出された。それらも踏まえながら本児に必要と思われる配慮，学校にお願いしたい内容について話し合った。次のセッション（15回目）で両親は，「発達障害に関する本を読んだんですけど，小さい頃の特徴に自分たちもあてはまるところがあるなということになって，しかも，親もそうであることもあると書いてあったんですけど」と話された。「そういう場合もあるようですね。読んでみてそのようにお感じになったのですか？」と返すと，「そうです。初めは"どうして"と思ったりしたけど，私たちのもとにこの子が生まれてきてもおかしくないなと思って」と納得したように話された。また，将来のことも心配であると触れられたので，「もしご両親がそうであったとしても，どんな見守られ方をされてきたのかわかりませんが，現在，このように生活できていらっしゃいますね」と話すと，笑っておられた。

考　察

1. 身体への気づきのプロセス

動作法の適用に関しては本児の場合，以下のような変容の特徴が見られた（図1参照）。当初，課題提示や導入で一時的に緊張と興奮は強まったが，援助とともに緊張が解消されるのに伴い興奮も弱まり，呼吸に合わせて緊張を弱めることができた。次にときどき興奮するが長引かなくなり，緊張しても興奮を身体ではなくことばで表してみたり，緩んだときにthに指摘されたりすると視線を合わせて確認できるようになる。さらに動作課題遂行中に，身体を動かしたり緩めたりする感じや日常生活で起こったことを，ことばで表現しようとすることが増え，うまく言えなくとも興奮しなくなる。こうしてみると，本児の身体への気づき方，及びthとの課題遂行における共有の仕方に変化がみられたことがわかり，本児にとって，自分の身体と対峙することの意味がしだいに変化したことが推測できる。本事例においては当初，「感情のコントロールが難しい」という主訴を受けて，動作法を適用した。本児の変容には，身体を媒介とする動作法の特長が活かされた部分もあると推測できるが，また，そのことを通して保護者もその変化に気づきやすくなったことが，本児の変容に少なからず影響していると思われた。具体的には保護者が，本児とthとのやりとりにおける小さな変化に目を向けることで，それをきっかけに日常生活を振り返り，「困った状態が続く」という認識が変化する。そのような見守り方の変化は，漠然とした不安を軽減することになり，成長に伴って何らかの問題が新たに生じた

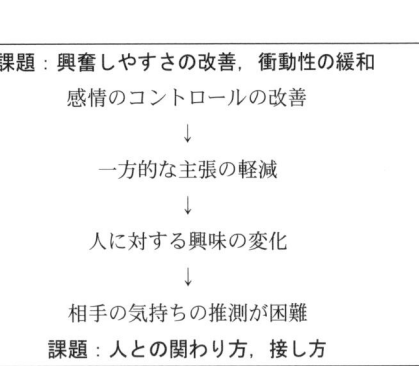

図1　本児の変容における特徴

としても，本児にとって必要となる支援の具体的な検討につながると思われた。

2．保護者のニーズを踏まえた支援

　子どもの相談に携わる人は，子どもにとって適切な支援となるように，子どものことを理解しようと努める。正しい理解というものにいきつくことは難しいと感じつつ，医学的な知識や一般的に紹介されている臨床像などを参考にしながら，子どもの行動等で感じられるわかりにくさを少しでも解消し，そこから必要となる支援を導き出そうとする。子どもが何らかの理由で，自分の思いや希望がうまく表現できない場合，支援を検討する際に欠かせない存在となるのは保護者である。しかしながら保護者との協働は自明のことではあっても，実際は難しいこともあり，筆者自身も経験上そのように感じることも少なくない。その難しさがどこからくるのか，簡単にはいえないが，比較的スムーズに協働ができたと思われる事例の特徴を検討することは，協働のあり方を考えていく際の参考となるのではないだろうか。本事例の場合，保護者のニーズとそれが変化する文脈（感情のコントロールから対人関係の改善）に動作法の適用が合っていたと思われる。具体的には，セッションの中でthと保護者と本児の課題遂行の様子について共有したことが，結果的に日常生活における本児の行動観察やその推察に結びつき，よい変化に気づき，保護者が工夫してみるきっかけになったといえる。さらに，保護者からの問い合わせに応じた形で文献紹介や発達検査を実施したことも，ニーズの流れに沿った形の支援に近づいたと思われる。

　支援にあたっては，どんなアプローチを選択するかの検討も大切ではあるが，それ以上に，アプローチが行われるプロセスを保護者や関係者との協働に活かすことが重要である。このことは子どもだけでなく子どもの支援に携わる人にとっても同様である。特に発達障害が推測される場合，長期的な視点に立つことが不可欠であり，子どもの加齢等によっても，必要となる支援や関わる人も変化するので，対象となる子どもを取り囲む人を含めた状況にどれだけ適切に関与できるかで，支援の評価も変わるだろう。ここでいう適切な関与とは，吉川（2004, 2005）が強調するジョイニングの概念に近いように思われる。ジョイニングは家族の中のルール（自分たちなりのやり方）に従い，そのルールに沿って対応することで，容易ではないが，欠かせない臨床家としての姿勢であると強調される。今回，ジョイニングの実践としては十分とはいえないが，選択されたアプローチをいかに相談された状況に合わせて活用することの重要性が示唆された。

文　献

永田雅子.（1999）. 心理検査から――知能テスト他. 杉山登志郎・辻井正次（編），*高機能広汎性発達障害*（pp.74-83）. 東京：ブレーン出版.

田嶌誠一.（2003）. 心理臨床における動作とイメージ. *臨床心理学*, 3 (1), 57-64.

吉田美恵子.（2004）. 心理検査「テストバッテリー」. *臨床心理学*, 4 (2), 266-271.

吉川　悟.（2004）. *家族療法*. 京都：ミネルヴァ書房.

吉川　悟.（2005）. ジョイニング／観察／相互作用. *臨床心理学*, 5 (4), 566-567.

付記

　今回，事例とさせていただくことを快く了承していただいた本児の保護者に深く感謝いたします。また本事例を掲載するにあたっては，筆者の所属する相談機関に報告し，守秘義務に関する協力を得ていることを付け加えます。

Takahashi, Yuko, **Development support for the preschooler with mild developmental disorder.**
Japanese Journal of Clinical Developmental Psychology 2006, Vol.1, 45-50.

The purpose of this report is to discuss the validation method used to support a child with light developmental disability. The subjects were 4 year old and 2 month old boys. After evaluation of various methods, Movement Therapy was selected as the treatment technique. Using this technique, the following points were improved in the subjects: 1) Changing the image of body 2) Changing the treatment technique used by the mother.

【Key Words】　Mild developmental disorders, Dohsa-Hou (Japanese movement psychotherapy), Support for caregivers

■コメント

河合　優年
武庫川女子大学教育研究所

　本論文は，周囲との関わりを主訴として来談した幼児に対する支援プロセスについてのレポートである。対象児の感情表出や周囲への注意の向け方を改善するため，動作法を適用している。動作法は，緊張のしやすい身体部位に注意を向けながら弛緩を試みることにより，自己の身体状態の変化を体験し，それを通じて身体への気づきを促進するというものである。本報告では，「腕上げ動作課題」が選択されている。これは自分の活動を直接知覚できるということで選択されている。

　支援を進める上での最も大きな留意点は，対象となる子どもの発達段階に応じた取組を考えるということである。今回のケースでは，発達検査によって3歳相当の段階であると評価されているが，この年齢での「腕上げ課題」は，感覚─知覚─運動の統合という意味からも適切なものであったと考えられる。保護者も含めた場面設定も適切であったと思われる。このことの効果は，レポートの随所にみられる。支援は点（子ども）だけでなく面（保護者を含めた子どもをとりまく環境）で展開されることが望ましいが，今回はこの点では評価されるものとなっている。これは，考察2．にある，保護者のニーズを踏まえた支援に示されているとおりであろう。

　動作法そのものの効果については，十分考察されているとは言えないが，子どもの身体性の変化を媒介としての支援活動の展開は，今後の一つのモデルとなるかもしれない。

　支援活動の周辺に位置していて，本レポートではあまり深く議論されていないが，重要な点がある。それは，初回面接直後の保護者への支援の在り方である。初回面接後の発達検査で，全般的な遅れがみられ，保護者が思っていた関わりの問題が，「発達の遅れ」という養育者にとっての心理的に深刻な問題となったことが述べられている。その後2週間にわたる苦悩があったと述べられているが，これについてはどのような支援がなされたのか，されるべきであったのか，今後のどこかで発表を期待している。

5歳児を対象とした巡回相談型健康診査の発達援助の方向性
―― 高機能広汎性発達障害児の事例から

石川　由美子
宇都宮短期大学

　軽度発達障害児の早期発見を目的に年中児童（5歳児）を対象にした巡回相談型健康診査の取り組みが行われている。まず初めに，この取り組みの概要を紹介し，この導入によってもたらされた発達評価の特徴を示した。次に巡回相談型健康診査で関わった事例を通して以下の点を検討した。1）発達を促す援助を備えたシステム構築の方向性，2）関係者および関係機関との機能的相互作用プロセスのあり方，3）巡回相談型健康診査で生じる発達評価の特徴を生かした発達援助の方向性。以上の検討から，軽度発達障害児への発達援助としての巡回相談型健康診査の有効性が示された。
【キー・ワード】　巡回相談型健康診査，5歳児，軽度発達障害，機能的相互作用，発達援助

問題および目的

　T県では，母子保健法を基盤した従来の健康診査に加え，軽度発達障害児の早期発見をねらって200X―2年から2年の計画で発達障害児早期発見モデル事業（5歳児発達相談）が行われた。この事業の目的は，1）3歳児健康診査までに発見されにくい高機能自閉症等の発達障害児を早期に発見する，2）適切な療育の提供や保護者の障害受容の支援を行う，3）上記1），2）への早期の対処により児の不適応反応や二次的障害を予防する，であった（栃木県保健福祉部児童家庭課，2004）。このような5歳児を対象にした悉皆健康診査の取り組みは始まったばかりである。その成果についての報告や，今後どのような方法で行われるのがよいのか，といった議論はまだ十分になされていない。ここでは，まずT県で始められた巡回相談型健康診査の事業内容を説明する。次にT県で行われてきている従来の健康診査と5歳児を対象とした巡回相談型健康診査の発達評価の違いを説明する。そして，本実践研究の目的を述べる。

1．T県の巡回相談型健康診査の概要

　巡回相談型健康診査のモデル事業は，県の保健事業を統括する5地域の健康福祉センターを中心に行われた。県担当の保健師が地域の実状を加味した上で，市町村保健師との協力により各年度ごとにモデル園（保育園・幼稚園）10園を選択した。巡回スタッフは，県市町村保健師に加えて，心理担当者，言語聴覚士，医師などに依頼した。年度当初には，巡回相談を受け入れる園の担当者，および巡回相談スタッフ向けに事業の説明会が開かれた。そこでは，実際に事業で利用する相談票等の説明，次に，巡回相談型健康診査の3つの流れが説明された。流れは，1）事前準備（相談票を配布し，要観察児をピックアップする），2）巡回相談（保育観察，保護者相談，スタッフカンファレンス），そして，3）事後指導（保護者への事後の説明，療育・相談機関等の紹介）から成る。なお，どのような場面をどのように観察するのかといった説明はなされなかった。

　1）の事前準備は，巡回相談当日より約1ヶ月前ごろより行う。対象園の5歳児クラス全員の保護者に調査票記入を依頼する。保護者より回収さ

れた調査票，担当保育者の意見などを総合して県担当保健師が，巡回相談当日に重点的に観察する必要のある子どもをピックアップする。調査票およびピックアップされた子どもについての資料は巡回担当者に事前に郵送し，当日に備える。また，保護者の面談希望の取りまとめ，および，ピックアップされた幼児の保護者への相談の勧奨を，この間に行う。2）の巡回相談当日は，観察前に担当保育者および保健師から子どもの説明がなされる。観察には午前9時半から午後1時ごろまで，概ねお集まりの様子から昼食時の様子までの3時間前後が充てられた。そして，その日の午後に保護者相談，カンファレンスが行われる。

保護者相談は，保護者からの相談内容への対応とともに，園での子どもの様子を説明する時間として，一人当たり20分から40分くらいが確保されている。相談を希望した保護者が対象となっており，必ずしもピックアップされた子どもの保護者が希望しているわけではなかった。このことにより，観察担当者は，面談希望の保護者への対応のためピックアップ児以外のお子さんも加えて観察する，という状況も生じた。カンファレンスは，観察場面と保護者相談の概略の報告および子どもへの今後の対応の話し合いから成った。3）の事後指導は，カンファレンスの結果を保健師がまとめ，対象となったお子さん全員の保護者宛に文書として返すことから成る。その中で，専門機関等の受診を勧奨したほうがよい場合には，文書とともに保健師からの直接連絡，場合によっては訪問なども行われる。

T県で行われている巡回相談型健康診査は，母子保健法の基盤に基づく健康診査の発展した形である。そのため，悉皆健診を前提にしている。早急な援助が必要な子どもを効率よくスクリーニングした後のフォローは，県で行われている2次健診あるいは地域の医療機関へ照会する，流れとなる。従って，モデル事業の時点では，巡回相談型健康診査自体に詳細な観察あるいは検査を施す構造も機能も整備されていなかった。

2．巡回相談型健康診査の発達評価の特徴

巡回相談型健康診査の概要は上に記述したとおりである。T県は，1歳6ヶ月健診や3歳児健診などの従来の健康診査の延長線上に巡回相談型健康診査を導入する試みを行っている。この試みが軽度発達障害などを持つ子どもたちの発達援助にどのような影響をもたらすかを検討していくためにも，従来の健康診査と巡回相談型健康診査の構造の違いを明らかにする必要があると考える。石川・勝浦・古積・大谷・清水（2006）は，「従来の健康診査は生活の場から子どもを抽出して行うのに対し，T県のようなタイプの巡回相談型健康診査では，相談スタッフが生活の場に入り込む」という大きく異なる点があると指摘した。この違いが，健康診査自体の構造を大きく変えていると思われる。表1は，石川ほか（2006）に基づき，従来の健康診査と巡回相談型健康診査の違いを，主体的に子どもとかかわる人，かかわり方，観察者，観察しているもの，の4点で整理したものである。この比較により従来の健康診査と巡回相談型健康診査の子どもの発達評価の視点の違いが，ある程度明らかとなった。従来の健康診査は，あらかじめ決められた発達の課題に子どもがどのように反応するかで発達を評価するのに対して，巡回相談型健康診査では，集団間で生じる自然発生的な文脈に対する子どもの反応や対処能力を評価しようとしている。この点が，巡回相談型健康診査での発達評価の特徴といえる。

3．本実践研究の目的

巡回相談型健康診査に関連する研究には，1）大六・長崎・園山・宮本・野呂・多田（2006）による軽度発達障害児のスクリーニング検査の研究，2）保育内容や活動場面との関連で，気になる子どもの観察の重要性を報告した研究（本郷，2006；石川，2006），3）巡回相談を受けた後の保育者の認識を扱った報告（石川ほか，2006），4）鳥取県および栃木県の5歳児健診での実績の報告

表1 従来の健康診査と巡回相談型健康診査の違い

観点	従来の健診	巡回相談型
主体的に子どもと関わる	保健師	保育者
関わり方	一対一	多数が複雑に
観察者の有無	無	有
観察しているもの	あらかじめ用意された課題に対する子どもの反応	集団間で生じる文脈に対する子どもの対応（反応）

（小枝・下泉・林・前垣・山下，2006；大六・小枝・下泉・宮本・石川，2007），などがある。

T県では，200X+1年度より巡回相談型健康診査がモデル事業としてではなく，市町村主体の事業に移行される。これにより各市町村の状況に合わせて，巡回相談型健康診査のシステムが変動するであろう。この現状において，巡回相談型健康診査の利点と問題点を明らかにしておくことは，巡回相談型健康診査が発達援助として有効に機能する方向性を模索するのに役立つ。

そこで，本研究では，1）巡回相談型健康診査にはどのようなシステムが必要なのか（事業内容，事業期間の適切さ，スタッフの資質・訓練など），2）相談対象者と巡回相談スタッフおよび関係機関が，どのような相互作用プロセスを踏んでいくことが重要なのか，そして，3）巡回相談型健康診査で評価する子どもの発達が，発達障害を持つ子どもの発達援助として有効に機能する可能性について，事例の報告を通して検討する。

方　法

対象児　Y児。事前調査時点（200X年9月）4歳10ヶ月男子，高機能広汎性発達障害（HFPDD）。父，母，姉の4人家族であり，近くに父方祖父，祖母が住んでいる。まるまる保育園年中クラスに在籍している。幼児19名クラスのうちから，観察対象児としてリストアップされた9名の幼児のうちのひとりであった。

期間　200X年9月〜200X+1年12月まで。

手続き　上記期間を便宜的に3期に分けて報告する。巡回相談型健康診査のモデル事業で筆者が心理担当者として保育園を訪問したのは，1期に当たる部分である（巡回相談日当日のみ）。2期は，主にY児の保護者の強い要望を受けて実施した心理測定と，その後に話題となった照会経過を記述した（200X年11月から200X+1年3月まで，保育者からでた話題をまとめたもの）。3期は，気になっている子どもたちへのアドバイスをしてほしい，という保育者の要望により実施した観察および検討会で話題となったY児の経過記述である（200X年11月から200X+1年12月まで）。月1度のペースで園を訪問し，午前中は気になる子どもの観察，午睡の時間を利用して保育者と子どもの検討を行った。おもに対象となった子どもたちの観察場面での様子を報告する形で検討会がもたれた。保育活動をVTRで撮影できた場合は，録画を再生しながら話し合いを持つ場合もあった。

結　果

第1期　巡回相談型健康診査時の経過

巡回相談型健康診査当日のY児に関する説明で，保育者が気になっていると提示したものは，1）友達との関わり，2）保育活動中の逸脱行動，3）ヘリコプターがヘピコプターになるといった音の置換に関するもの，であった。観察当日の保育活動およびそれに基づいた心理担当者の観察記録は資料1に示す。観察後の保護者（母親）相談で，母親は，思い通りにならないと泣いてモノにあたる，逆切れする，実際は起こっていないこと

を起こったことのように話す，などを心配事としてあげた。このようなY児の行為によって，母親と祖父・母間にY児を巡って誤解が生じてしまう，とのことであった。Y児について心配はしているが，言えばわかる子であるので医療機関に相談するまでは考えていない。ただ，せっかくの機会なので園で専門の方に見てもらえるのであれば，もっと丁寧に見てもらいたい。検査等も必要であれば園内で受けさせてほしいとのことであった。

　観察および保護者相談後のカンファレンスは，巡回相談スタッフ（県，市保健師，心理担当者）と園の担当保育士および園長，主任で行われた。話し合いの中で次のことが話題となった。保育者が集団保育の中でY児に対して気になっている部分と，母親が心配している点に違いが認められる。巡回相談スタッフは，Y児に対して脈絡なく一方的となる会話，絵本や体操など系列があるものに対して注意が向かない，落ち着きがない，などを指摘した。しかし，保育者の指示理解はできているため著しく状況理解が困難であるとはいえない。園での経過観察でよいのではという意見であった。保育者は今日だけの観察で判断してほしくない。普段はもっと大変になると，納得できない様子であり，今後，Y児にどう関わればいいのか不安である，と述べた。これらのことから，Y児と生活をともにしている保護者や保育士でも，場面の違いによってY児のとらえ方が異なることが明らかとなった。また，客観的にY児の観察に当たった専門家の意見によって，保育者には，納得できない，不安である，という気持ちが現れることもある。そこで，心理担当であった筆者が，Y児には保護者の要望もあるので心理検査をとってみること，また，Y児を含め気になるとされた子どもの経過をしばらく追うことを提案した。

　保育士，保護者，相談スタッフによるY児に関する理解のズレは，Y児にどのような援助を提供するのかに関わる，お互いの意見の対立や葛藤を生じさせる。しかしその一方で，Y児への援助の新たな取り組みを生み出すきっかけともなった。

第2期　心理アセスメントと他機関への照会

　資料1で示したような集団場面でのY児の様子から，継次処理的能力に困難さがあるのではないかと推測していたため，K-ABCを実施することとした。また保育者には，PASS評価尺度を翻訳したもの（Naglieri and Pickering, 2003）を参考程度につけてもらった。K-ABCの結果は以下の通りである。

　200X年11月実施。90％信頼水準で，継次処理尺度86±9，同時処理尺度110±9，習得度尺度102±7，認知処理過程99±8であり，継次処理尺と同時処理尺度，および習得度尺度と継次処理尺度に有意差が認められた（$p<.01, p<.05$）。継次処理項目を詳細にみてみると，手の動作，数唱，語の配列ともに評価点8，7，8，である。このことから視覚的および聴覚的ともに短期記憶に関わる課題は苦手であると推測された。したがって，絵本や体操など系列があり，しかも記憶に関わる保育活動において，Y児が困難さを示すことは理解できた。一方で，同時処理項目は位置探しを除き，絵の統合，模様の構成，視覚類推は評価点が15，11，14であり，情報を要素間で統合する能力の高さが推測された。PASS評価尺度では，保育者がY児に関して，注意を持続する能力の困難さ，および，系列の操作の困難さを感じていることが示唆された。これらの内容を，心理担当者が保護者に説明した。その後，保護者は自ら精査を希望したため，○○療護園を照会した。○○療護園では，再度K-ABCが実施され，ほぼ同様の結果となった。この照会で，医師よりHFPDD（高機能広汎性発達障害）との診断がなされた。また，月1回のペースで○○療護園の言語訓練をうけることとなった。言語訓練の詳細な内容については，園には情報提供がなされなかった。医師

の診断書により，まるまる保育園には200X+1年4月より，Y児に対する補助保育者を入れる許可がおりた。

第3期　保育園でのY児の経過について

保育者に対してもK-ABC等の結果の説明を行った。保育内容および保育活動で，歌や工作，体操など系列があるものを行う場合は，あらかじめ手順をわかりやすく視覚化しておき，記憶に負荷がかかりにくい状態を工夫する，などの助言をした。保育者は，補助教員が入らない状態で，多くの気になる子どもをクラスに抱えている現状では，一人に対してそれほどの援助は難しい，という思いを述べた。200X+1年4月よりY児に対して補助保育士がついたため，できる範囲でY児に対しての保育活動の工夫をしてもらった。歌などはあらかじめ絵と歌詞を書いた模造紙を張っておき，繰り返しそれが見られるようにした。また，クラス全体への主担当保育者の教示に注意を向けられないときには，Y児に注目を促す，教示を繰り返すなどの援助を補助担当者に行ってもらった。その後の報告では，巡回相談型健康診査時に保育者が気になっていた3点については，改善した，ということであった。しかし，就学を前にしてY児が一方的によくしゃべることが気になってきたということであった。これは，第1期において母親が気になっているとした記述，および巡回相談スタッフが記述した一方的な会話とも共通するものであった。そこで再び，心理担当者が保育活動中のY児の様子を観察した。

保育中，Y児の注意はそれやすいが，補助保育者がそのつど声かけをするので保育室を離れる行動はだいぶ落ち着いていた。しかし，絵本や手遊び，歌などは，途中でそわそわしたり，手遊びができなくなったりしていた。音の置換はほとんどみられなくなっていたが，保育活動と関係なく話し出すところは，依然変わらない状態であった。しかし，まったく一方的に話すということではなく，保育活動中に他の子どもが話したことばが刺激となって話し出すことがほとんどであった。このことから，Y児による一方的な会話は，そのほとんどが保育室で起きている刺激が引き金となることがわかった。

まとめ

友達とのかかわり，保育活動中の逸脱，音の置換など，当初，気になるとして指摘されていた点は，言語訓練や補助保育者の確保によって改善した。しかし，落ち着きのなさや一方的になりがちの会話は，依然としてY児の問題として残っていた。なぜ，保育園という場（集団間で自然発生的な文脈が生じる）でこのような問題が継続して生じるのかを探る手段として，再度，1期，3期を振り返って検討してみる必要性を感じた。図1は，検討する枠組みとしたものである。第1期のY児の様子と第3期のY児の様子の間にK-ABCの結果，PASS評価尺度の結果（2期）を媒介させ，検討を試みた。保育園の中で生じる文脈の内，主となるのは保育内容に基づいて保育者が構成した保育活動である。その活動を行いながらも子どもたちは，子どもたち同士の会話など，ちょっとした活動からの逸脱（異なる文脈）も楽しむ。それでも，結果的には主題となっている保育活動の目的を維持しつつ達成させることができる。このような複雑な文脈を持つ保育園での生活で，Y児も，子どもたちの間で自然に生じる刺激に応じる。その場で生じた刺激の要素を同時的に統合して対処するが，継次的に主題を維持し続け

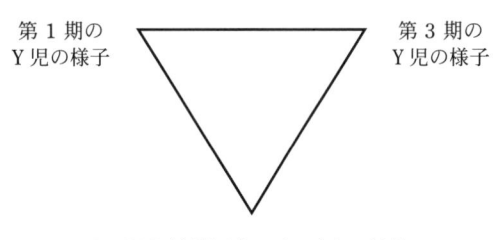

```
第1期の              第3期の
Y児の様子            Y児の様子
       \            /
        \          /
         \        /
          \      /
           \    /
            \  /
             \/
    K-ABC（心理アセスメント）の結果
         （PASS評価尺度）
```

図1　Y児の発達を検討するための枠組み

ることがY児には困難である。そのため主要な文脈を自身の中で維持できず逸脱してしまうことが目につく結果となる，と考えられた。医師からはHFPDDという指摘もなされているため，今後，対人関係のとりにくさといった問題は，状況にうまく対応できないという形で示され，Y児の集団生活での生きにくさが増す可能性がある。保育者がPASS評価尺度で注意の維持がしにくいと認識していたものが，継次処理能力の苦手さから派生したものであるのか，注意能力の問題がもともとあるためであるのかはK-ABCの評価だけでは不十分である。今後，DN-CASといった注意能力を測定できる検査およびWISC-Ⅲ等を組み合わせて評価する必要性もある。また，状況を理解するための療育等の指導的配慮も必要となってくると考えられた。

考　察

1．巡回相談型健康診査に求められるシステムの方向性

　健診の延長もしくは拡張として行われる巡回相談型健康診査は，悉皆検査を前提としている故に，スクリーニング機能が重視される。そのため，モデル事業そのものに詳細な検査をする準備や継続して観察する機能は想定されていなかった。検査や詳細な観察，診断は2次健診や医療機関への紹介という形で計画されていた。1次スクリーニング機能を重視して計画されているとすれば，当初の企画内容は評価できると考えられる。5歳児健診によってそれまで指摘されてこなかった中度から軽度の発達障害児や知的障害児の多くが気づかれた，という鳥取県の報告（大六ほか，2007）からも，軽度発達障害児への支援に関する5歳児健診の意義は大きい。その一方で，次に示すようないくつかの検討課題も明らかとなった。まず第1には，スクリーニングされてきた子どもの数によって観察が大きく影響される点である。本報告では，19名中9名のピックアップ児，つまりクラスの半数が気になるとされた。その他でも筆者が担当した園では，毎回10数名がピックアップ児となっていた。どのようにしたら3時間あまりの時間でそれだけの数の子どもを正確に観察することができるのか，この点に関しては，観察時間の適切さ，観察者の資質や保育場面で何を観察するのか（本郷，2006；石川，2006）の点から検討が必要であろう。また，大六ほか（2006）がスクリーニング項目の検討を行っているが，調査票でのスクリーニング効率向上が重要であると考えられた。第2は，保護者相談にピックアップされた子どもの保護者が来るとは限らない点である。適切な療育の提供や保護者の障害受容の支援を行うといった巡回型健康診査の目的を達成するために，改善が必要な部分であると考えられる。第4は，実際に問題を指摘されても，照会機関にすぐにはつながらない場合が多い点である。保護者が照会に応じるためには，保護者の子どもの状態理解が欠かせない。Y児の保護者のように理解がある親でも，医療機関への紹介にはすぐには応じられなかったことからも，子どもの状況を理解し納得するためにはある程度の期間が必要であるといえる。また，保護者への説得力のある説明がなされる必要がある。そのためにも，再度の子どもの観察，客観的な評価など，いくつかの段階を健診システムに位置づけることが重要であると考えられた。第5は，巡回相談スタッフと保育者との間の子どもの理解の相違の点である。子どもの理解にズレが生じる場合，カンファレンスをしたことが逆に保育者の不安や不満につながってしまう。この点は，子どもの発達援助を質的に高めるためにも，保育担当者支援として早急に検討することが重要である。その際，保育者が保育活動の中でいかに無理なく援助計画を保育内容に含めることができるのかについて，ともに考え，計画するような支援の検討が必要と思われた。最後は，保健師の役割の点である。第2期，3期は巡回相談事業以外での取り組みであった。そのことが

却って，本事業を主体的に企画する保健師の役割の重要性を浮き彫りにしたと思われる。Y児は，他医療機関に紹介されたが，照会先からの情報は正確には得られなかった。県および市町村の保健師が必要な情報を集め，また情報を提供するサーバー的役割をとることができれば，医療機関と密接に連携を取りながら現場での援助がより具体的になると考えられる。保健師は地域に住まう対象者の誕生から老年までのすべての期間の保健および保健指導を職域としている。ここにサーバー的な役割を構築することで，対象者の一貫した生涯発達援助の可能性が開けてくると考えられた。また，特別支援教育における巡回相談との橋渡し的役割の検討もできると思われる。

2．相談対象者と巡回相談スタッフおよび関係機関の機能的相互作用プロセスについて

従来の健診と異なり保育園や幼稚園という生活の場に入り込む形式をとる巡回相談型健康診査では，対象児に関わる大人が対象児の生活のどのような場面で関わるのか，あるいは親，保育士，保健師など大人の持つ役割によって，対象児に対する見方，理解の仕方にズレが生じる場合があることが明らかとなった。しかし，いろいろな視点で多面的に対象児を見，対象児について議論することができる機会は，発達援助をするにあたって重要である。本事例のように，初期の対話では対立や葛藤も生じるが，対話を継続することで対立や葛藤が，対象児に対する新たな取り組み方を創造する機会ともなることが示された。巡回相談型健康診査の機会がもたらすこのような場を有効に利用するシステムの構築が重要である，と考えられた。機能的な相互作用プロセス構築に当たっては，巡回スタッフの役割として次の点を検討する必要があるであろう。1）保育者および保護者の対象児に関する認識を十分に聞き取るカウンセリング的役割，2）それぞれの対象児に関する見解の相違に対して，時間をかけて対話し，解決策を提案する。場合によっては，一時選択的な心理アセスメント等を実施する備えをもつ，3）保育者が立案する保育内容に沿った形で対象児への個別指導の内容をアドバイスする，4）保育活動と関連した対象児の観察と保育者との対話の継続，5）他機関と連携する必要がある場合は，他機関と園との情報交換をスムーズにする役割。

3．巡回相談型健康診査がもたらす発達援助の可能性

生活の場における自然発生的な文脈において対象児が，どのような生きにくさを示すのかを観察，分析する巡回相談型健康診査の枠組みが軽度発達障害児の早期発見と早期対応に有効であることは若干の報告がある（大六ほか，2007）。知的な遅れは認められないため一定の理解力は保たれている。文脈から切り離した形での一対一の対応には取り組めるため，他者からは気づかれにくい。しかし，文脈が自然発生的に生じる状況では，生きにくさを訴えることもできずに子どもなりに文脈に対応しようと必死となる。それが，次第に生活の場での孤立につながっていく。このような生きにくさを示す子どもへの早期対応は，これまでは介入しにくかったといえる。その意味でも，巡回相談型健康診査導入の意義があると考える。

しかし，実際には，Y児の事例のような幼児は，巡回相談型健康診査を導入しても積極的に介入することが難しいことが本実践を通してわかった。第1は，上述してきたような，巡回相談型健康診査の事業内容の問題点が影響していることもある。この点は，改善を検討することで対処が可能である。第2は，Y児のようなお子さんの認知能力的な問題は，心理スタッフでも観察によってすっきりと理解できない点である。そのために，客観的測定が重要となるのはもちろんであるが，それでも明快になることは少ない。なぜなら，Y児自身が能力的問題を抱えながらも日々成長しているからである。生活の場の刺激に対応するために，Y児自身の補償できる能力を最大限に発揮し

て生活している事実である。ここに社会的文脈に対するY児の複雑な生きにくさが生じている。この点を把握するためにこそ，巡回相談型健康診査での発達心理学的視点が重要となると思われた。本研究では，1期と3期を2期の心理測定を媒介させる形で示した。Y児の過去の時点と現在の時点を分節化し，そこに評価可能な心理的道具を媒介させてみたとき，Y児の本来の能力が明確にされる可能性がある。それを心理学的にとらえられたときに，Y児の将来的な目標を描けるのではないかと思われた。生活の場へ入り込む形式の巡回相談型健康診査は，軽度発達障害を発見するという主旨だけではなく，Y児のような子どもが，その発達のアンバランスさにより生活するという複雑な文脈の中で，どのような生きにくさを抱えているのかを発見し理解するのに大変に重要な役割をもつといえる。この発見と理解こそが，発達援助をするための療育および教育的配慮の原動力となると考えられる。

以上，述べてきたように巡回相談型健康診査は意義のある取り組みであると考えられる。今後，システムの方向性および個に対する援助をどのようにしていくのかという両面から検討がなされることで，軽度発達障害児に対する発達援助としてますます有効に機能していくと考えられる。

文　献

大六一志・長崎　勤・園山繁樹・宮本信也・野呂文行・多田昌代. (2006). 5歳児軽度発達障害スクリーニング質問紙作成のための予備的研究. *心身障害学研究*, **30**, 11-23.

大六一志・小枝達也・下泉秀夫・宮本信也・石川由美子. (2007). 大六一志企画シンポジウム：5歳児健診の現状と課題. *日本発達心理学会第18回大会論文集*, 164-165.

本郷一夫（編著）. (2006). *保育の場における「気になる」子どもの理解と対応——特別支援教育への接続*. 東京：ブレーン出版.

石川由美子. (2006). 就学前巡回相談における軽度発達障害児支援の役割——保育者が認識する子どもの気になる行為・行動の記述に関する検討. *日本特殊教育学会第44回大会発表論文集*, 413.

石川由美子・勝浦美智恵・古積悦子・大谷美幾・清水　浩. (2006). 児童福祉サービスにおける巡回相談型健康診査の発展可能性. *宇都宮短期大学人間福祉学科紀要第3号*, 1-9.

小枝達也・下泉秀夫・林　隆・前垣義弘・山下裕史朗. (2006). *軽度発達障害児に対する気づきと支援マニュアル*. 厚生労働省.

Naglieri, J. A., & Pickering, E. B. (2003). *Helping children learn. Intervention handouts for use in school and at home.* Baltimore: Paul H. Bookes Publishing Co.

栃木県保健福祉部児童家庭課. (2004). *発達相談モデル事業マニュアル*. 未公刊.

付記

本実践研究は，2006年8月に開催された臨床発達心理士会第2回全国大会において発表した内容を大幅に加筆修正したものである。

Ishikawa, Yumiko, **Orientation of routine consultation health checkups for developmental support of 5-year-old children : An example of a child with a high-functioning pervasive developmental disorder.** Japanese Journal of Clinical Developmental Psychology 2007, Vol.2, 65-74.

Routine consultation health checkup efforts targeting the early diagnosis of mild developmental disorders in middle-aged children (5-year olds) are being implemented. First, a brief summary of these efforts is provided, and the characteristics of developmental evaluation brought about by implementation are given. Then, through examples of routine consultation health checkups, the following issues are examined:
1) Orientation for the establishment of a support system that stimulates development.
2) Framework for the functional interaction and approach process among participants or participating organizations.
3) Orientation of developmental support utilizing the characteristics of developmental evaluation arising from routine consultation health checkups.

From examining the issues above, the efficacy of routine consultation health checkups for the developmental support of children with mild developmental disorders is demonstrated.

【Key Words】 Routine consultation health checkups, 5-year-old children, Mild developmental disorders, Functional interaction and approach, Developmental support

資料1 巡回相談当日の保育内容（デイリープログラム）と対象児の様子

巡回相談当日の観察時間帯の保育内容（デイリープログラム）は以下のようなものであった。なお，この日の観察者（健康診査型巡回相談スタッフ）は，保健師2名，心理担当者1名で行われた。

　　　　7：30～9：00　　登園
　　　　　　　　　　　　　戸外遊び
　　　　　　　9：40　　片付け
　　　　　　　　　　　　おやつ・絵本
　　　　　　10：20　　制作「どんぐり」（折り紙でどんぐりを折る。
　　　　　　　　　　　　台紙に貼ってある"バスケット"に「どんぐり」を糊で貼る）
　　　　　　11：00　　体操（戸外にて，「エビカニクス」，「ヤンチャリカ」の歌で）
　　　　　　11：30　　食事準備（当番活動）
　　　　　　　　　　　　食事
　　　　　　　　　　　　午睡準備

　戸外遊び時から，ひとりで園庭に落ちているドングリを空き缶の中に集めることに熱中している。保育者が保育室に入るよう声をかけても，保育室へ移動する様子もなくドングリ集めに熱中している。年中クラスの子どもたちが，いなくなっても構わず，ドングリの入った空き缶をもってうろうろしている。「先生がお部屋に入ろうっていってるよ」と声をかけてみると，「お父さんのおつまみをつくってる」という返事が返ってくる。外の水のみ場で，空き缶の中に水を入れて「あくをぬく」という。戻ってこないY児を先生が呼びに来る。すると，少し混乱した様子となる。ドングリの入っている空き缶をどうしていいのか，わからなくなってしまった様子であった。水道の上に缶を置き，観察者に向かい「みてて」といい，保育室に戻る。保育室では，絵本の読み聞かせが行われていたが，簡単な起・転・結程度の物語絵本でも，机に上体をたおし，最後まで注意が向かない様子であった。制作活動は，ドングリを折り紙で折るのがメインの活動だったせいもあってか，水道においてあったドングリを思い出し，落ち着かなくなる。外のドングリを見ようと立ち歩いたりする場面もあったが，保育者に声をかけられるとすぐに戻り，活動に参加していた。観察者がそばに行くと，自分から話しかけてくる。しかし，話の内容が，活動内容とは違うため，何を言っているのかわからないものが多い印象であった。文脈と関係なく，Y児が想起したものをどんどんと話してくる。友達との会話でも，話が噛み合わず，一方的に話している様子となっていた。
　体操は，「エビカニクス」，「ヤンチャリカ」という音楽と歌にあわせて体を動かすものであった。一連の動きを順番に模倣していくことがうまくできず，立ってみている場面が多く見られる。しかし，その場から離れてしまうことはなかった。食事場面も，特に気になるような行為は認められない。常に，自分の想起したことを一方的に話す様子は，変わらなかった。発音もサ行のタ行への置換など不明瞭なところはあったが，それよりも，Y児の話の内容を理解することに気をとられてしまう，というようであった。
　この日の観察では，「お父さんのおつまみにする」といっていた，ドングリの空き缶に注意が向き，落ち着きがなくなる場面が何回かあった。また，脈絡なく一方的になりがちとなる会話，および，絵本や体操など系列がある行為に集中できない，といった点が気になる点と思われた。しかし，保育者が，少し促すことで保育者の指示に従っていけることなどから，指示理解や状況の理解が著しく困難になっている状態とは思われなかった。

■コメント

長崎　勤
筑波大学

　近年注目を集めている「5歳児健診」のモデルとなる，T県での先駆的な「巡回相談型健康診査」の実際とその方向性や課題について，事例も加え述べられており，多くの関係者が今後参考になる論文である。

　筆者も述べているが「5歳児健診」の意義としては，次の2点であろう。特別支援教育の展開で，高機能自閉症児やアスペルガー障害，注意/欠陥多動性障害（ADHD），学習障害（LD）などの軽度の発達障害児への対応が求められているが，早期に問題に対応することが二次的障害を防ぐことになる。しかし，多くの3歳児は「多動」であることが典型的に示すように，3歳児健診では軽度の発達障害児の問題は顕現化しないことが多い。しかし，5歳前後には問題が目に見える形で現れてくるのではないかという問題意識である。

　もう一点が，生活の中での健診という発想であろう。保健機関に呼び，問診をしたり，観察するのではなく，子どもの生活する空間である保育の場面に，専門家が出かけていき，質問紙なども参考にしながら，そこでの子どもの自然な様子を直接に観察し，その結果から，保育者や諸機関へのコンサルテーションも行う。生活場面での直接の観察から導き出される支援は，そうでないものに比べ，具体的で効果的になることが期待される。

　しかし，多くの課題もあろう。例えば学習障害が5歳でどの程度発見が可能か，今後の研究を待ちたい。また軽度の問題すなわち「気になる」問題は，保育者にとっては「気になる」が，保護者にはほとんど「気にならない」ことも多いだろう。その場合，支援のためのインフォームド・コンセントは取りにくくなるだろう。また，数少ない訪問から対象児の問題を把握し，支援へと導くには高度な専門性が必要になる。そのためのトレーニングシステムなどが日本ではまだない。また，紹介する専門機関も不足している。

　このように，専門家の育成や連携する専門機関の充実を考えずに，「5歳児健診」「巡回相談型健康診査」という単独のシステムだけが先行するとすると，単なる「レッテル張り」になってしまい，保育者・保護者の不安を増すだけとなってしまう危険性もあるだろう。

　臨床発達心理士会の全国研修会にも巡回相談をテーマにしたものは組み込まれているが，今後更なる専門性の向上を目指す研修の必要があろう。そして，筆者も指摘しているように「対象者の一貫した生涯発達援助の可能性」の一段階として，5歳児健診を考えてゆく必要がある。

　様々な困難性を抱えながらも，生活の場で保育者・子ども同士と相互作用しながら発達してゆく対象児を支える，「生活の場に入り込む」巡回相談型健康診査の今後の発展を期待したい。

2歳児集団での遊びを楽しむための関係調整
―― 他児との関わりに難しさのみられたY児とその母親への支援

坂上　裕子　　加藤　邦子　　沼崎　裕子　　京野　尚子
(財)小平記念日立教育振興財団　日立家庭教育研究所

　　　日立家庭教育研究所では，子育ち・子育て支援を目的とした2歳児親子教室を運営している。2歳代は，探索欲求の高まりとともに子どもの関心が家庭の外の世界へと向き，親子関係から仲間関係への移行が生じる時期にあたる。またこの年代は自我の育ちが顕著な時期でもあり，子どもが仲間に親しみを持ち，自己を発揮しながら集団での遊びを楽しめるようになるためには，子どもの発達や個性に応じた支援と，親に対する支援の両方が必要とされる。本研究では，集団での遊びへの参加や他児との関わりに難しさがみられたY児とその母親への支援過程を振り返り，子どもが集団での遊びを楽しめるようになるための支援のあり方について考察する。
【キー・ワード】　2歳児，他児との関係調整，母親支援

問題と目的

　日立家庭教育研究所では，地域の2歳児を対象に，子育ち・子育て支援を目的とした親子教室を運営している。教室は1クラス約20組の親子から構成され，4月から翌年3月までの1年間，特定の親子が毎週決まった曜日の午前中2時間を当所で過ごす。時間の前半は親子一緒の遊びを中心とした活動を，後半は親子分かれての活動（子どもの自由遊びと母親教室）を行っている。当教室の特徴は保育者と心理スタッフが協同して運営している点にあり，保育者は主に遊びのセッティングと運営を，心理スタッフは発達面や心理面で配慮を要する親子のケアや母親教室の運営を担当している（詳細は加藤・飯長，2006）。
　当教室が対象とする2歳代は，家庭の外の世界へと子どもの関心が向き，親子関係から仲間関係への移行が生じる時期にあたる。当教室に入所する親の多くは，我が子が友だちとの遊びや集団での遊びを楽しむことを期待して教室に参加する。しかし，少子化や地域の繋がりの希薄化が進行している昨今では，子どもが初めて参加する集団が当教室であることも少なくなく，教室開始当初は多くの子どもが多数の同年代の他児や大人を前に緊張や戸惑いを示す。また，中には緊張の高さから，集団での活動に加わろうとしない，他児に手を出す，物や場所を巡り他児と衝突を起こすといった姿を示す子どももいる。2歳代は，子どもが他者の存在を意識すると同時に，自分のやりたいことを強く主張し始める時期であるため，子ども同士の間で衝突が生じるが，それがあまりに頻繁に生じる場合には，その子ども自身も，また一緒にいる他の子どもも，充実した遊びの楽しさを味わうことが困難になる。ゆえに，この時期の子どもが仲間との遊びを楽しむためには，親や保育者などの大人が子どもの間に入り，子ども同士の関わりを支える必要がある（土谷，2002）。
　ところで，子どもが集団に参加することは，親にとって大きなストレスとなる場合があり，そのために親が子ども同士の関わりを支えることが困難になることもある。特に，子どもが他児と衝突を起こしたり集団への抵抗を示したりすると，親

はそれを自身への評価に繋げて捉えてしまうため，そのストレスから子どもに集団行動を強制し，それが親子双方にさらにストレスをかける，という悪循環を形成することになりかねない（別府，2002）。したがって，子どもが集団参加に際して困難を示す場合には，その背景を理解したうえで，先に述べたような悪循環が形成されることを予防すべく，親に対する支援を並行して行うことも必要である。このような支援を行うことは，家庭から幼稚園といった集団生活の場へ子どもが移行することを円滑にするだけでなく，子どもが将来集団での活動に困難を来した際に，親が我が子の発達や個性に応じた対処を行うための一助になると思われる。

以上を踏まえ本稿では，当所の親子教室において，集団での活動への参加や他児との関わりに難しさを呈したＹ児とその母親への支援過程を振り返り，子どもが自己の遊びを充実させ，さらには集団での遊びを楽しめるようになるための支援のあり方を考察する。

方　　法

1．支援対象

Ｙ児（第1子，男）とその母親。支援期間は200Ｘ年4月〜翌年3月（Y2：5〜3：4）。

2．親子教室開始当初におけるアセスメント

当所では入所時に，生育歴や子どもの発達の状況，日常生活の様子，育児の方針や悩みに関する質問票3種への記入を求め，それに基づき母子同席で約30分の面接を行っている。面接では，母親の支援ニーズがどこにあるのかを確認すると同時に，親子のやりとりの様子やスタッフからの働きかけに対する子どもの反応を観察し，子どもの発達状況の確認を行っている。これらの手段から得られた情報をスタッフの全体会議で報告，検討し，各親子ごとに支援の方向性を立てている。その際支援の必要性が高いと思われた親子については，最初の数回の教室時の様子を重点的に観察し，支援の方向性を確認している。

Ｙの場合には，入所時面接で母親から，Ｙが1歳半から2歳頃まで他児の顔をつかんで泣かせたことや，何でも自分でやらないと気が済まないことが育児で困っていることとして挙げられた。また，Ｙの特徴について母親は，「自己主張が強い，頑固」と述べていた。

これらの訴えを踏まえ，親子の様子を観察したところ，初回の教室時にＹは，他の親子が集まって遊んでいる部屋には入らず，母親が傍で見守る中，隣接したホールでトランポリンをしていた。その際母親は，Ｙに集団での活動に加わるよう強制することはなかったものの，硬い表情でＹの様子をみていた。また，外庭での自由遊びでは，Ｙは橋を渡る，ジャンプをするなどの身体を動かす遊びや水遊びに取り組み，保育者からの働きかけには応じるものの，顔見知りでない他児が傍に寄ると，玩具を自身の手元に取り込んだり，他児が持っている物を無言で取ったりした。2回めの教室での外遊び時にもＹは，他児がいない所に椅子を運んで色水遊びを始め，保育者が働きかけた時には応じるが，他児が近づくと玩具を手元に取り込むといった行動を示した。また，他の親子が室内に入った後も外庭で遊び続け，母親が室内に入るように誘うと，癇癪を起こした。これらの様子から，Ｙは自分のペースでならば遊びを楽しめるが，そこに他児が関わると玩具を取り込むなど，集団の中で遊びを楽しむことは難しいように思われた。母親からの聴取によるＹの生育歴には特記すべきことはなく，運動面，言語面，認知面の発達も年齢相応であると推測されたことから，これらのＹの行動は，2歳代に特有の自我の育ちを反映したものであると同時に，集団への緊張の高さや切り替えの難しさといった，Ｙの個性に由来するものと推測された。ゆえにＹが集団の中でも自己の遊びを楽しんだり，集団での遊びを楽しんだりできるようになるためには，こうしたＹの個性に配慮した支援が必要であると考え

られた。

上記のYの行動に対する母親の思いをスタッフが確認したところ、「どうしたら友だちと遊べるようになるかを心配している」など、他児との関わりに関することが多く語られた。こうした語りや教室時のYへの行動からは、母親がYの視点に立って児の行動の意味を理解するのが難しい状態にあり、ゆえにYが集団の中で遊びを楽しめるようにサポートすることや、Yの切り替えの難しさに付き合うことが困難であることが窺われた。

3．支援目標と支援方法

Yに対しては、Yのペースで遊びこんだり、保育者と遊びを共有する楽しさを味わったりすること、またそれを経て、仲間と遊ぶ楽しさを味わえるよう、子ども同士の関わりを支えることを目標とした。そのための支援方法は次のとおりである。

(a) 遊びの充実を促す環境の設定：当所では2歳児が自然に関心を向け、没頭できる遊びとして、感覚・解放遊び（絵の具や泡、水、泥などの感触がよく、形が自在に変化するものを用いた、五感を使って楽しめる遊びで、心身の緊張を緩和する機能をもつと考えられる；詳細は沼崎・加藤・京野・坂上，2006）を取り入れている。これらの遊びを中心にクラスの保育を組み立てた。

(b) 言葉によるYの気持ちや意図の確認と方向づけ：集団や他児に対するYの緊張の高さは、周りの状況に対する見通しを持ちにくいことによるものと思われた。そこで、スタッフが集団の活動や遊びの様子、他児の行動などをYと共に見て言葉で確認すると同時に、Yの気持ちや意図を丁寧に確認した上で、次の行動の選択を促すようにした。

(c) 他児との関係調整：Yが親しみをもって仲間とやりとりし、遊びを共有できるように、必要と思われる時にはスタッフがYと他児の間に入り、双方の気持ちや意図を言語化させたり代弁するようにした。

母親に対しては、Yが他児と衝突を起こしたり集団の活動に加わったりしないなど、遊びを楽しめていない様子が窺われた時に、Yの行動の意味をYの視点から理解できるように支援すること、また、集団への緊張の高さや切り替えの難しさといったYの個性に応じた対応をとれるように支援することが必要であると考えられた。このため、Yが示す行動をスタッフが母親と共に見て、この時期の発達的特徴やYの個性といった観点からYの行動の意味を一緒に考えたり、関わり方のヒントを伝えたりするようにした。

結　果

保育記録と母親との交換ノートから抽出されたエピソードに基づいて、集団場面でのYの様子の変化という観点から、1年を5つの時期に分けた。なお、#は教室（全35回）の回数を意味する。また、教室の回数を示した数字の後のアルファベットは、Cが主に子どもの様子・変化や子どもへの支援、Mが主に母親からの訴えや母親の変化、母親への支援、CMが母子双方の様子・変化や支援に関するエピソードであることを意味する。

第Ⅰ期：保育者や仲間に親しみを持つ
#1～#6（4月後半～6月前半）

Yが集団の中にあって遊びを楽しめるよう、スタッフや保育者がYの遊びに付き合ったり、他児との間に入って仲間との遊びを楽しめるよう配慮したりした。

#2M　外遊びの間中Yは、人気のない所で泥水をコーヒーに見立て、1人で飲むふりをしていた。それを見た母親は、Yが一箇所で遊び続けることへの歯がゆさをスタッフに訴えた。スタッフが、じっくり遊ぶのはYのよい持ち味で、好きなことで遊びこんだ後に関心が広がる、という見通しを伝えたところ、翌週母親から、Yのこだわりを少し肯定的にみられるようになった、という

言葉が返ってきた。

#5C　YがA児，B児が水鉄砲で遊んでいる様子をじっと見ていたので，保育者がYに水鉄砲のやり方を教えた。やり方を理解したYは，水鉄砲で繰り返し水を飛ばした。遊び終わった後，Yは保育者に，「お水がぴゅーっと飛んで面白かったね」と話した。

#5M　母親から，Yが他児の家に遊びに行くと物を巡って喧嘩になり，他児に手を出す，という訴えがあった。スタッフは，Yを叱るだけではなく，Yと他児各々の思いを母親が代弁してみてはどうか，と助言した。

第Ⅱ期：水遊びのたびにパニックを起こす　#7～#11（6月後半～7月前半）

以前は好きだった水遊びのたびにYがパニックを起こすようになったため，スタッフが声をかけてYに行動の見通しを持たせ，自らその事態に対処しうるよう方向づけを行った。

#7C，#10C，#11C　母親から，排泄訓練を始めたがこじれている，という話があった。そのことが関係してか，手洗いや水遊びの際に服が少し濡れただけでYがパニックを起こすようになった。パニックが少し弱まった頃を見計らってスタッフが声をかけ，何が嫌だったのかを言葉で確認し，次の行動（濡れたズボンを脱いで干す，着替えるなど）をYに選ばせると，だんだんとパニックがおさまっていった。

#11CM　母親から，実家に帰省した際に毎日Yと水遊びをした，という報告があった。Yは初めのうちはパニックを起こしていたそうだが，遊びに夢中になると大丈夫であることが分かり，安心した，と母親は述べていた。

第Ⅲ期：仲間への関心が広がり，言葉を介して遊びを楽しむ　#12～#21（9月～11月前半）

水への拒否が落ち着き，仲間と遊びを共有し，言葉を介して遊びを楽しむようになった。

#12CM　母親から夏休み中の様子の報告があり，実家で水遊びをたくさんしたり，家に来た友だちに自分の大切な玩具をYが貸したりするようになったという。母親はこうしたYの変化について，「私がYの気持ちを代弁してあげたのがよかったようだ」と述べていた。

#14C　外庭でYはバケツに汲んだ水をA児やC児と何度も運び，砂場に流した。そして傍にいた保育者や他児に，「今～してるんだよ」と自分がしていることを嬉しそうに伝えた。

#21C　スタッフが隣で見守る中，YはD児とボールや落ち葉に絵の具で色を塗った。二人は「青を塗ると強くなるよ」「ピンクは弱いね」など楽しそうにお喋りをしていた。その日のお弁当の時間にYは自らD児の隣に座り，母親に「D君は優しいから好き」と話した。

第Ⅳ期：特定の物へのこだわりから癇癪や衝突を起こす　#22～#26（11月後半～12月前半）

電車など特定の物へのこだわりが強くなり，癇癪や仲間との衝突を繰り返したため，Yに対しては，Yの気持ちを受けとめると同時に他児の意図を伝え，仲間と遊びを共有できるよう配慮した。母親には，Yの気持ちに添いつつYの関心を広げるための助言を行った。

#22C　数日前に祖父母とSLに乗ったのが楽しかったようで，Yはこの日も祖父母の家に遊びに行くものと思っていたらしい。しかし実際は教室に来たためか，登所時から不機嫌だった。この日の親子遊びは芋餅作りであったが，Yが他の親子が集まっている部屋に入ろうとしなかったため，スタッフは他の親子がいないホールで芋餅を作ろうと誘った。その様子をある児が覗きに来たところ，Yは突然その児を突き飛ばした。スタッフはYの身体を制止し，その時にYが感じていたであろうこととその児の意図を言語化してYに伝えた。

#23C～#25C　YはSLになりきっているらしく，「ポッポー」といいながら，一人で砂場を走っていた。おそらく自分が走る先に線路をイメージしていたのであろう。目前を他児が横切ると，怒

りを顕わにしてその児を突き飛ばした。また，室内では，Yがお気に入りの昆虫の図鑑を見ているところに他児が近寄って来ると，突然その児たちを突き飛ばした。スタッフはその度にYと他児の間に入って，Yのつもりと相手の子どもの気持ちを言語化して双方に伝えたり，Yがイメージしていたであろう線路をブロックを用いて可視化し，そこから遊びを広げたりするなど，Yが仲間と遊びを共有できるように試みた。

#24M 母親から，家でもYの電車へのこだわりが強く，両親とも朝から電車の絵を描くよう要求され疲れている，という訴えがあった。スタッフは，電車をベースに他の遊びに広げてみることを提案した。翌週，それを試みた母親から「何個も電車を描かされることから解放された。今後も遊びを広げる工夫をしようと思う」という報告があった。

第Ⅴ期：仲間と一緒に遊びを楽しむ
　　　　#27〜#35（1月〜3月）

以前であればトラブルになっていた場面（狭い場所で他児と行動を共にするなど）でも，順番を待ったり言葉で自分の意図を伝えたりするなど，仲間と遊びを楽しむ姿がみられた。

#27C　Yが傍にいたE児の目を突いたため，保育者が体を押さえ「ごめんしよう」というがYは「いや」と拒否した。保育者が「今じゃなくても後でごめんしよう」と言うと，Yはその場を離れた。暫くして保育者が「今言う？」と尋ねると，頷いてEに謝りに行った。

#29C　3人の男児と一緒に室内用の狭いトンネルに入り，笑い合っていた。

#33C　Yが昆虫の図鑑を見ているところにE児，F児がやってくると，Yは機嫌よくE児，F児に話しかけながら，3人で体を寄せ合って図鑑を見ていた。

考　察

母親は親子教室での1年について，「最初は興味のあるものだけで一人で黙々と遊ぶYをみて，もっと他の物に興味を示してほしい，他の友達と関わって欲しいという親の欲求を押しつけようとしたが，『今はそういうことが大切で，それからいろいろなことに興味をもつ』というアドバイスを受け，あたたかい目で見守ることができた」，「水に対して異常なまでの拒否反応を示す息子を見て涙したことも今はいい思い出」と振り返っていた。また，教室修了後の4月からYは幼稚園に通い始めたが，約半年後の母親の報告によれば，はじめは幼稚園に行くのを嫌がり，「かあさんも」と言っていたものの，その後幼稚園が大好きになり，楽しそうに通うようになったという。こうした母親の語りや1年を通してのYの変化に鑑みれば，本事例における支援の方向性や方法は適切であったと推測される。

Yは集団への緊張が高かったものの，他者への関心もあったため，スタッフが間に入ってYと他児の活動を繋げていくことで，仲間との関わりを楽しめるようになったものと思われる（特に第Ⅲ期，第Ⅴ期）。ただしYの場合，こうした変化が直線的に生じたわけではなく，日常生活における新たな経験（排泄訓練〔第Ⅱ期〕やSLに乗ったこと〔第Ⅳ期〕）が新たなこだわりを生みだし，そのために水遊びでパニックを起こしたり他児との衝突を繰り返したりするなど，集団の中で遊びを楽しむことが難しくなった時期もあった。これらの時期に，スタッフがYの気持ちや状況を言語化して行動に見通しを持たせたり（#7，10，11；#23—25），母親がYの気持ちに寄り添いつつYの関心を広げる働きかけを行ったり（#5，#24）したことによって，Yは他児の存在を受けいれ，状況や物，イメージを他者と共有することができるようになったのではないかと思われる。そしてそのことが，仲間との遊びを楽しむことに繋がったものと推測される。本事例は，集団での遊びを楽しめるようになる過程は直線的ではなく，その過程においては対象児とその親，さらに

は他児に対する双方向的な支援が不可欠であることを示唆している。なおYの場合には，発達面での偏りは特にみられず，言語理解も年齢相応に発達していたため，周りの状況や，Yの気持ちや意図を言葉で確認する，という方法が効果的であったと考えられる。しかし，特定の発達障がいが疑われる場合や言語による理解が難しい場合には，こうした介入が効果的に働かないこともある。支援を行う際には，子どもが様々な場面で示す姿，反応やその変化を追いながら，各々の子どもの発達や個性に合った介入を模索することが必要であろう。

文　献

別府　哲. (2002). 園や学級での集団参入における自己と関係性の障害. 須田　治・別府　哲（編著），*社会・情動発達とその支援* (pp.135-140). 京都：ミネルヴァ書房.

加藤邦子・飯長喜一郎. (2006). *子育て世代, 応援します！保育と幼児教育の場で取り組む"親の支援"プログラム*. 東京：ぎょうせい.

沼崎裕子・加藤邦子・京野尚子・坂上裕子. (2006). 2歳児親子教室における感覚・解放遊びの意義について. *臨床発達心理実践研究誌*, **1**, 39-44.

土谷みち子. (2002). 保育をめぐる問題と支援の事例. 藤﨑眞知代・本郷一夫・金田利子・無藤　隆（編著），*育児・保育現場での発達とその支援* (pp.221-231). 京都：ミネルヴァ書房.

Sakagami, Hiroko, Kato, Kuniko, Numazaki, Yuko & Kyono, Naoko, **Adjustment of interpersonal relations within a two-year-old group to enjoy play activities : A case study of Y who displayed difficulty in social interaction and her mother.** Japanese Journal of Clinical Developmental Psychology 2007, Vol.2, 83-88.

A parent-children class for two-year-olds is held at the Hitachi family education research center in order to support growing children and rearing parents. It is said that two years is the age where children's interest starts expanding to outside of the family, shifting from parent-child relations to peer relations, due to the increased need for exploration. Also, providing support fit for each individual child, as well as parents is needed in order for the children to enjoy peer relations and play activities in peer groups, while maintaining healthy self-expression. It is the time when the ego development is very apparent. In this study, a case study of Y who displayed difficulty in social interaction and her mother is presented to discuss the process of supporting children's ability to enjoy play activities in peer groups.

　【Key Words】　Two-year-old, Adjustment of relations with other children, Mother support

■コメント

足立　智昭
宮城学院女子大学

　現在，さまざまな子育て支援機関において，未就園児とその保護者を対象とした支援プログラムが実施されている。これらのプログラムは，内容の構造化や支援の個別性の程度において異なり，親子に対して遊びの場を提供することを主なねらいとし，スタッフによる個別的な介入を意図的に控えるプログラムから，綿密に計画されたスケジュールの中で，個別の支援を行うプログラムまで多様な形態がある。著者らの研究グループによる支援プログラムは，後者に位置づけられるものであり，「気になる親子」にも適用可能なものとして注目される。

　本論の中で紹介された事例は，集団での遊びへの参加や他児との関わりに難しさがみられた２歳児と，そのような我が子の姿に戸惑いと不安を抱く母親であった。このような事例は，子育て支援に関わる臨床発達心理士の多くが経験しているものであり，一般的には，２歳児特有の自我の育ちや個々の子どもの気質の違いを説明し，育児上のアドバイスを行いながら子どもの育ちを見守るという対応をすることが多い。しかし，著者らの実践は，さらに一歩踏み込んだものであり，対象児とその親に対するアセスメントに基づき個別の支援計画を立て，カンファレンスによる形成的評価を行いながら，継続的な支援を行っている。このような一連の手続きは，臨床発達心理学における実践の定石であり，他の子育て支援プログラムにおいても参考にすべき点が多いと考えられる。

　特に，著者らの実践においては，アセスメント手続きが丁寧であり，(1) 生育歴や子どもの発達の状況，日常生活の様子，育児に関する方針や悩みに関する３種類の質問紙，(2) 親子同席での約30分の聞き取り面接，(3) 親子のやりとりや子どもの発達状況の観察といった３つの方法によりアセスメントが行われ，個別の支援計画が策定されている。

　また，著者らによる実践が効果をあげているもう一つの理由は，子ども集団における対象児への支援と，その保護者への支援が双方向的に行われている点にある。発達生態学的視点から評価するならば，子ども集団というマイクロシステムと，家庭というマイクロシステムに対して別々に支援をしているのではなく，それを一つのメゾシステムとして支援を行っていると言えよう。著者らの研究グループによる子育ち・子育て支援プログラムは，このメゾシステムにおいて既に完成されたものであり，今後，メゾシステムのレベルを超えて発展することを期待したい。

「気になる」子どもの保育コンサルテーション
──遊びを通じた集団参加支援

飯島　典子　　本郷　一夫
東北大学大学院教育学研究科

　本稿は，障害の診断名のない「気になる」子ども（3歳男児）に対する保育コンサルテーションの効果を本児の協同遊びへの参加から検証し，支援のあり方を検討することを目的とした。保育コンサルテーションは年3回（6月，10月，翌年2月）行われた。ここでは，本児が集団の一員として活動に参加できるようになることを目指し，お集りとルール遊びを通じた集団作りと，コーナー遊びを通じた子ども同士の関係の形成を中心に支援が進められた。その結果，保育者の本児に対する「気になる」程度は減少し，本児のルール遊び場面における協同遊びへの参加割合が増加した。ここから，遊びを通じた集団作りと「気になる」子どもへの支援の妥当性が検討された。
【キー・ワード】「気になる」子ども，保育コンサルテーション，遊び，集団作り，仲間関係

問題と目的

　近年，知的には顕著な遅れはないが，「対人的トラブル」「落ち着きがない」「状況への順応性が低い」などの行動特徴をもつ，いわゆる「気になる」子どもの保育の進め方が問題となってきている。このような子どもは他児との関わりや集団参加に困難をもつことが多いため，支援計画を策定する上で，子ども自身への働きかけの工夫と同時に保育集団をどのように形成するかといった点についても考慮することが求められる。
　このような，「気になる」子どもの特徴を理解し，発達ニーズに応じた保育を進めていくには，巡回相談を通した保育コンサルテーションが重要な役割を果たすと考えられる。しかし，保育コンサルテーションの効果をどのように評価するかという点については，十分な検討がなされているとは言えない。
　これまで，保育コンサルテーションについては保育者評定や行動観察によって，その支援効果が検討されてきた。たとえば，保育者評定による質問紙調査からは，保育コンサルテーションは，子どもについての理解や，保育方針の作成，園内での協力体制などに効果があることが明らかにされている（芦澤・浜谷・田中, 2008；浜谷, 2005）。また，行動観察によって「気になる」子どもの行動変化を捉えると同時に，「気になる」子どもに対する保育者の認識についてチェックリストを通して捉え，両者の関係から保育コンサルテーションの効果を検討した研究もある（本郷ほか, 2006）。そこでは主として子どもの否定的行動の減少に焦点があてられている。
　しかし，保育コンサルテーションの目的としては，一般に否定的行動の減少だけでなく，肯定的行動の増加も含まれる。そこで本研究では，肯定的な側面として協同遊びへの参加に焦点をあて，保育コンサルテーションの効果を検討することとした。
　ここで取り上げる事例は，障害の診断名はついていないが保育所において「気になる」とされた3歳男児である。本児は集団活動には参加せず，別の活動をしたり，部屋から出て行くなどの逸脱

が多かった。また，他児との関わりは否定的なものが多かった。

このような状況において，保育者はどのように保育を進めていけばよいか迷い，コンサルテーションを求めてきた。保育コンサルテーションでは，本児が集団の一員として活動に参加できるようになること目指し，お集りとルール遊びを通じたクラス集団作りと，コーナー遊びを通じた子ども同士の関係の形成を中心とした支援が進められた。

本稿では，保育コンサルテーションの流れを整理すると同時に，録画記録された遊び場面のデータ分析をもとに，本児のルール遊びとコーナー遊びの2つの場面における協同遊びへの参加が，保育コンサルテーションの経過に伴ってどのように変化したか検討を行った。これにより，保育コンサルテーションの効果を検証するとともに，「気になる」子どもの支援のあり方を検討することを目的とした。

方　法

1．対象児の概要
1）対象児
対象児は3歳児クラスに在籍している男児で，コンサルテーション開始時3歳2か月であった。1歳児クラスから入所。障害の診断名はついていなかったが，2歳児クラスの時に巡回相談員に援助の必要性を指摘され，個別の配慮がなされていた。

2）家族構成と保護者の状態
祖母，母，本児の三人家族で保育所への送り迎えは主に祖母が行っていた。祖母は本児の行動特徴に気づき始めていたが，母親は保育者との関わりを拒否する傾向にあり共通認識をもつのは難しい状態だった。

2．コンサルテーションの実施時期
200X年6月（I期），10月（II期），200X+1年2月（III期）の合計3回行われた。

3．保育コンサルテーションの概要
1）保育コンサルテーションの内容
保育コンサルテーションは筆者を含めた支援者らのチームが保育所に巡回し次の手順で行った。

①担任による本児の問題行動に対する「気になる」程度を評価したチェックリストと，行動観察によるアセスメントの実施。I期は支援計画の設定を主目的とし，II，III期では支援の妥当性の確認を目的としてアセスメントを行った。

②アセスメントから得られた所見をもとに，担任および所長，主任とのカンファレンスを行い，保育計画の作成を支援するとともに，コンサルテーションの妥当性を検討した。

2）チェックリスト
本郷（2006）による「気になる」子どもの行動チェックリスト（D-3様式）を用いた。このチェックリストは，当該児について保育者がどのような点で「気になる」と感じているのかを整理するためのものであり，「保育者との関係」などの5つの領域（各領域12項目，合計60項目）から構成されていた。保育者は各項目に「まったく気にならない」（1）から「たいへん気になる」（5）までの5段階で評定するように求められた。また，集計にあたっては，「対人的トラブル」「落ち着きのなさ」などの因子別得点が算出できるようになっていた（表1参照）。

3）行動観察
相談員スタッフは巡回相談の当日に本児が登所してからお昼の準備が始まるまでの約1時間半について，VTRによって保育場面を記録した。行動観察の実施にあたっては，本児の行動の一貫性と場面による変化を把握するために，お集り，ルール遊び，コーナー遊びの3つの場面を設定した。なお，VTRの使用にあたっては全保護者への了解を取り付けた。

記録内容については，巡回相談とは別に合同研修会において研修会資料として提示した。

表1 「気になる」子どもの行動チェックリスト（D-3様式）の結果

領域別平均得点	Ⅰ	Ⅱ	Ⅲ	Ⅲ-Ⅰ	因子別平均得点	Ⅰ	Ⅱ	Ⅲ	Ⅲ-Ⅰ
保育者との関係	3.08	1.83	1.50	-1.58	対人的トラブル	3.67	2.67	1.67	-2.00
他児との関係	3.50	3.33	2.08	-1.42	落ち着きのなさ	3.33	2.50	1.67	-1.66
集団場面	4.00	2.50	1.75	-2.25	順応性の低さ	4.50	3.17	2.50	-2.00
生活・遊び場面	3.67	2.33	2.33	-1.34	ルール違反	4.17	3.17	2.17	-2.00
その他	2.50	1.75	1.42	-1.08	衝動性	3.17	2.00	1.50	-1.67

4．アセスメント

1）チェックリスト（Ⅰ期）

表1にはⅠ期からⅢ期のチェックリストの結果が示されている。ここから，コンサルテーション開始前（Ⅰ期）の本児の領域別平均得点は「その他」を除くすべての領域で平均得点が3.0以上であり，とりわけ「集団場面」（4.00），次いで「生活・遊び場面」（3.67）において保育者の「気になる」傾向が高かった。また，因子別平均得点では全ての因子で平均得点が3.0以上であり，とりわけ「順応性の低さ」（4.50），次いで「ルール違反」（4.17）において保育者は気になっていたことがうかがわれる。

2）保育者からの聞き取り（Ⅰ期）

①集りの中には入れないが，紙芝居などが始まるとそばに来て見る。
②順番を守ったり，待ったりできない。
③音やにおいに敏感で，人がたくさんいるところを嫌がる。
④怪獣になり，友だちを脅すように追いかけたり，叩いたりする。

3）行動観察（Ⅰ期）

（1）保育者の行動
①本児の逸脱が開始されてから対応するまでに時間がかかっていた。
②ルール遊び場面では，本児の列への割り込みを許可するなど他児とは違う対応をしていた。
③本児への個別対応時には他児を待たせていることが多かった。
④コーナー遊び場面では，本児の遊びにはあまり関わっていなかった。

（2）対象児の行動
①お集り場面では集中して話を聞くことができず逸脱し，集団とは別のことをしていた。しかし，視覚的な支えがあると集中して参加できていた。
②2列になって順番にゴールまで移動し勝敗を決めるルール遊びでは，自分の番の時だけ列に入り，他児の時は待っていることができず集団から逸脱していた。
③ルール遊びの説明時には保育者の話を先取りして答える場面があり，理解そのものはできていた。
④全体的に他児と関わることが少なく，関わり方はネガティブなものになっていた。
⑤他児は年下の子にするような接し方をするなど，本児を特別視し始めていた。

4）所見と支援目標の設定（Ⅰ期）

本児は知的には顕著な遅れはみられないものの，「言葉の理解」「他者の気持ちの理解」「待つ」といったことが難しいため集団活動からの逸脱が生じていると考えられた。また，一人担任体制で本児への個別対応が難しいため本児の逸脱行動が長引く傾向にあった。これに加え，本児が場面や状況に応じた行動をとれないため，他児との関係が一層否定的になっていると考えられた。今後，他児が成長しクラスにまとまりが出てくると本児の特徴はさらに目立ち，他児の本児への否定的評価が高まるため，本児の集団参加の困難さは増大

すると思われた。

そこで，長期的目標としては「本児が仲間集団の一員として活動に参加し，他児と一緒に活動することの楽しみを共有する」とした。また，短期的目標としては「お集り，ルール遊び，コーナー遊びにおいて個別の配慮を加えながら本児を含めた集団作りをすることで，本児の集団参加と集団での適切な行動を増やす」とした。

5．協同遊びへの参加の分析

VTR録画した記録から，ルール遊びとコーナー遊び場面における本児の協同遊びへの参加を分析した。具体的には，本児の遊びの状態を「協同遊び」（協同遊びに参加している状態），「並行遊び」（場面の共有，動作の共有はしているが協同的な遊びが展開されていない状態），「不参加」（他児が協同遊びをしている場所とは別の場所にいる）の3つに分類した。また，コーナー遊びについては本児が参加している遊びを「感覚運動遊び」（身体を使った遊び），「構成遊び」（パズルやブロックなど），「象徴遊び」（ふり遊び・ごっこ遊び），「ルール遊び」（ルールに従うことで展開される遊び），「遊び以外」（トラブルや無目的行動など遊びではない状態）に分類した。

分析にあたっては各遊びが実施されている10分間について10秒を1フレームとし60フレームについてカウントした（Ⅱ期は遊び時間が短く52フレーム）。この際，10秒間に2つ以上の遊びが確認された場合は，そのフレームを多く占めている状態をカウントした。

なお，分析は筆者一人で行い，分類が難しい場合は発達心理学の基本的知識のある者と協議を行って分類を決定した。

表2　Ⅱ期の保育者の取り組みと子どもの様子

助言（Ⅰ期）	助言に対する保育者の取り組み（Ⅱ期）	子どもの様子（Ⅱ期）
逸脱した際にいつまでも集団と別のことをさせず集団に加える。	大きな逸脱になる前に集団に入れる働きかけをした。	逸脱しても，すぐに戻ることができていた。
本児は視覚的な手掛かりがあると集中できるところがあるので，視覚的な物を加える。	「しっぽとり」（服のおしり部分にしっぽをつけて奪い合う）ルール遊びでは，ルール説明にネズミの人形を使用するなど，本児と集団の注意を引く工夫を行った。	説明をしている保育者に集中し話をきけるようになったが，お集りでは興味があるものが終わると逸脱がみられた。
ルール遊びを通じ本児と他児が一緒にできたと感じる経験をさせ，そこからクラス全体としてのまとまりをつくる。必要に応じて本児への個別の配慮ができるように補助の保育者を配置する保育体制を整える。	ルール遊びを継続した。補助保育者が集団の進行，担任が本児の個別対応と役割分担をし，本児とトラブルを起こした子どもと本児を別にできるようになった。	ルール遊びではほとんど集団に参加し，保育者の指示通りに動くようになった。また，「楽しかったね」と話し，他児の応援を気にし出すと，応援されることで頑張ろうとするようになった。
小集団での遊びが成立するようにすることで，本児が友だちと一緒にいることが楽しいと思えるようにする。コーナー遊びに保育者が入り，友だちとトラブルにならないよう仲立ちをし，他児からの本児に対するネガティブな感情が生じないようにする。	コーナー遊びに担任が参加するようにし，トラブルが生じた際に，すぐに対応した。	他児と一緒に遊ぶようになったが，一緒に遊んでいる途中で思い通りにならなくなると嫌がってやめてしまう。ごっこ遊びでは役を演じるようになったがイメージが共有できていなかった。

結 果

1. コンサルテーションⅡ期（3歳7か月）
1）助言に対する保育者の取り組みと子どもの様子（Ⅱ期）

表2にはⅠ期の助言に応じたⅡ期における保育者の取り組みと本児の姿がまとめられている。Ⅰ期においては，お集りと遊びを中心として個別配慮と集団作りを同時に進める保育，視覚的な支えの導入，ルール遊びの実施，保育体制の整備などについて助言がなされた。これに対応して，Ⅱ期では，お集りでの視覚的な支えを用いたルール説明，ルール遊びでの補助保育者との役割分担といった保育者の取り組みがみられた。これにより，本児は集中して話を聞き，ルール遊びにはほとんど参加できるようになっただけでなく，他児との関係も改善されてきた。

2）所見（Ⅱ期）

本児は場面や状況からの手掛かりだけで物事を理解すること，また相手に合わせて自分を調整することが困難であるが，理解しやすい環境を整え，一度理解できれば活動に参加できると思われた。しかし活動内容に変化が生じると理解できず不安になるため配慮が必要だと考えらえた。また，他児との関わりがみられるようになったが，他児が成長し相互作用が複雑になると本児の行動が目立つことが予想された。したがって集団の一員として本児を位置づけ，他児との関わりに関する関係調整を続ける必要があると思われた。

2．コンサルテーションⅢ期（4歳0か月）
1）助言に対する保育者の取り組みと子どもの様子（Ⅲ期）

表3にはⅡ期の助言に応じたⅢ期における保育者の取り組みと本児の姿がまとめられている。Ⅱ

表3　Ⅲ期の保育者の取り組みと子どもの様子

助言（Ⅱ期）	助言に対する保育者の取り組み（Ⅲ期）	子どもの様子（Ⅲ期）
集団活動に参加している時間を伸ばしていくことが必要であるため，活動の内容を本児の興味あるものにし，視覚的なものを使用することで関心を引く。	お集りでは視覚的な物を取り入れた。ルール遊びの導入では事前に説明する物を準備し，視覚的な導入を加えて行うなど進行の流れを工夫した。	クラス全体にまとまりがでてきて，よい雰囲気になった。一方，本児の逸脱頻度は減少されたが，時間と範囲は拡大された。
逸脱の時，他児を待たせての声掛けは他児の注意を本児に向けやすくするため配慮が必要となる。クラスからの逸脱は担任ではなく，見かけた保育者が対応するよう職員間で連携する。	逸脱の際，他児の注意が向かないタイミングで自然に声掛けしていた。また，教室移動での逸脱へは近くにいる保育者が対応した。	声掛けだけで活動に戻ることができた。
保育者の個別配慮や，本児の逸脱行動によって，他児は本児が「特別」だという感覚が生じてくる。それをきっかけに対人関係の問題に発展しないように配慮が必要。その方法として，ルール遊びなどを一緒に楽しめる経験を通じ仲間意識を高めていく。	「紅白オセロ」（2チームに分かれ紅白になった段ボールでできたオセロを返しあう）により，チームの協力，勝敗を経験させた。途中，負けが続くと作戦タイムをし，気持ちの崩れに配慮した。	クラスにいる時間が長くなり，友達とのやりとりが穏やかになった。また「紅白オセロ」では自分たちのチームが勝つと他児と一緒になって大喜びする姿があった。
自由遊びで他児と遊ぶことが難しいので保育者が仲介して遊びに参加させていく。	保育者が「たこやきセット」を出してきて本児を中心にコーナー遊びを展開させた。保育者が本児は店員，他児は客の役割設定を決めるなど，遊びの展開をまとめた。	以前は物を独占していたが，店員の役になって，「いらっしゃいませ」など声を掛けながら他児とのやりとりが成立した。遊びに長くいられるようになった反面，トラブルも増えた。

期では，引き続き個別配慮と集団作りを同時に進める保育，個別配慮の実施方法，ルール遊びによる仲間意識の増加，職員間連携などの助言がなされた。これに対応し，Ⅲ期では視覚的な支えの導入でルール遊びの説明と実施の流れを良くし，ルール遊びではチーム対抗戦を行うことで仲間意識を高め，逸脱への配慮も徹底するよう保育者の取り組みがなされた。その結果，クラス全体の雰囲気がよくなり本児はルール遊びでは始まりから最後まで遊びに参加するなどクラスにいる時間が長くなっただけでなく，コーナー遊びでは象徴遊びによる協同遊びに参加する姿がみられるようになった。

2）所見（Ⅲ期）

本児の行動特徴への配慮をしながら継続して集団作りを行ってきたことで，本児は集団に参加できるようになっただけでなく，ルール遊びでは集団とともに喜びを共有し，コーナー遊びではごっこ遊びが成立するなど他児との関係も良好になった。

しかし，状況理解が難しく不適切な行動が生じやすいという本児の特徴は残っているため，他児が発達し対人関係や集団活動の内容がより複雑になっていくことで生じる新たな課題に対し，今後も継続して配慮が必要であると思われた。

3．チェックリストからみる経過

表1より，Ⅰ期からⅢ期の平均得点の差をみると，領域別平均得点，因子別平均得点のいずれも期を追うごとに全ての領域および因子において減少していた。また，全てがⅠ期からⅢ期にかけて－1.0以上減少し，Ⅲ期の平均得点は3.0を下回っていた。このことから，Ⅲ期では保育者は本児の行動をあまり気にし過ぎることなく，配慮を行うようになったといえる。

4．協同遊びへの参加からみる経過

ルール遊びとコーナー遊びの2つの場面における本児の「協同遊び」の割合を図1に示した。ここから，ルール遊びではⅠ期から本児は協同遊びに参加している割合が高いことが分かる。その割合もⅡ期，Ⅲ期と増加し，Ⅲ期では100％になった。

一方，コーナー遊びにおける「協同遊び」の割合は，Ⅰ期で28.3％，Ⅱ期で0.0％，Ⅲ期で31.7％と減少と増加であった。表4には，図1において協同遊びへの参加が生じていたⅠ期とⅢ期の割合について，本児がどの協同遊びに参加していたのかを，遊びの種類によって分類した結果が示されている。ここから，Ⅰ期では本児は「構成遊び」と「感覚運動遊び」の協同遊びに参加していたが，Ⅲ期では「象徴遊び」の協同遊びに参加し，遊びの種類が変化していることが分かった。また，Ⅱ期において協同遊びに参加しなかった理由は，ごっこ遊びに本児が加わったが，本児が物を占有したことで他児とトラブルになり，遊び場面から逸脱したことによるものであった。

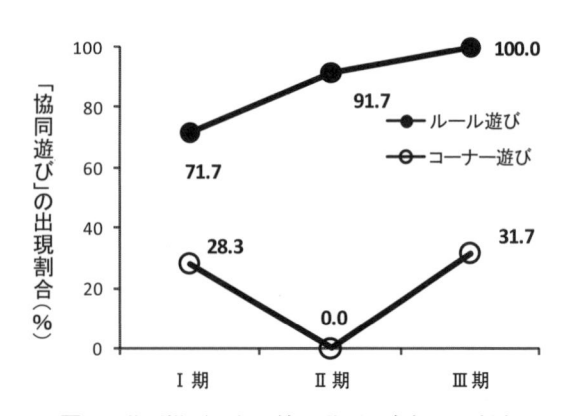

図1 遊び場面ごとの協同遊びに参加した割合

表4 遊びの種類ごとの協同遊びに参加した割合

遊びの種類	「協同遊び」の割合	
	Ⅰ期（％）	Ⅲ期（％）
感覚運動遊び	13.3	0.0
構成遊び	15.0	0.0
象徴遊び	0.0	31.7
合　　計	28.3	31.7

考　察

1. 本児の行動理解へのコンサルテーション

「気になる」子どもの問題行動は集団参加や対人関係といった場面で生じることが多い。その際，「気になる」行動そのものだけでなく，その行動の要因と背景について理解していくことが重要となる。

本事例においては，「気になる」子どもの行動チェックリストを活用し，保育者が「気になる」子どもの行動を理解する支援の取り組みが行われてきた。しかし，チェックリストだけでは，保育者が「気になる」行動の要因や背景を理解するまでには至らない。そこで，助言として，行動観察などの結果に基づき，本児は状況や言葉だけで物事を理解することに困難さがあり，それが「気になる」行動の背景となっていることが伝えられた。さらに，視覚的な物を取り入れた指示などの具体的な方法が提案された。保育者は助言を取り入れ，お集りやルール遊び場面では，人形など視覚的な物を取り入れて説明をするように工夫した結果，本児は集中して話を聞くように変化した。

このように，保育者の「気になる行動」の要因・背景の理解，そこへ働きかける保育の工夫，子どもの行動変容というプロセスは，「気になる」子どもの保育に限らず，様々な支援ニーズをもつ子どもの保育に共通するものだと考えられる。

2. 保育の進め方へのコンサルテーション

「気になる」子どもやクラス集団に対する保育者の働きかけは，一般的にトラブルが生じた際の「気になる」子どもに対する直接的な働きかけが多く，肯定的行動の促進や集団への取り組みはあまり行われていない（本郷，2006）。しかし，「気になる」子どもの否定的行動が減少したとしても，クラス集団の他児の対応が変化しない場合，「気になる」子どもはなかなかクラス集団に受け入れられない。そのような場合，一度改善しかけた行動が元に戻ってしまったり，一層対応が難しい方向へと向かってしまう場合もある（本郷・飯島・平川・杉村，2007）。

したがって，「気になる」子どもへの支援では，先にも述べたように否定的行動の減少だけでなく，肯定的行動の促進とクラス集団への支援が同時に行われる必要がある。

以上の点から本事例では，「気になる」子どもの肯定的行動の促進と，集団参加という観点から，ルール遊びとコーナー遊びを中心とした協同遊びへの支援を進めてきた。その結果，対象児と他児は集団全体でルール遊びを展開し，チームの勝利を喜び合うなど楽しみの共有が生じた。また，コーナー遊びでは遊びの質的な変化が生じ，対象児は象徴遊びへ協同的に参加するようになった。

このように対象児と他児の両方に変化が生じた理由は，集団の中で「気になる」子どもの肯定的な側面を伸ばす保育コンサルテーションに焦点があてられたことによると思われた。この支援を通じ，「気になる」子どもの支援にあたっては，その子どもがクラスの一員として受け入れるように，肯定的側面を伸ばし，集団がひとつのまとまりのある活動を達成できるように支援していくことが重要であると思われた。

3. 保育コンサルテーションの今後の課題

保育コンサルテーションでは，①「気になる」子ども自身への支援と②子どもを取り巻く人的・物的環境の支援，調整の両側面が重要となる。これは，改訂された保育所保育指針の支援計画作成上，特に留意すべき事項においても挙げられている（ミネルヴァ書房編集部，2008）。すなわち，個の成長と，子ども相互の関係や協同的な活動が促されるよう配慮することが記されており，個別の支援計画はクラス集団の指導計画と関連づけられていることが重視されている。また，保育の実施については日々の生活および発達の連続性を留意し工夫されることが挙げられている。「遊び」はまさに子どもの生活，活動に大きく関わるもの

である。しがたって，保育コンサルテーションに関しても，今後は「遊び」など肯定的な活動を通した支援の方向性と具体的アプローチについて，さらなる検討が必要であると考えられる。

文　献

芦澤清音・浜谷直人・田中浩司. (2008). 幼稚園への巡回相談による支援の機能と構造：X市における発達臨床コンサルテーションの分析. *発達心理学研究*, **19**, 252-263.

浜谷直人. (2005). 巡回相談はどのように障害児統合保育を支援するか：臨床発達コンサルテーションの支援モデル. *発達心理学研究*, **16**, 300-310.

本郷一夫（編）. (2006). *保育の場における「気になる」子どもの理解と対応──特別支援教育への接続*. 東京：ブレーン出版.

本郷一夫・飯島典子・平川久美子・杉村僚子. (2007). 保育の場における「気になる」子どもの理解と対応に関するコンサルテーションの効果. *LD研究*, **16**, 254-264.

本郷一夫・杉村僚子・飯島典子・平川昌宏・太田久美子・高橋千枝. (2006). 保育の場における「気になる」子どもの保育支援に関する研究2：「気になる」子どもの行動チェックリストと行動観察との関連. *東北大学大学院教育学研究科教育ネットワーク研究室年報*, **6**, 35-44.

ミネルヴァ書房編集部（編）. (2008). *保育所保育指針　幼稚園教育要領解説とポイント*. 京都：ミネルヴァ書房.

Noriko, Iijima & Kazuo, Hongo, **Nursing consultation on the children with special educational needs: Support for their group participation by systematization of play.** Japanese Journal of Clinical Developmental Psychology 2009, Vol.4, 97-104.

The purpose of this study is to examine the effect of nursing consultation on the children (three-year-old boys), who have not been diagnosed as disordered yet, but need some special educational attention, through their participation in interactive play. The nursing consultation was held three times a year (June, October and February). There, aiming at the children's participation in the activities as members of the group, the support was carried out focusing on grouping activities through gathering and rule play, and on building relationship with peers through corner play. As a result, the number of nursing teachers' cares and worries for the 'difficult' children declined and the frequency of the children's participation in interactive play in rule play scenes increased. Grouping activities through play and the support of children with special educational needs proved to be effective.

【Key Words】　A child with special educational needs, Nursing consultation, Play, Grouping activities, Peer relationship

（臨床発達心理実践研究　2009　第4巻　97-104）

■コメント

山崎　晃
明治学院大学

　本研究は，はっきりとした障害の診断名がつかないいわゆる「気になる」子どもに対して，遊びを通して集団参加できるように，保育コンサルテーションを行った実践研究報告である。協同遊びへの参加を指標として「気になる」子どもへの支援のあり方を検討している。

　従来の研究では主として「気になる」子どもの否定的行動の現象に焦点が当てられてきたのに対して，本研究の特徴は，保育コンサルテーションに関する保育者評定や行動観察を通して，協同遊びへの参加という肯定的な行動の側面に焦点を当てることによって保育コンサルテーションの効果を検討しているところにある。具体的には，「気になる」子に関わる保育者の保育の進め方について，保育コンサルテーションの流れを整理し，保育者へのコンサルテーションの経過と対応づけた録画記録された遊び場面のデータ分析に基づいて協同遊びへの参加の変化を明らかにした点が実践研究としての価値を高めている。

　注目すべきは，チェックリストの使用，保育者からの聞き取り，日常の保育場面での行動観察をもとに所見と支援目標とが設定されるなど，アセスメントやコンサルテーションがどのように行われたかについてはっきりと手続きが示され，さらに対象児の協同遊びへの参加の様子について記録・分析が行われ，偏りのない総合的な観点から対象児をとらえている点であり，幼児や保育者を対象とした研究者・実践者が参考とすべきものであろう。

　また，チェックリストに基づく数量的な結果や，Ⅰ期とⅡ期に分けられた焦点化された所見と支援目標の設定，さらにコンサルテーションの経過とともに保育者の取り組みの変化と子どもの様子の変遷（Ⅲ期とⅣ期）が要領よく記録され，まとめられていることからも本研究の緻密さをうかがうことができる。

　結果・考察では，目的と期間，その内容とプロセスが明示され，関連づけられている。目的に適うアセスメントで用いたすべての尺度の結果に基づいて，それをどのように実践に生かすかを具体的な姿がわかるように記述することの必要性を示している論文である。対象児の肯定的側面をのばし，クラスとして集団としてまとまりのある活動を達成できるように支援していくことの重要性を示した点は高く評価できる。今後の検討課題として，子どもの生活の中心である「遊び」をどのように構成していくかなど，保育コンサルテーションの内容の充実などが挙げられる。

保育支援の実態とニーズ
―― 保育所・幼稚園と関係機関との連携のあり方

日本臨床発達心理士会実践研究プロジェクト　保育支援

| 倉盛　美穂子 | 三宅　幹子 | 荒木　久美子 | 井上　孝之 |
| 鈴峯女子短期大学 | 福山大学 | ひまわり整肢園 | 岩手県立大学 |

| 杉山　弘子 | 金田　利子 | 秦野　悦子 | 廣利　吉治 |
| 尚絅学院大学短期大学部 | 白梅学園大学 | 白百合女子大学 | 東海学院大学 |

| 西川　由紀子 | 坂田　和子 | 山崎　晃 |
| 華頂短期大学 | 福岡女学院大学 | 明治学院大学 |

　近年，保育所・幼稚園と関係機関（小学校や行政等）との連携は年々増加している。本研究では，保育現場で必要とされている連携とは何か，そして，保育所・幼稚園と他機関との連携において臨床発達心理士に求められる具体的な役割や活動とは何かを考えるため，保育所・幼稚園への質問紙調査により，連携の現状と課題について考察した。調査の結果，情報共有のあり方，互いの専門性を理解し役割を明確にすること，得られた情報と保育実践との整合性を理論的に整理することに難しさがあるために，連携が必ずしも充分な機能を果たすとは限らないことがわかった。保育の質につながるような連携体制を確立するには，情報提供を超えた協働関係を作り出すことが必要であると思われる。

【キー・ワード】　連携，保育所，幼稚園，臨床発達心理士の役割，協働関係

はじめに

　近年，男女共同参画社会や少子高齢化社会などを背景に低年齢児保育，被虐待児や障がい児への対応，保護者の育児に対する不安やストレスなど，子育てに関わる問題が改めて問われるようになってきた。これを受けて保育所や幼稚園を取り巻く環境にも変化があらわれている。保育所や幼稚園は，子どもの保育を行うだけでなく，園に通う子どもの保護者や地域で子育てをしている家庭を対象にした子育て支援や親支援をも期待され，それらの役割は拡大している。

　子ども，親及び家族として抱える問題が実に多様化ならびに複雑化している現在，保育所や幼稚園だけでは対応できない場合も多い。地域の保健所，学校，子育て・家庭支援センター，療育相談センター，児童相談センター等の子どもや親のサポートに携わる関係機関がいかに連携を図り，速やかに適切な支援を届けることができるかが問われる事例は少なくない（大日向，2008）。エンゼルプラン，新エンゼルプラン，次世代育成支援対策推進法，発達障害者支援法，子ども・子育て応援プラン等の施策においても，子育てを支援する社会作りやネットワーク作りが提案され，連携と協働を図りながら子どもの育ちの問題に取り組むことが望まれている。実際に保育所や幼稚園を中核にしながら，家庭，小学校，地域の関係機関との連携は年々増加し（西山，2006），子育て支援は量的な広がりをみせている。しかし，育児・保育現場に関わる者にとっては幼児や親の心身の問題にどのように関わればよいのか戸惑うことも多い（土谷，2008）。例えば，乳幼児期にはわから

なかった発達障がいに関わる諸問題が徐々に顕在化してくる場合，養育者は自分の子育てに問題があったのではないかと悩んだり，保育者はどのように親や子どもに関わればいいのかと悩んだりすることも多い。このような場合，保育所や幼稚園と関係諸機関との連携体制が確立していれば，より早い時点で専門家との連携をとるなどの適切な対応が可能になる（前迫ほか，2004）。

しかし，実際にはどのように連携すればよいのか，関係機関等と連携をとる際に迷いを感じる者も多い（内田・井上，2006）。現状では関係機関同士をつなぐ体制構築が必要であり（福間・久蔵，2008），関係機関同士のネットワーク化を図ることが望まれている（大日向，2008）。そこで，臨床発達心理士会保育支援プロジェクトでは，保育現場で必要とされている連携において臨床発達心理士に求められる具体的な役割や活動を把握することを計画した。まず，現状をとらえるために，「保育所・幼稚園の保育者が望む保育支援の実態とニーズ調査」の一環として，保育所や幼稚園が行っている関係機関との連携についての実態調査を行った。

ところで，保育所・幼稚園が他機関と連携する代表的なシステムには，連携協議会と巡回相談がある。連携協議会とは，保育所・幼稚園，行政，保育・教育関係機関がメンバーになって乳幼児，児童生徒の実態を把握し，支援体制整備等の調整を図る会議である。巡回相談とは専門的な知識を持つ相談員が定期的に園を訪問してカンファレンスを行い，保育者にアドバイスを行う制度のことである。本調査報告では，まず保育所や幼稚園が連携協議会と巡回相談のシステムを利用する内容や頻度，またどのような点を改善したいと考えているのかを検討し，次にこれまで他機関と連携したケースの概要を調べることによって，今までの連携で浮かびあがってきた問題点を明らかにする。なお，実態調査であることから，基礎資料としての意味を重視し，複雑な分析結果を示すよりも得られた結果をそのまま示すようにした。

方　法

対象と調査手続き　全国の10万人以上の都市に所在する保育所・幼稚園からランダムに抽出した2000園に郵送法にて調査を実施した。調査時期は2007年2月から3月であった。

調査票への記入は，園長または準ずる方に依頼した。依頼する園の抽出にあたっては，厚生労働省及び文部科学省の統計データを基に全国の保育所数・幼稚園数を算出し，2000部を幼稚園数と保育所数の比率により配分した。さらに，地区ごと（北海道・東北・関東・東海北陸・関西・中国四国・九州沖縄）に園数で比率配分し，各地区の公・私営園の割合から各地区への配布数を算出し，その数に基づき配布する園をランダムに抽出した。

有効回答数は303園であり，回収率15.1％であった。303園のうち保育所・幼稚園の種別が記載されていない3園を除いたため，300園が分析対象となった。内訳は公立保育所98園，私立保育所86園，私立公立不明保育所3園で計187園，また公立幼稚園41園，私立幼稚園68園，私立公立不明幼稚園4園で計113園であった。なお，地区ごとの回収率に差があったので，分析では地区の要因は加味しなかった。

詳細は省くが，調査票は大きく60の質問から構成されており，本報告ではその内の前述した内容に関連する20項目を取り上げた。

結果及び考察

1．関係機関との連携を開始した時期

図1に回答のあった保育所・幼稚園が関係機関との連携を開始した時期を示した。44年前から他機関との連携を開始している園もあったが，多くは平成10年以降であった。これは施策の影響を受けていると思われる。平成6年にエンゼルプラン，平成11年に新エンゼルプラン，平成17年

図1 関係機関との連携を開始した時期

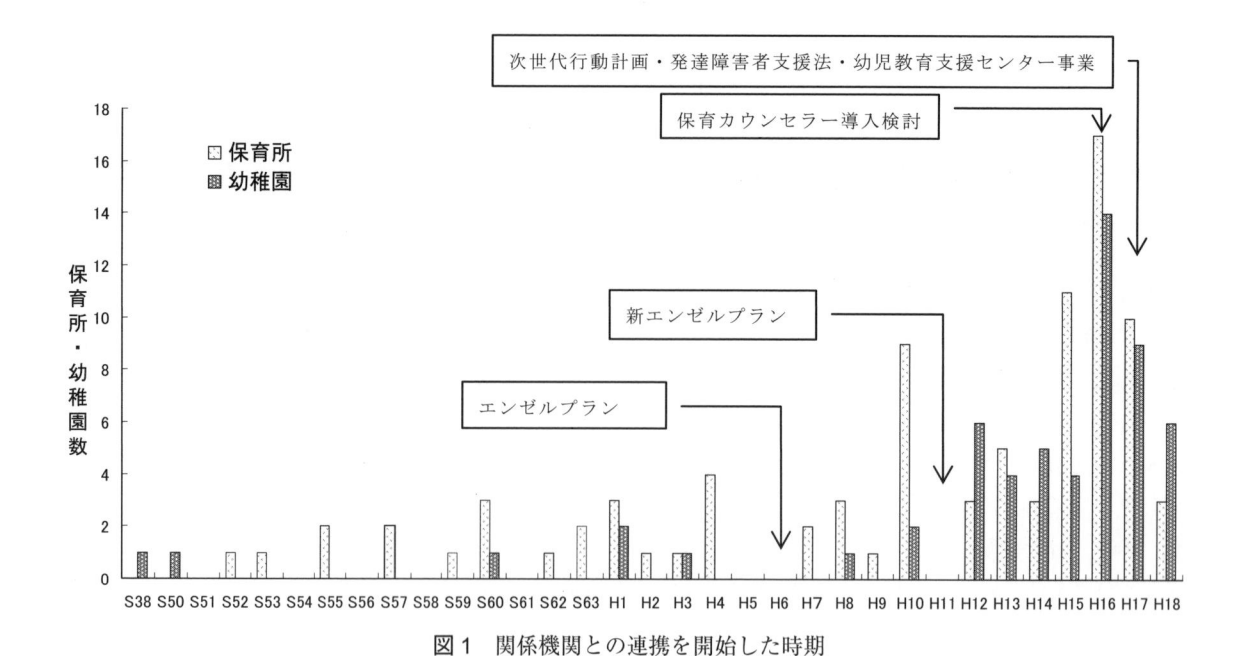

表1 保育所の連絡協議会及び巡回相談の利用状況

	連絡協議会あり	連絡協議会なし	合計
巡回相談あり	75（40％）	28（15％）	103（55％）
巡回相談なし	56（30％）	28（15％）	84（45％）
合計	131（70％）	56（30％）	187（100％）

表2 幼稚園の連絡協議会及び巡回相談の利用状況

	連絡協議会あり	連絡協議会なし	合計
巡回相談あり	25（22％）	13（12％）	38（34％）
巡回相談なし	52（46％）	23（20％）	75（66％）
合計	77（68％）	36（32％）	113（100％）

に次世代行動計画，発達障害者支援法が施行され，文部科学省も平成16年度に保育カウンセラーの導入を検討し，平成17年度からは幼児教育支援センター事業を開始している。それらの仕組みづくりの結果が数字に表れていると言える。

2．連携システム（連絡協議会・巡回相談）の活用状況について

連絡協議会及び巡回相談の利用状況について調べた結果を保育所，幼稚園ごとに表1と表2に示した。保育所では連絡協議会も巡回相談もあると回答した園が最も多かったが（40％），幼稚園では連絡協議会はあるが巡回相談はないと回答した園が最も多く（46％），保育所と幼稚園の利用状況には違いがみられた。また，連絡協議会の利用状況は保育所も幼稚園もほぼ70％であり，保育所と幼稚園の参加率に違いはみられなかった。巡回相談のシステムは，保育所では55％の園が利用しているが，幼稚園では34％の利用率であり，

表3 連絡協議会の開催頻度

頻度（年）	1回	2回	3回	4回	5回	6回	7回	8回	10回	11回	12回	計
園数	30	42	33	25	20	49	4	2	7	3	15	230

保育所の利用が多いことがわかる。厚生労働省管轄の保育所と文部科学省管轄の幼稚園では，それぞれ発達支援に関する制度とシステムが異なっている。特に，障がい児の保育については，保育所は1970年代に統合保育を導入し急速に普及した。一方で，幼稚園では教諭の担当園児数の多さなど，制度面の問題から統合保育は進展しなかった（芦澤・浜谷・田中，2008）。こうした背景が保育所と幼稚園における巡回相談の活用状況にも反映されている可能性がある。発達障がいのある子ども達の中には，3歳を過ぎてから障がいが明らかになる場合も多く，幼稚園でも統合保育を円滑に進めることへの支援ニーズは高まっており（東京都X保健所，2006），今後，幼稚園においても巡回相談制度は普及していくと思われる。

3．連絡協議会・巡回相談の内容及び課題

1）連絡協議会の開催頻度及び内容

連絡協議会の開催頻度（年ごと）を表3に示した。保育所と幼稚園による顕著な違いはみられなかったので，保育所と幼稚園を合わせたデータである。表3に示すように，年に数回，定期的に開催している園が多い。年に2回以上複数開催する園が多く（87%），継続的に開催している。

協議会の内容は（$N = 522$：複数回答），情報交換・情報の共有（度数176，割合33.7%），次いで，研修・講習会（101，19.3%），お互いの活動報告（94，18.0%），事例報告（68，13.0%），スタッフの顔合わせ（66，12.6%），その他（18，3.4%）の順であり，情報交換・情報の共有の割合が最も高い。

2）連絡協議会における課題

連絡協議会の運営・組織等について，問題点としてあげられた71件の自由記述を，情報共有のあり方，立場の違い，時間の制約に範疇化してまとめた結果，情報共有のあり方（度数44，62.0%）に関する課題が最も多く，続いて立場の違い（15，21.1%），時間の制約（12，16.9%）となった。情報共有のあり方に関しては，「事務連絡が多い」，「連絡協議会を実施していても，毎年人が変わり表面的な内容になりやすい」，「一方向的な情報提供に終わりやすい」，「個人情報の取り扱いが難しく具体的な事例の話が出来ない」など，現場が抱える具体的な問題が示された。

3）連絡協議会を現在活用していない園の希望

現在，連絡協議会のシステムを活用していない園（保育所53園と幼稚園33園）を対象に連絡協議会の設立希望の有無を尋ねた結果，保育所の66%（35園），幼稚園の51%（17園）は連絡協議会の設立を希望していた。その理由として，「情報交換・情報の共有が必要」「保育の質の向上につながる」があげられていた。一方，保育所の34%（18園），幼稚園の49%（16園）は設立を希望せず，理由として「必要な情報が得にくい」「報告会のみになりがちだから」「必要に応じ，他機関に問い合わせている」をあげていた。連絡協議会の設立を希望する園も希望しない園もともに，意味のある情報交換・情報共有を必要としている。

4．巡回相談

1）巡回相談の頻度及び内容

巡回相談の頻度について回答があった99の保育所のうち28園（28.3%）は年1回の実施，40園（40.4%）は年2回の実施であった。一方，回答があった30の幼稚園のうち，年1回の実施は6園（20.0%），年2回の実施は5園（16.7%），必要に応じて巡回相談を利用する園は6園

（20.0%）であった。巡回相談の内容に，保育所と幼稚園による顕著な違いはみられなかったため，幼稚園と保育所のデータをまとめた。415件の回答をみると，特別な配慮を要する子どもとその保護者への関わり方に関する内容が最も多かった（31.6%）。この結果は，保育の場において，気になる子どもとその保護者の支援に対する心理職への期待が大きいとする本郷（2003）の結果と一致する。次いで，子どもの発達に関する知識（25.3%），保育における子どもとの関わり方（17.3%），保護者との関わり方（13.3%），関係機関との連携のとり方（5.8%），環境設定に関する知識（5.8%）であった。

2）巡回相談における課題

巡回相談の課題としてあげられた内容は，保育所（126件）と幼稚園（57件）では若干異なっていた。保育所では回数が少ないこと（41.3%）が多く，次いで継続的に関わることが難しいこと（22.2%）や，時間の制約があること（22.2%）があげられていた。一方，幼稚園では指摘されていた項目は保育所と同じであったが，いずれかの項目が突出することはなかった（継続的に関わることが難しいこと（33.3%），時間の制約があること（31.6%），回数が少ないこと（29.8%））。保育所は幼稚園に比べて巡回相談の利用率が高いが，さらなる巡回相談頻度の増加を期待している。幼稚園は保育所と比較すると，食事や睡眠といった基本的生活活動の時間の割合，受け入れ園児の年齢幅，障がい児の統合保育の実施程度に違いがあり，それが支援ニーズの差を生んでいると思われる。

3）巡回相談を現在実施していない園の希望

現在，巡回相談を実施していない園（保育所126園と幼稚園96園）を対象に巡回相談の希望の有無を調査した結果，保育所の77%（97園），幼稚園の71%（68園）が巡回相談を希望していた。理由としては，「専門的なアドバイスや様々な視点が得られる」，「障がい児や気になる子ども及び保護者への対応を知りたい」，「子どもの様子をみた上での助言を受けたい」があげられていた。一方，希望しない保育所（29園，23%）と幼稚園（28園，29%）は，理由として「あまり必要を感じない」，「申し込みに関連する手続きがやや負担である」，「通り一遍になりやすい」をあげられていた。巡回相談の希望率は保育所も幼稚園も7割以上で，個別事例に関する支援ニーズは保育所も幼稚園も高い。

5．保育所・幼稚園がこれまで他機関と連携したケース概要

個別事例について他機関と連携したことがある

表4 連携内容ごとの連携先

連携内容	連携先		
	1位	2位	3位
子どもへの関わり方	保健師	行政機関	児童相談所
（N = 1141）	273（23.9%）	236（20.7%）	161（14.1%）
親への関わり方	行政機関	保健師	巡回相談員
（N = 323）	80（24.8%）	63（19.5%）	30（9.3%）
研修会や家庭向けのイベントの実施	行政機関	保育士	大学の研究者
（N = 188）	51（27.1%）	23（12.2%）	23（12.2%）
保育施設の運営やノウハウの提供等	行政機関	保育士	大学の研究者
（N = 135）	48（35.6%）	20（14.8%）	19（14.1%）
就学先との引継ぎ	小学校教諭	行政機関	保育士
（N = 148）	100（67.6%）	20（13.5%）	14（9.5%）

表5 これまでの連携内容・連携への不満足度及び今後の連携希望内容

（ ）内％

	連携内容	これまでの連携内容		連携の不満足度 4段階評定		今後の連携希望内容	
		保育所 N = 184	幼稚園 N = 109	保育所	幼稚園	保育所 N = 187	幼稚園 N = 113
子どもへの関わり	1. 一般的な子どもへの関わり方	42 (22.8)	34 (31.2)	3.78	1.38	65 (34.8)	33 (29.2)
	2. 知能や身体機能に障がいをもった子どもへの関わり方	88 (47.8)	54 (49.5)	2.57	1.35	97 (51.9)	56 (49.6)
	3. 発達障がい児（自閉症・ADHD・アスペルガー症候群）への関わり方	106 (57.6)	73 (67.0)	3.44	2.84	115 (61.5)	79 (69.9)
	4. 明確な障がいは無いが，気になる子への関わり方	96 (52.2)	60 (55.0)	1.56	1.43	122 (65.2)	67 (59.3)
	5. 子どもの発達の査定（発達の遅れの疑いのフォロー）	70 (38.0)	45 (41.3)	1.38	1.23	96 (51.3)	63 (55.8)
	6. 被虐待児（疑いのある児も含む）の支援	79 (42.9)	27 (24.8)	1.62	1.96	86 (46.0)	33 (29.2)
親への関わり	7. 親への関わり方	37 (20.1)	32 (29.4)	1.65	1.68	64 (34.2)	31 (27.4)
	8. 育児不安への対応	36 (19.6)	20 (18.3)	1.53	1.61	59 (31.6)	27 (23.9)
	9. 発達に遅れのある子どもをもつ親への関わり方	55 (29.9)	44 (40.4)	1.46	1.40	93 (49.7)	63 (55.8)
研修会等実施	10. 研修会や講習会の企画・実施	44 (23.9)	21 (19.3)	1.18	1.32	42 (22.5)	25 (22.1)
	11. 子どもや子育て家庭向けのイベントの共同（協働）実施	22 (12.0)	14 (12.8)	1.81	1.62	35 (18.7)	18 (15.9)
	12. 施設等の提供，教材等の資料提供，機材の貸し出し	17 (9.2)	8 (7.3)	1.73	1.63	32 (17.1)	10 (8.8)
プログラム開発	13. 保育施設の運営やノウハウの提供	15 (8.2)	5 (4.6)	1.62	1.60	28 (15.0)	6 (5.3)
	14. 指導方法の工夫や指導体制の整備への協力	24 (13.0)	18 (16.5)	1.62	1.59	43 (23.0)	22 (19.5)
	15. 個別の保育指導計画や，長期的・短期的な目標設定，評価，指導プログラム開発	26 (14.1)	18 (16.5)	1.57	1.53	44 (23.5)	28 (24.8)
就学	16. 就学先との引継ぎ，指導記録や指導計画等の情報交換	80 (43.5)	54 (49.5)	2.99	1.89	78 (41.7)	47 (41.6)

注．灰色表示は，1）3分の1以上の園が連携した内容及び希望内容と，2）不満足度が2点以上の内容．

園数は保育所184園（98.4％），幼稚園109園（96.4％）であった．ほとんど全ての園で他機関と連携した経験があった．

1）連携先

連携内容ごとに連携先を調べた結果，保育所と幼稚園による顕著な違いはみられなかったので，保育所と幼稚園のデータをまとめた．また，連携内容に関する質問は16項目に細分化されて

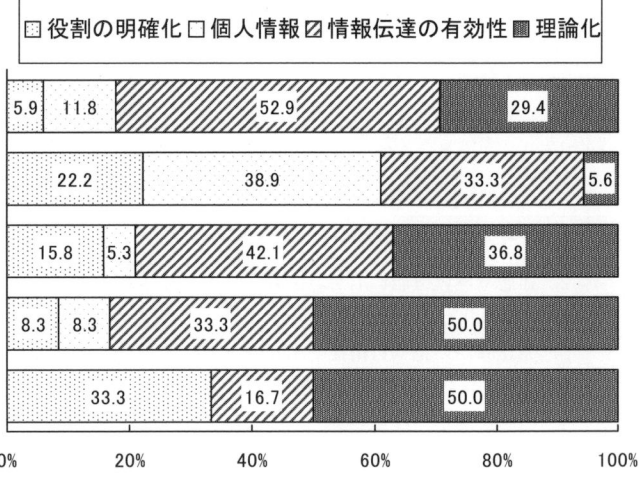

図2 子どもや親に対する見方と保育実践との間の不整合な理由

凡例：□役割の明確化 □個人情報 ▨情報伝達の有効性 ■理論化

項目	役割の明確化	個人情報	情報伝達の有効性	理論化
幼稚園：発達障がい児（自閉症・ADHD・アスペルガー症候群）への関わり方（N=17）	5.9	11.8	52.9	29.4
保育所：就学先との引継ぎ，指導記録や指導計画等の情報交換（N=18）		22.2	38.9	33.3 / 5.6
保育所：発達障がい児（自閉症・ADHD・アスペルガー症候群）への関わり方（N=19）	15.8	5.3	42.1	36.8
保育所：知能や身体機能に障害をもった子どもへの関わり方（N=12）	8.3	8.3	33.3	50.0
保育所：一般的な子どもへの関わり方（N=6）		33.3	16.7	50.0

いたが，項目と回答傾向に基づいて5つに範疇化した。連携内容ごとの連携先上位3つの機関は，子どもへの関わり方では保健師，就学先との連携では小学校教諭と，当然のことながら連携内容によって連携先が異なっていた（表4）。その一方で，行政機関は連携内容に関わらず連携先の上位にあげられており，行政機関は連携に欠かせない存在となっていることが明らかになった。

2）連携内容

表5にこれまで他機関と連携したケースを内容に基づいて分類した結果を示した。連携内容として多いのは，保育所・幼稚園ともに「知能や身体機能に障がいをもった子どもへの関わり方」，「発達障がい児（自閉症・ADHD・アスペルガー症候群）への関わり方」，「明確な障がいは無いが，気になる子への関わり方」，「子どもの発達の査定（発達の遅れの疑いのフォロー）」，「就学先との引継ぎ，指導記録や指導計画等の情報交換」であった。「被虐待児（疑いのある児も含む）の支援」に関する連携は保育所で，「発達に遅れのある子どもをもつ親への関わり方」に関する連携は幼稚園で多かった。全体的には発達支援が必要な「子どもへの関わり方」に関する連携が圧倒的に多かった。

3）連携の不満足度について

連携が保育所・幼稚園での具体的な支援につながったかどうかを4段階評価（1良い・2少し良い・3少し悪い・4悪い）した結果も表5に示した。数値が2以上の場合，連携しても充分に満足が得られなかったと判断できる。保育所と幼稚園ともに「発達障がい児（自閉症・ADHD・アスペルガー症候群）への関わり方」について，また，保育所においては，「一般的な子どもへの関わり方」，「知能や身体機能に障がいをもった子どもへの関わり方」，「就学先との引継ぎ，指導記録や指導計画等の情報交換」について，連携しても充分な満足が得られてないようである。

4）連携が支援につながらない理由

連携結果の不満足度が高かった項目ごとに，先行研究を参考に（守田・津川・七木田，2006），①役割の明確化，②個人情報，③情報伝達の有効性，④理論化の4つの観点から，支援につながらない理由を検討した結果が図2である。①役割の明確化とは，a）園と関係諸機関との役割がはっきりしていない，b）連携するときに他の諸機関に具体的に何を求めるのかが明らかでない，c）どのような事例の場合に連携するのかといった基準が明確でないことを，②個人情報とは，個人情

表6　連携内容ごとの今後の連携希望先

連携内容	連携先		
	1位	2位	3位
子どもへの関わり方	保健師	行政機関	巡回相談員
（N = 1570）	358（22.8％）	243（15.5％）	221（14.1％）
親への関わり方	保健師	行政機関	巡回相談員
（N = 550）	110（20.0％）	81（14.7％）	70（12.7％）
研修会や家庭向けのイベントの実施	行政機関	児童館の職員	大学の研究者
（N = 294）	67（22.8％）	45（15.3％）	40（13.6％）
保育施設の運営やノウハウの提供等	大学の研究者	行政機関	保育士
（N = 280）	76（27.1％）	66（23.6％）	40（14.3％）
就学先との引継ぎ	小学校教諭	保育士	行政機関
（N = 151）	100（66.2％）	18（11.9％）	16（10.6％）

報の取り扱いを慎重にする必要があることを，③情報伝達の有効性とは，a）諸機関と連携しても情報交換に留まり，園の教育や保育に取り込めず，支援につなげられない，b）連携先の機関が保育所や幼稚園の現場を理解していない，c）情報が表面的・一方通行であることを，④理論化とは，a）疑問点や理解・対応に苦慮する事項について理論的な整理が難しい，b）保育者自身の実践の意味づけやその理論化が難しい，c）保育者は子どもの姿を捉えることはできるが，支援の視点をもちにくいことを示す。

図2に示すように，連携が支援につながらない理由は連携内容によって異なっている。保育所における「就学先への引継ぎ，指導記録や指導計画等の情報交換」に関わる連携では②個人情報の取り扱いが問題となりやすい。個人情報の保護を強化するあまりに，情報活用が進まなくなるのではなく，個人情報をしっかり保護しながら活用するシステムの構築が求められる。保育所での「知能や身体機能に障がいをもった子どもへの関わり方」，保育所や幼稚園での「発達障がい児（自閉症・ADHD・アスペルガー症候群）への関わり方」に関する連携では，③必要な情報が得られないことや，④子どもや親に関する情報と保育実践との整合性を理論的に整理することの難しさが理由としてあげられていた。また，「一般的な子どもの関わり方」に関する連携でも，④連携先から得た情報の理論的な整理の困難さが理由にあげられていた。これらのことは，障がいの有無に関わらず，子どもへの関わり方に関して他機関と連携する場合，現場では情報の入手，管理，運用，特に入手した情報を理論的に保育実践に結びつけることの困難さを示した結果であり，それらの支援が求められていると理解できる。

5）今後の連携希望先と希望内容

表6に今後の連携希望先の上位3機関を，①子どもへの関わり方，②親への関わり方，③研修会や家庭向けのイベントの実施，④保育施設の運営やノウハウ等，⑤就学先との引継ぎの5つの内容ごとに示した。保育所と幼稚園に顕著な違いはみられなかったため，保育所と幼稚園を合わせたデータである。表4の現在の連携先と表6の今後の連携希望先を比較すると，子どもへの関わり方や親への関わり方に関する連携先として巡回相談員，研修会や家庭向けのイベントを構築するために児童館の職員，保育施設の運営やノウハウの提供等に大学の研究者があげられる割合が高くなっており，連携内容によって，より専門性の高い人々との連携を期待していることが明らかになった。

また，今後，他機関との連携を希望する内容については（表5右列），これまでの連携内容に加えて，保育所では子ども，親，及び発達に遅れのある子どもをもつ親，それぞれへの関わり方に関するものがあげられた。このことは，序論で述べたような保育所が多岐に渡るニーズに応じなければならない現実を反映していると思われる。

まとめ：臨床発達心理士に求められる具体的な役割や活動

今回の調査結果から，保育所・幼稚園は関係機関との連携を希望しており，今後も多様な形で連携が進むと予想できる。一方で，連携における様々な問題も浮かび上がってきた。これらの問題に対して，保育支援に関わる臨床発達心理士には一体何が求められるのだろうか。

保育所や幼稚園と関係機関との連携では，専門家同士が子どもや親に対する個人の見方や判断を省察し，多面的な実践知識を形成していくことが必要とされ（秋田，2008），臨床発達心理士の専門性の一つは，こうした①いくつかの見方をつなぎ，②協働関係を作り出すことであろうと提案されている（無藤，2007）。この提案に基づいて連絡協議会および巡回相談の問題を考察する。

保育に活かせる情報の入手が目的である連絡協議会は，様々な立場の人々が参加する場である。こうした場における臨床発達心理士の役割は，各参加者が有益な情報を入手し，入手した情報を保育実践に結びつけられるように，話の流れを整理し，情報の多面的な意味を引き出し，わかりやすくすることではないだろうか。また，個別事例的な内容を取り扱う際には，個人情報保護についての知識も必要不可欠である。巡回相談においては，「定期的に子どもの姿を見た上で共に保育を考えていきたい」という希望が多く，現場は臨床発達心理士に単なるアドバイザーとしての役割を期待するよりも，実践的な協働関係を望んでいると考えられる。学術的な知識を現場で具体的に実践できるような踏み込んだ役割が期待されており，それに相応しい知識・スキルを修得しておく必要がある。

保育所・幼稚園の機能拡大が求められているように，臨床発達心理士には子どもの発達的側面だけではなく，親への支援，周囲の理解を促す活動，そして，支援活動をつなぐ役割など多様な役割が期待されている。社会背景が急速に変化する中，多様な現場に適応的に支援することができる保育現場のジェネラリストの存在が必要であり，心理学・発達心理学に基礎におく臨床発達心理士はスペシャリストとしての専門性の充実に留まることなく，その役割を果たすことで保育現場の問題解決に貢献できると考えられる。

文　献

秋田喜代美．(2008)．園内研修における保育支援．*臨床発達心理実践研究*, **3**, 35-40.

芦澤清音・浜谷直人・田中浩司．(2008)．幼稚園への巡回相談による支援の機能と構造：X市における発達臨床コンサルテーションの分析．*発達心理学研究*, **19**, 252-263.

福間麻紀・久蔵孝幸．(2008)．子育て発達臨床研究センター相談室の課題と展望II．*子ども発達臨床研究*, **2**, 79-85.

本郷一夫．(2003)．保育の場における心理職の専門性に関する調査．*教育ネットワーク研究室年報*, **3**, 1-13.

前迫ゆり・智原江美・石田慎二・中田奈月・高岡昌子・福田公教．(2004)．保育所と関係機関との連携による地域での心理的ケアについて：奈良県の保育所におけるアンケート調査をふまえて．*奈良佐保短期大学研究紀要*, **12**, 63-67.

文部科学省．(2006)．*幼児教育支援センター事業委託実施要項*．

守田香奈子・津川典子・七木田敦．(2006)．「気になる子ども」を支援する保育所の園内体制の構築——園内外の連携の具体的方策についての検討．*日本保育学会第59回発表論文集*, 666-667.

無藤　隆．(2007)．臨床発達心理士の将来展望——保育・教育の場への貢献．*日本臨床発達心理士会第3回全国大会論文集*, 17.

西山　薫．(2006)．「子育ち」に向けた幼稚園・保育所

の連携の枠組みについて――家庭・地域・小学校との「連携」場面. *清泉女学院短期大学研究紀要*, **25**, 17-29.

大日向雅美. (2008). これからの育児支援のあり方――新たな子育て施策策定を迎えて. *臨床発達心理実践研究*, **3**, 4-9.

東京都X保健所. (2006). *X市障害児支援ネットワーク報告書II*, 15-37.

土谷みち子. (2008). 日常生活場面における育児・保育支援. *臨床発達心理実践研究*, **3**, 18-26.

内田利広・井上篤史. (2006). 関係機関等の連携に関する戸惑い調査の一考察. *京都教育大学紀要*, **109**, 111-128.

Mihoko, Kuramori, Motoko, Miyake, Kumiko, Araki, Takayuki, Inoue, Hiroko, Sugiyama, Toshiko, Kaneda, Etsuko, Hatano, Yoshiharu, Hirotoshi, Yukiko, Nishikawa, Kazuko, Sakata & Akira, Yamazaki, **The status quo and needs of support for nursing: Collaboration between nurseries/kindergartens and the related regional organizations.** Japanese Journal of Clinical Developmental Psychology 2009, Vol.4, 78-87.

In these years, the opportunities of the collaboration between nurseries/kindergartens and the related regional organizations (such as elementary schools, administrative offices and so on) have been increasing. In this paper, in order to clarify what collaboration is required in the actual nursing scenes and what concrete roles and activities are needed for clinical developmental psychologists, we examined the status quo and problems of collaboration conducting a questionnaire survey of nurseries and kindergartens. The result suggests that the collaboration does not necessarily work well owing to the difficulties in the way of information sharing, the understanding of each other's specialty and the clarification of roles to play, and also in adjusting theoretically the consistency of given information and the practical nursing. In order to establish the collaboration system leading to higher nursing quality, the creation of co-working relationship beyond exchanging information is needed.

【Key Words】 Collaboration, Nursery, Kindergarten, Roles of clinical developmental psychologists, Co-working relationship

■コメント

山崎　晃
明治学院大学

　本研究は，保育所・幼稚園現場では臨床発達心理士にどのような役割を期待しているのか，またどのような関わりのニーズを明らかにすることによって，どのように保育支援に関わればよいかを明らかにしようとした研究である。

　本研究では，保健所，小学校，子育て支援センター，療育センター，児童福祉課，社会福祉協議会など関係機関との連携，連携システム活用状況，巡回相談の状況，保育所・幼稚園での連携の内容と連携先について実態を調査した結果を示している。そして，それをもとにして臨床発達心理士がそこにどのような関わりを持つべきか，また関わりを持つように期待されているかなどを明らかにしている。研究目的が明確に示され，調査対象も限定されている。調査方法は一般的な調査方法であるが，対象者の選択手続きや分析方法も明確に記述されており，データの信頼性なども確保され，研究の質を保証されると考えられるので，今後研究を進めていこうとする実践者・研究者の参考になる研究といえるであろう。

　本研究は，いろいろな場面や時期に保育所・幼稚園で求められている支援，臨床発達心理士としてどのようにそのことに関わることができるかなどのヒントが示されている重要な研究といえる。また，保育支援における「連携」が直接的に支援につながるものではない理由も明らかにされており，臨床現場で臨床発達心理士が保育支援に関わる際に有用なデータとして参考になる研究である。調査などをもとにした研究データによって明らかにされた内容について，それから何を読み取り，どのように臨床発達心理士の活動につなげていけばよいかを示唆するモデルとなる研究といえよう。

　ただし，本研究は調査研究であるので，臨床実践研究とは異なる側面が多いことも事実である。実践研究は，本研究のような調査研究とは異なる条件で行われることが多い。また，本研究では，保育所・幼稚園の保育者を対象として，臨床発達心理士が関わることのできる保育支援に関連することがらについての基礎データと，支援についての方向性については明らかにしているといえるが，具体的に臨床発達心理士として，保育場面でどのような支援が可能か，保育支援に関わる連携の質をどのように確保するか，保育の質の向上などとどのように関連づけるかなど，未解決の課題も多く残されているので，さらなる研究の発展を望みたい。

日常生活場面における育児・保育支援

土谷　みち子
関東学院大学

　幼い子どもをもつ保護者は，これまでは自宅や公園などで子どもを遊ばせながら他の家族と交流することが主であったが，近年「遊びの広場」と呼ばれる，家庭以外に日常的に過ごす場，つまり居場所を確保できるようになった。
　本稿では，保育施設（幼稚園）に設置された親子の「遊びの広場」における取り組みと，広場で関わったハイリスク事例とその対応を紹介した。今後の育児・保育支援における方向性として，どの家庭でも抱える可能性のあるハイリスクな側面を予防するために，日常生活場面における遊びと関係性に配慮した，丁寧な親と子へのアプローチを提案した。
【キー・ワード】　日常生活，ハイリスク家庭，予防的関わり，親子関係，保育環境

はじめに

　少子化対策として1994年にエンゼルプランが策定されると，それ以降保育サービスという言葉の定着とともに，保育施設において乳児期からの各種保育メニュー，つまり延長保育・休日保育・一時保育・病時保育などを設けることが推進され，子どもを預かる機能が拡大された。子どもは保育者の勤務時間より長く保育施設で過ごすことも多く，保護者は送迎時にはそれぞれ別の保育者と連絡することになる。預かる機能が拡大される一方で，保育施設は地域で子育てをしている在宅家庭の親子にも園を開放し，日常的にさまざまな親子の遊び場としての機能も有し，さらに不特定多数を対象にした電話相談に携わるところも増加している。
　また，名称はさまざまだが，近年保育施設以外にも各地に行政主導や民間NPOなどの主催で子育て支援室やセンターが加速度的に設置され，イベントが主流な箇所もあるが，多くは安全・安心な親子の遊び場としての機能を大切にし，その利用も広がりをみせている。土曜日や日曜日に開所している箇所も増え，フルタイムで働く母親や父親の利用，また，就業形態に関わらず保護者同士の交流も進みつつある。
　このように，幼い子どもをもつ保護者は，子どもを預ける保育の場も多く所有し，地域の中でも家庭以外に日常的に過ごす場を確保できるようになってきた。地域開放された保育施設や子育て支援室では，親子でくつろぐことができるため，日常的に家庭で営まれているような親と子の交流や子どもの行動が示されることも多い。さらに日常的な出会いや交流は家族間ばかりでなく，未就園であっても保育者・子育て支援者という職種の者と関わるようになっている。
　育児・保育現場に関わる者にとってみれば，量的な子育て支援は広がりをみせているものの，これまでの経験とは異なる仕事もあり，保育者や支援者がどのように関わればよいのか保育方法等に戸惑う意見も聞かれ，質的な支援に関する議論に期待する声は多い。
　本稿では，大学に隣接する幼稚園に設置された子育て支援室である「遊びの広場」における取り組みを紹介し，併せて筆者がいくつかの広場で関

わったハイリスクを抱えた家族の事例とその対応を報告する。家族が抱えるハイリスクな側面は，発現し発見されるまでは，地域や家庭生活の中に潜んでいる。その意味において，家庭以外の居場所となった遊びの広場におけるハイリスク事例を検討することによって，危機的な状況が発現する前に未然に支えることが可能な，地域における日々の予防的育児支援アプローチについて考慮できると思われる。家族が見せる心配な行動を手がかりとしつつ，日常生活場面における育児・保育支援の実際と問題点，さらに今後の支援の方向性について考察したいと思う。

幼稚園内における親子の「遊びの広場」（A 支援室）の取り組み

1．施設概要

3年保育を行っている幼稚園（年少・年中・年長各3クラス）の一室で2006年開室。支援室は通常全クラスの園児の集会や遊び場となるホールを使用している。乳幼児とその家族を対象にした子育て支援室「遊びの広場」は，行政からの委託事業として開催し，開室は週3日（現在は月・木・土曜日），午前9時から午後2時までである。休室は幼稚園行事の時や夏休みと年末年始の各1週間。利用者は，見通しのよい室内でいくつかの遊具や休息コーナーで自由に過ごすが，年数回日曜日に開催される幼稚園行事や企画イベントなどにも参加することができる。通常は室内遊び中心であるが，幼稚園の長期休暇中は，園庭で外遊びをすることも可能である。

2．遊びの配慮

保育担当者は清潔な遊具，また，木製のものを多く取り入れ，子どもの健康や安全性に配慮している。特に乳児には授乳コーナーや床にマットを敷き詰め，乳児が這うことや裸足利用も可能なコーナーを設置している。乳児の遊びコーナーは，周囲二辺だけの木製の低い開放的な柵を施してあるが，数箇所のぞき窓もあり，大人も子ども
も部屋全体を見渡せる。異年齢で遊べるコーナーにもなっている。他の遊び場は，登り降り台やボール遊びができるところ，絵本コーナー，ままごとや列車コーナーなど，動的・静的な遊びや，やりとり遊びができるところなどが位置し，乳幼児が主体的に遊びを選択して楽しめるように工夫している。親子や家族間の交流が引き出されるような遊具の配置や，保育担当者が乳幼児と一緒に遊び，モデル的な役割をとることも多い。

3．人的資源（関係者）

施設長は園長で，支援者として園長や主任も不定期に入室するが，子育て経験者や保育関連資格を有する支援室所属の非常勤保育士（同地域に居住する全6名が一日3名ずつ割り当てて担当）が中心に携わる。隣接する大学から教員（3名，臨床心理士または臨床発達心理士資格を有する）が月4回前後，遊びながらの相談活動を担当する。また，学生はボランティアスタッフとして登録し，授業時間の合間に随時支援室研修が可能である。地域の保健師の訪問も不定期にある。

4．利用状況

登録制であり，1回の利用料は200円。月会員，年度会員割引制度がある。胸にシールの名札やバッチをつけて遊ぶ。一日の利用者数は家族単位で20組から30組前後である。大人は父母のほかに祖父母もみられ，他に幼稚園在籍児のきょうだいも利用している。週3日定期的な利用者も増えつつある。昼食は遊具を片付けて，一定の時間に持ち込みや大学内の売店で購入したものをとるが，家族の都合で飲食ができるコーナーもある。

5．地域や各種専門機関との連携

月1回のスタッフ会議（園長，主任，非常勤保育士，大学教員，地域の保健師が出席）において，翌月の運営の確認および心配な事例についてケースカンファレンスを行い，情報の共有と広場での対応を協議する。他との連携が必要な事例には保健師や教員が専門機関と連絡をとり，支援室や家庭へ訪問を依頼する。

```
「受け入れ」：家族のそれぞれの存在の肯定（自己の尊重）
          家族のそれぞれとの信頼関係作り
                ↓
「見守り」：＜親と子の状態とニーズの把握（アセスメント）＞
      ・遊びの共有（子どもと二者関係で、家族と三者以上の関係で）
      ・情報交換：地域の資源利用経験の有無の把握
      ・子どもの成長の姿の言語化：親の労力へのねぎらいとモデル行動

「つなぐ(紹介と交流)」：並行利用・移行利用・一時利用
              ＊「親の承認・準備性の考慮」

 ・地域の親子の紹介   ・地域の施設利用の紹介   ・家族援助専門施設の紹介

「確認・見直し」と「情報交換」
 ・家族からの評価の確認  ・地域の親子からの情報収集  ・専門機関との連携
```

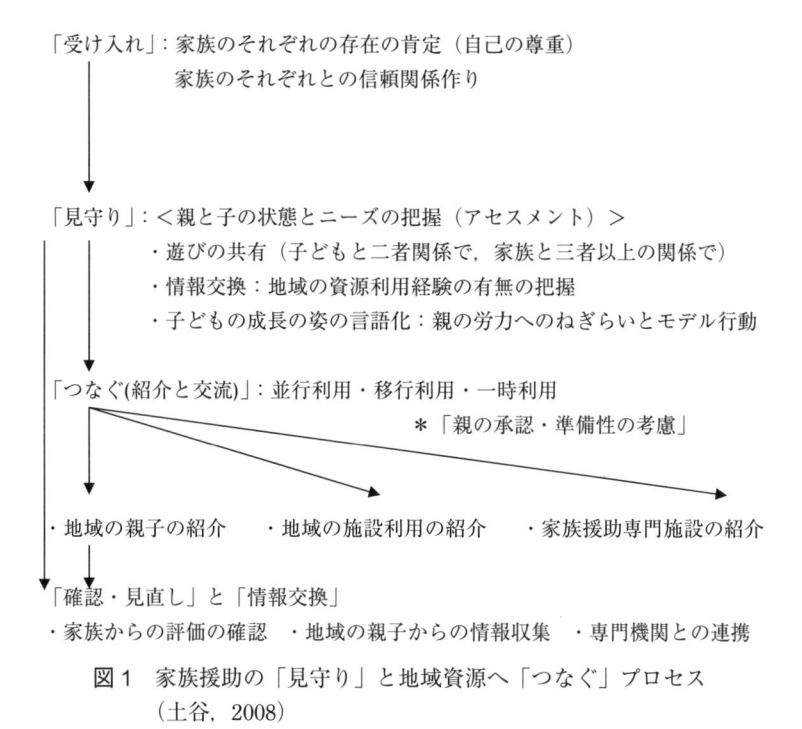

図1　家族援助の「見守り」と地域資源へ「つなぐ」プロセス
　　　（土谷，2008）

遊びの広場におけるスタッフの役割と対応

　広場におけるスタッフの役割と行動については、現在でも模索が続いているが、これまでに関わった経験から留意が必要だと感じている点について、図1に整理したものを示す（土谷，2008）。

　1.「受け入れ」：受付や登録、また、あいさつなどをする行為の際に、子どもと保護者一人ひとりの存在を肯定する。批判、非難および一方的な指導はしない。2.「見守り」と「アセスメント」：利用者を「見守り」ながら、親子の心身の状態や愛着関係などを把握する。また、遊びの広場における家族の行動から、子育て支援に関する顕在化ニーズと潜在化ニーズを読み取る。その際に、子どもや保護者と遊びや生活（遊具の片付けや掃除、また、食事の支度など）を共有しながら、生活者の視点で対応する。その他必要に応じて、子どもの行動を言語化することで保護者の日々の子育てを労う、補助的に子どもと遊び関わることで養育方法のモデル行動を示すなどに配慮する。

3.環境構成：利用者が主体的に広場を使用できるように、遊具や家具などの素材や数および位置などに留意する。時に利用者と相談し合うことで、スタッフとの信頼や連携を強める。4.地域情報の準備：情報交換がしやすいように、共に情報の共有や「知らない」ことを開示できる雰囲気作りをする。利用者が地域資源を活用できるように具体的な援助をする。5.地域資源に「つなぐ」役割と連携：当初は子どもの遊びを共有しながら成長を確認するなどして、利用者と支援者の信頼関係と協働関係を構築する。親や家族の心の準備に配慮しながら、広場で地域における子育て状況が共通の利用者や専門機関を紹介する。また、他機関を紹介されても、広場という生活の場は並行して利用できることを伝える。6.確認と見直し（評価）：特に他機関を紹介した方には、利用後の状況や困り事などを丁寧に聞き、その情報を専門機関にフィールバックし、地域のネットワークの仲介役となる。また、地域の友人など当事者世代からも情報を得て、当該家族の状況を把握すると

ともに，将来の地域における支援者育成にもつなげる。

広場のスタッフは，主に保育学・臨床心理学・臨床発達心理学を専門とする者が多いが，その対応は行政の子育て支援制度の説明したり，地域の専門機関を紹介するなど，ソーシャルワーク的な仕事が主であると捉えられるかもしれない。しかし，保護者の経済的・社会的支援ばかりでなく，日常の家庭の姿が垣間見える広場において，遊びの内容や親子の関係性に配慮しながら子どもの育ちを促し，生涯発達の視点から子どもの育ちを長い目でみつめることや，家族関係をシステムと見なして対応する点では，臨床発達心理学的視点をもつことが重要となっている。

特に保護者との信頼関係の形成には，スタッフが親子と遊びを共有しながら，子どもの成長発達のプロセスや変化を見つめて言語化することによって，スタッフを子育ての協働者として認識させることができる場合が多い。指導的な相談が常態化すると，広場は生活の場としての機能ではなく，専門機関としての存在に近いものとなってしまうため，利用者がスタッフに依存しやすくなる。生活の場に地域に精通する子育ての協働者がいることで，保護者は子育てに取り組む当事者性を意識し，自分の子育てにも効力感を得ながら，困難な問題にも対処しようとする姿に多く出会ってきた。そのためにも，特に継続的な利用をすすめる必要があるだろう。

次に広場で心配された事例を紹介しながら，今後の育児・保育支援の方向性を考えていきたい。

遊びの広場でかかえた心配な事例と対応

小川（2007）は，このような地域の生活にとけ込みはじめた遊びの広場に，親は意識して，親として子どもとかかわるために自宅をでるのではないかと指摘している。しかし，継続的に広場を利用している親子や家族が見せる行動には，日常的に家庭でも営まれている行動や葛藤が表現された姿でもあると感じることがあり，時に心配なハイリスク事例と捉えることもある。以下にA支援室と他地域の広場において，筆者が経験したハイリスクを抱えた事例とその対応について，了解を得たものを個人が特定されないように状況に配慮して紹介する。

1．事例A（200X年2月～12月）：「今日は何枚着せたらよいでしょうか」など乳児の育て方に細かい質問をする

乳児を連れて継続利用している母親は，毎回のように保育スタッフに「今日は何枚着せたらよいか」「泣いたときの抱っこはどうすればよいか」など細かい質問を投げかける。スタッフはすぐに回答を出さず，一緒に乳児を見つめながらその成長や状態を共有して，近くの家族も巻き込みつつ「なかなか難しいよね」と一緒に悩む。そして，どのように考えればよいか，いくつかの選択肢を話しながらも，母親が徐々に自信をもって親としての行動を自己決定できるようにサポートしてきた。

利用開始は子どもの生後2ヶ月時の来室で，母親は出産後「世界が白黒写真だった」と軽いうつ状態であったこと，結婚前は企業で秘書の仕事をしていたことを語った。子育て経験のあるスタッフは，月齢がやや上の乳児を抱える他の母親を紹介しながら，産後うつは生後4ヶ月前後までは多くの人がかかると聞いていると話し，3人で一緒に出産後の経験や日本の母親役割の大変さ等を語り合った。その後「また来てね」と，今後の継続利用を促した。来室した際には，母親は他の親子をぼんやり見ているばかりで，乳児には語りかけない。スタッフは母親の隣りに位置し，共に乳児を見つめながら声や表情に応答して，時にモデル的な役割をとって親子の情緒的な交流を支援した。継続して利用するようになったので，スタッフばかりでなく他の母親を巻き込みながら乳児に声をかけていたが，徐々に子どもの笑顔も多くなり発声も豊かになってきた。母親は子どもの応答

に手応えを感じるようになると，相手をすることが楽しいと笑顔で話し，子どもが1歳の誕生日を迎えるころには，細かい質問も減って子育てに自信を持ち始めたようであった。

2．事例B（200X年11月〜翌年3月）：帰りたがらない幼児の髪がこわばっている

3歳近い男児は，室内を走り回るように活発に動きながら，遊具をもって放りなげるなど遊びが続かず，一人でいることが多い。そして広場に入室すると，母親のところに戻ることもほとんどない。母親は部屋の隅にいて，子どもの姿を追わず顔を下向きにして表情も暗い。スタッフは親子関係を心配しながらも，午前中から終了時間まで利用していても，子どもが帰りたがらず毎回暴れて泣き続ける姿に当惑していた。そして数回利用後，スタッフは子どもの髪がどんどんこわばり入浴が滞っていることに気がついた。

スタッフは母親の隣りに位置し，一緒に子どもを見つめ，前回の利用よりもさらに活発になっている姿を共有した。家庭での姿を聞くと，とても手を焼いているという。3歳近い子どものエネルギーは母親だけが相手をしても困難だと思うと話し，外遊びをしている保育施設の利用をすすめるが，母親は保育所に子どもを預けるのはいやだと話し拒絶する。そこで，家事の援助も無料で受けられる行政の子育て支援制度を話すと，利用に同意する。広場の受付に子どもを連れて3人で移り，まずスタッフから保健師に電話で連絡をとり，その場で受話器を母親に代わり，保健師から家庭訪問をして行政サービスについて説明する日時を約束した。

その後，家事援助を受けたことから，子どもの一時保育利用と母親の精神疾患の通院につながり，虐待の可能性の高い家庭として地域のネットワークの中で支援している。

3．事例C（200X年7月〜翌年3月）：毎回保育スタッフに攻撃と罵声を浴びせる幼児

2歳と4歳の女児二人は祖母と広場にくるが，祖母は足が少し不自由でイスに座って本を読んだりスタッフとおしゃべりをしたりして過ごす。女児たちは攻撃的な行動が多く，遊具を叩いたり周囲の子どもの遊具を取り上げたりして，「何だよー」「どけよ」などと言葉も激しいので，スタッフが一緒に遊びにつき合うことが多くなった。スタッフとままごとやボール遊びのやりとりは続くようになったものの，女児たちが気に入らないことがあると，スタッフの手足を棒でたたいたり，「お前はうるさい」「あっちへいけ」など罵声を浴びせる姿が多く見られた。その時には祖母がでてきて，部屋の隅で二人を強くたたくこともみられた。保育スタッフは子どもの攻撃と祖母の叱り方にどのように対応していけばよいか迷い，数人で関わりながら何度も話し合った。ある日，相談スタッフは祖母が一人で座るところへ行き，女児たちの攻撃的な行動は，祖母と同じように保育スタッフに信頼を寄せ始めている姿だと思うと話し，今後乱暴な行為にはしっかりと対応し話すことを約束するので，子どもを叱り過ぎないように依頼した。その後，祖母は保育スタッフと女児たちの遊びを近くで見守るようになり，他の家族との交流も始まった。

数ヶ月後，子どもたちには友だちができ，手をつないで遊ぶ姿もみられるようになり，徐々に攻撃的な言動は少なくなった。スタッフは祖母と子どもの成長を共有しながら，今後の学校などの集団生活について尋ねると，女児たちの父親の仕事が不定期となり，子どもを幼稚園や学校に行かせることに不安をもっていることがわかった。保育所の入所優先制度などを話し，行政から説明を受けてはどうかと話すと，後日，祖母は一人で行政窓口に行ったと報告した。そこで，祖母と彼女の娘でもある子どもの母親と一緒に行政窓口に行って申請するように勧めたが，母親の精神的な状態が悪く，外出はできないという。家庭内で父親の暴力が日常的に繰り返され，家族が疲弊している状態であった。

図の内容：

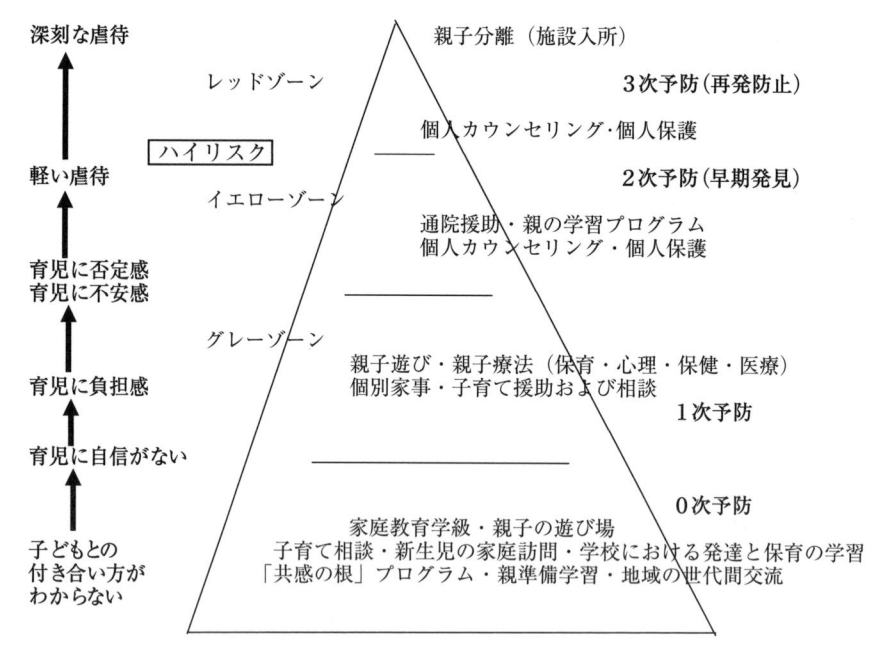

ピラミッド図（左側の矢印と段階）：
- 深刻な虐待 ↑
- 軽い虐待 ↑
- 育児に否定感／育児に不安感 ↑
- 育児に負担感 ↑
- 育児に自信がない ↑
- 子どもとの付き合い方がわからない

ピラミッド内のゾーン区分：
- レッドゾーン：親子分離（施設入所）／3次予防（再発防止）
- ハイリスク／イエローゾーン：個人カウンセリング・個人保護／2次予防（早期発見）
- 通院援助・親の学習プログラム／個人カウンセリング・個人保護
- グレーゾーン：親子遊び・親子療法（保育・心理・保健・医療）／個別家事・子育て援助および相談／1次予防
- 0次予防：家庭教育学級・親子の遊び場／子育て相談・新生児の家庭訪問・学校における発達と保育の学習／「共感の根」プログラム・親準備学習・地域の世代間交流

図2　子育て支援における予防的アプローチ：虐待の予防・対応プログラムより
（才村，2001；串崎，2004を改変）

スタッフ間で相談し，祖母の了解を得て地域の保健師から児童相談所に連絡し，家庭訪問を繰り返しながら総合的な家族援助を行っている。その後も祖母と女児たちの広場の利用は続き，それぞれ落ち着いて過ごし，スタッフや他の利用者との交流も深まった。

今後の日常生活場面における育児・保育支援の方向性

先述した事例は，それぞれ産後うつや子育てのストレス，ネグレクト（虐待），家庭内の暴力（DV）など，ハイリスクの家族特有のものと思われがちであるが，子育てのプロセスでは予期しない葛藤や事故などに関わることがあり，そのことで家族が再構成され発達していくものだと考えると，どの家庭にも起こり得る問題ともいえる。現代はとりわけ子どもの育つ環境の変化が著しく，加速する少子化や地域の安全性の崩壊から子どもが室内で過ごすことを余儀なくされ，地域から家族が孤立し子どもの遊びの体験が乏しくなる傾向が増しているといえよう。その意味で，子育て支援室といわれる親子の遊びの広場が増えることは，子どもと家族にとって，もう一つの生活空間を確保することになり，地域の中で子育てをするという子育ての社会化を実感することにつながる。

今後の育児支援には，野末（2002）も指摘するように，コミュニティーの中で，さまざまな専門職がボランティアと協力しながら，臨床的問題を発現するまでには至っていない家族を対象とした，予防的アプローチを実践していくことが期待される。そのために，子どもの成長を支える遊びや生活，つまり保育をどのように展開していくかという，保育支援の方向性も同時に探ることが重要であろう。図2に示すものは，虐待予防・対応プログラム（才村，2001；串崎，2004）に加筆したものである。このプログラムは家族の抱える深刻な問題を予防する視点に立つとき，虐待に特化しないケースに対しても有効であると考える。加筆した一部である「0次予防」段階は，ハイリス

クゾーンに至る前に保護者の抱える育児の否定感や負担感を支え、それ以前に生起していると思われる育児に自信がない状態や子どもとの付き合い方がわからないという具体的な親子のやりとりを支援する重要さを指摘している。つまり地域で子育てをする家族にとって、日常生活場面における支援となり、その内容は支援される―支援するという立場を越えて、地域や家庭の子育て力を高める営みである。事例を考察しながら、今後の具体的な方向性を探ってみたいと思う。

1．子どもを育てる基本的技術や生活の営みへの支援

事例Aでも見たように、言語発達期以前の乳幼児との関わりを難しく感じている父母は多く、時に軽いうつ状態のようにほとんど乳児に話しかけない姿も見られる。親自身がきょうだいも少なく子どもの扱いにも不慣れで、子育てを観察する機会も乏しかったためか、二人目を育てていても乳児の扱い方に戸惑う保護者がいる。支援者は保護者を支える横並びの位置関係をとり、子どもの育ちを共有しながら、応答的なかかわりや身体接触など、二者関係の情緒的な交流を援助することが必要である。その際に、すべて支援者側が「してあげる」援助を行うのではなく、当事者性を生かしたピアサポート、つまり保護者どうしの直接および観察学習の機会を広場の中で自然な形でもつことが重要であろう。

生活支援に関しては、特に大人だけの生活から、子どものいる生活リズムの移行に配慮することの効果が大きい。事例Aでも取り入れているが、現代の特徴など時代的な社会問題として子育てについて保護者と話し合うことによって、客観視することでかえって当事者としての立場を明確に意識し、子どもの成長に配慮した生活を自ら整理し実行する保護者もいる。また、学生がボランティアスタッフとして広場に入室した際には、現役親世代が年少の学生に、養育方法を言語化している姿がみられ、世代間の交流が活発になった。

現在、保育施設では、中学生の保育体験も実施されているが、広場における親準備学習を含む多世代交流も必要であると思われる。

2．子育て期の動機づけを引き出す支援

事例Aと事例Bのように、保護者が子どものかわいさを実感しにくく、自分の子育てに効力感を得ていない場合は、子育てのモチベーションを維持することは難しいと思われる。親役割の仕事は、誰が担当しても重労働である。保護者が子育てに動機づけられるためには、子どもの存在をかわいいと思える瞬間や、子どもと一緒に過ごすことを楽しんでいる自分を発見することが必要ではないだろうか。

広場では遊びや生活を地域の人と一緒にしながら、子どもの育ちや親としての楽しさを実感しやすく、また、いつも利用している広場で経験したことは、家庭の日常生活においても経験しやすいと考えられる。そのためには、遊びや生活を包括した保育環境に配慮できる保育スタッフの存在が不可欠であり、何気ない子どもとのやり取りの中で示される保育者のモデル行動は貴重である。しかし、事例Bや事例Cでも見られたように、ハイリスクを抱えた子どもの行動の読み取りや対応は難しく、保育者が困惑することも多い。A支援室では保育学・臨床心理学・臨床発達心理学・小児保健学など異なった領域のスタッフがいるので、親子の行動の読み取りや成長の見通しも多様で柔軟なものになり、話し合いを重ねることによって、その後の対応を微調整することが可能となった。また、家族や利用者も広場でスタッフの対応の様子を観察していたため、相互の信頼関係が強化され、共に当該者を支援する雰囲気が生まれてきた。広場において、異なった領域の職種と地域の当事者との連携が必要である。

3．子どもの行動を読み取る大人の感受性を高める支援

事例Cは、遊びでの乱暴な行動から子どもの葛藤が表面化し、家族間に暴力のコミュニケー

ションが常態化していたことが判明したケースであるが、支援者が保護者と子どもの行動を共有しながら、子どもの暴力の意味づけを変えて（リフレーミング）伝えるだけで、保護者が子どもや自分自身を肯定的に受けとめることを可能にした。また、現在のあなたの抱えていることは、子育て期にはよくあること、というように日常性の中に取り込むようにすることも必要である。つまりノーマライズすることで、本来の日常性が回復できることがある。野末（2002）は、家族が抱える問題をリフレーミングしノーマライズすることは、家族に大きな安心感を与えることになると指摘し、家族が既に努力しうまくやれていることを、支援者が積極的に認めることで、家族はエンパワーされ自信を取り戻し、自分たちで問題を解決できるようになっていくと述べている。

現代は結婚・出産・子育て期の年齢が高くなる傾向が続き、また、効率優先の時代にあって社会的仕事に従事している、またはしていた親世代にとって、乳幼児期のゆったりした生命体のリズムに付き合うことは難しいことであると思われる。そのため、子どものノンバーバルな行動への感受性や読み取りも困難なことが多く、子どものネガティブな感情表出をゆったりと受けとめる大人の度量も小さくなりがちである。それ故、子どもが主体的に遊びを展開できる保育環境を準備し、支援者がゆったりとした動じない対応をしながら、子どもも保護者も肯定的に受けとめる姿勢をもちつつ、大人の豊かな感受性を引き出すことが求められている。

4．子育て期の親のネットワーク形成や環境作り支援

すべての事例に共通な援助は、地域におけるネットワークへつなぐ支援である。子育ては一人でできないものであるが、長時間労働が当然のわが国で、親世代にとっても地域の資源を知るまでには時間を要する。昨今は地域の当事者性が発揮され、子育て期の地域資源をパンフレットにまとめて、行政の発行する母子手帳に挟んでいる団体もある（例えば、横浜市）。そのような当事者性を活かした支援をはじめとして、子育て期の親のネットワーク形成や周囲の環境作り支援は重要である。これは、いわば地域の再生へのプロセスであり、当事者を支援者の後継者として育成することにもつながる。

まとめ：成果と課題

地域に広がりつつある「遊びの広場」の実態とそこで関わったハイリスク事例を紹介し、日常生活場面における予防的な育児支援アプローチの必要性について述べてきた。広場で展開される遊びや生活支援、また、親子関係や家族および地域の人との関係性に配慮した支援によって、広場での経験が日常的な地域や家庭生活に影響を与える可能性も高い。子どもの豊かな体験を支えることによって、子どもの成長発達および保護者や家族の自信も育まれることを考えると、就業している保護者にとっても、子どもを預かる支援を第一義にするのではなく、日常生活への育児支援が重要ではないだろうか。そのためにも、子どもと家族が主体的に活動できる広場の保育環境を考慮する必要性があり、保育者とそれを支える心理職をはじめ異なった領域の専門職と、地域のボランティアによる横並びの連携が求められる。

しかし、広場の利用は外出できる家族に限られていて、地域の中で孤立しがちな心身のつまずきを抱えた家族が利用することは難しい。また、事例でも示したように、たとえ広場に出向くことはできても、行政や専門機関の子育てサービスを自ら申請して利用することには抵抗がある家族や困難な家族の実態もある。今後は、地域の専門家やボランティアの家庭訪問や出張サービスが一般的になること、また利用する側が行政サービスや地域の支援を受けることに抵抗が小さくなるように、意識を変容させる実践の蓄積が重要だと感じる。

日常生活場面の育児支援者は，見守りと緊急対応の狭間で当惑することが予想されるため，専門機関との連携が可能な行政窓口（主に保健師）とは常時協働関係をとる必要性があるだろう。今後，見守りをしながら，必要に応じて地域の専門窓口には知らせるなどの予防的なネットワークを構築し，異なった領域の職種とともに丁寧なケースカンファレンスや研修を重ねて支援体制を吟味したい。

文　献

串崎真志. (2004). 解説2. 子育て支援と親子療法. *絆を深める親子遊び——子育て支援のための新しいプログラム*（串崎真志，訳）(p.3). 東京：風間書房. (Rise Vanfleet. (1994). *Filial therapy : Strengthening parent-child relationship through play*. Florida : Professional Resource Press.)

野末武義. (2002). 子育て問題へのアプローチ どう理解し，援助し，予防するか. 日本家族心理学会（編），*子育て臨床の理論と実際*（pp.17-33）. 東京：金子書房.

小川清美・土谷みち子. (2007). はじめに. 小川清美・土谷みち子（共著）.*「あたりまえ」が難しい時代の子育て支援——地域の再生をめざして*(p.4). 東京：フレーベル館.

才村　純. (2001). 現代社会と家庭福祉. 社会福祉養成講座編集委員会（編），*児童福祉論*（p.181）. 東京：中央法規出版.

土谷みち子. (2008). *家族援助論*. 東京：青鞜社.

謝辞

　事例や実践内容の掲載をご許可くださいました関係者の皆様に感謝いたします。

Michiko, Tsuchiya, **The support for child rearing and nursing on daily life scenes.** Japanese Journal of Clinical Developmental Psychology 2008, Vol.3, 18-26.

It was often the case that parents with very young children (infants and toddlers) interacted with other families while their children played at home or at nearby parks, but recently families have been afforded another space where they can spend with their children on a daily basis, which is called *asobi-no-hiroba* (open play space). Discussed here are the case studies concerning *asobi-no-hiroba* introduced into nursery schools and kindergartens, and some risky cases occurred in the open play space and the countermeasures taken against them. For the direction of child rearing and nursing support to be taken from now on, one approach is suggested focusing on play and interpersonal relationships on daily life scenes in order to prevent risky problems and difficulties which every family is likely to experience.

【Key Words】 Daily life scenes, Family with risky problems, Preventive intervention, Parent-child relationship, Nursing environment

■コメント

長崎　勤
筑波大学

　虐待の報告が「急増」しているといわれ，子育て支援が社会的にも重要な課題となってきている。
　すでに自然な親戚・家族や地域社会だけでの子育てだけでは対応できない時代に入っており，本稿で示されたような「遊びの広場」などの家庭以外で日常的に過ごす居場所空間の提供が必要になっている。
　本稿は，「遊びの広場」の活動の中での3事例を通し，子育て支援の方向性を示した，貴重な研究である。その特徴は，図2に表された，「連続性モデル」にあるといえる。通常あり得る，「子どもとの付き合い方がわからない」という育児の不安から，「虐待」へと連続的なプロセスで捉え，予防をしていこうとするものである。特定の症状や問題だけを取り上げるのではなく，だれもがなり得る可能性として「虐待」を捉えようとしており，それ故に，さまざまなレベルでの予防の可能性も示されるといえよう。
　臨床発達心理学的アプローチの特徴として，健常と問題を連続的に捉えるという観点がある。だれもがある時期，ある機会では問題を抱える可能性は十分にあり，「異常」と捉えるのではなく，健常に内包された問題と捉える。
　本稿はそのような意味でも臨床発達心理学的アプローチによる，子育て支援の典型的な方法と考えることができるだろうし，今後，日本の子育て支援モデルの一つとなり得るものであると考えられる。
　今後，事例を集積することによって，虐待などの問題行動がどのようなプロセスによるのか，またどのプロセスのどのような介入がより効果的なのかを検討することによって，研究としての深みと広がりができるものと思われる。

第4章
特別支援教育分野における臨床発達心理士の実践

　2005（平成17）年12月に「特別支援教育を推進するための制度の在り方について（答申）」がまとめられた。この答申を受け，平成18年に学校教育法等が改正され，2007（平成19）年度よりこの大きな制度改正が実行に移された。この改正に伴い，特別支援教育の範囲が，特別支援学級や特別支援学校の範囲を超え，学校教育全体，つまり幼稚園，小中高等学校の通常学級にまで広がった。また，2009（平成21）年3月に新しい学習指導要領が公示された。特別支援教育に関連した改正のポイントの一つに，個別の指導計画と個別の教育支援計画が幼稚園から高等学校まですべての学校種で作成することが求められたことがある。このように，特別支援教育は，特別な場から特別な教育的ニーズに応じた教育へと形を変え，対象の多様化と拡大，支援方法の個別化と専門化の方向に進んでいる。このような状勢の変化に応じて，臨床発達心理士に対する潜在的なニーズも生まれており，そのニーズに応じた実践研究が進められることが期待される。

　本章では，このような背景の中で，臨床発達心理士が学齢期の特別支援教育の現場で行った実践研究論文である。対象者は，軽度知的障害児，広汎性発達障害児，ADHD児，自閉症児，重度重複障害児等である。支援内容は，社会性の発達支援，コミュニケーションの発達支援，問題行動の軽減，学習支援で，支援方法は直接的な支援が中心で，コンサルテーションも見られた。実践の場は，小学校（通常学級，通級指導教室，特別支援学級），中学校，特別支援学校などであった。特別支援教育の姿が，この実践研究論文の多様性からもうかがえる一方，更に多様な実践研究の投稿が期待される。

　『臨床発達心理実践研究』への投稿を目指している方々は，本章や，第3章，第5章の実践研究論文のまとめ方を参照し，実践の成果をまとめれば，論文作成の労力を大幅に省くことができる。この研究誌への投稿が活発になることで，臨床発達心理士の専門性の向上が期待でき，その結果，研究誌の量と質が更に向上するというプラスの連鎖が生まれることを期待したい。　　　（宮﨑　眞）

軽度知的障害で良好な人間関係を持つことが苦手な女子中学生への対応・支援について

森岡　茂樹
名張市立北中学校

　　この論文は，学級（集団）になじめず，エスケープを繰り返していた中学校1年生の女子A子を，小集団（障害児学級）で教育した実践例である。当時のようすから見て，彼女は，怠学傾向の不登校に陥るか，非行集団に入るかのどちらかにすすむ可能性が高く，その岐路であった。軽度の知的障害をもつ彼女が，小集団の中で，居場所を再獲得し，アセスメントに基づくわかる授業で成就感をもち，またゲームをとおし対人関係の修復を図った。その結果，自尊感情を育むことになり，危機を脱することになった。

【キー・ワード】　居場所，SST，二次障害，自尊感情，自己決定

問　題

　文部科学省の特別支援教育で，軽度発達障害への対応・個に応じた教育についての重要性がとりあげられている。私の勤務する中学校の教育現場でも，通常学級の中に，軽度発達障害が疑われ，特別な支援が必要と思われる生徒が何人かいる。しかも彼らの多くは，学童期や幼児期に個に応じた特別な支援を受けずに中学校に通学している。彼らの中には中学校になり，不登校や非行など二次障害を引き起こしている生徒もいる。
　彼らの中には，学級集団の中で不適応行動を起こしたあと小集団の中での個に応じた指導等で，居場所を再獲得し，自尊感情を育み，二次障害等の不適応行動を克服することが可能な場合もある。
　中学校の教育現場で，現実的に小集団で個に応じた指導ができる場所として障害児学級等が考えられる。しかし，不適応行動＝小集団＝障害児学級という図式には，たくさんの今後検討しなければならない課題がある。

　以下の事例は，学級集団で不適応をおこした女子中学生の障害児学級での支援例であり，今後の特別支援教育の参考にしていただければ幸いである。

事例の概要

　A子は中学校1年の2学期の後半には，たえず学級からエスケープしていた。家庭も担任も学年も学校も，A子への対応について悩んでいた。当時問題行動をおこしていた上級生と関係を持ち，今後非行化することが予想された。
　月例の職員会等でA子の現状が学級担任や生徒指導担当から何度も報告されていた。そのことにより彼女の事例は，学校の生徒指導の問題として共通理解ができていた。学年職員集団の協議では，彼女の居場所作りが緊急の課題と考えられていた。約40名になる学級集団でなく，マンツーマンに近い小集団での居場所作りにより，心の安定を図る場所として，A子のとなりの学級であった障害児学級での学習も選択肢のひとつとなった。学年集団や生徒指導部で協議の上，学校長の

了解のもと，学級担任から障害児学級担任の私への協力（彼女の居場所作り等）の要請があった。

A子が1年の2月中旬，授業をエスケープし，階段で担任の教師と話し合っている場面があった。私が「一度うちの教室（障害児学級）に来ない？」と誘った。するとA子は素直についてきた。その時は，障害児学級では生活の時間で，みんなで楽しく牛乳パックを切っているところだった。それ以後，何の違和感もなく障害児学級に通うことになった。

支援の経過

1．アセスメント

彼女の活動を観察しながら，彼女についての詳細な情報の収集にとりかかった。学級担任の話から次のようなことがわかった。

1学期の後半から，学級の一部の生徒にからかわれて弁当を食べない日もあった。所属していた体育部でも対人関係で孤立し，非難されていた。9月下旬ごろから教室に入りにくくなり，教室を抜け出すようになった。10月上旬には「どうでもよい。投げやりな感じ」がみられた。10月下旬には，昼夜逆転の生活になり表情が非常に暗くなった。不登校傾向に陥った。

しかし3学期になると毎日ほとんど登校した。しかし，授業に参加せず廊下を徘徊していた。夜はゲームセンターで徘徊していた。2月には，問題行動の生徒と接触。非行・暴走族に強い興味をもつようになっていた。

家族構成は，次のようなものであった。
・父（建築作業員）　まじめ・実直な感じ。父親本人が貧しい生活の中で成長したので，学校に行ってほしい願いが強い。障害児学級に入級することには，強い抵抗感があった。
・母　学校の教育には理解がある。炊事のパートをしていた。
・兄（19歳）公立高校卒業，就職。
・妹（10歳）小学校4年

父親の仕事が不安定で経済的に貧しく，本人には父親は恐い存在であった。

A子の生育暦は次のようなものであった。

隣接する他県の過疎の山村で生まれる。小規模な保育所から，小学校2年生までそこで生活する。そのころは友達関係もよかった。小学校3年生の時にn小に転校。n小では集団になじめなかった。

学力的には，小学校3年程度の学力しかなかった。障害児学級（当時3名）の中では素直にふるまっていたが，普通学級の集団に入ることができなかった。特に同級生の女子との交友関係を作るのが苦手だった。

2．アセスメントに基づく発達支援の目標

1．A子が安心して生活できる居場所を当分の間障害児学級におき，そこで教師や生徒などとの交流を通して，心の安定，生活習慣の再確立を図る。障害児学級に在籍するのでなく，生活が安定すれば今までの学級集団にもどす。

2．学習の場所を，障害児学級か今までの普通学級に限定し，非行集団との関係を解消する。

3．支援等の過程

1）1年生時の活動概要

障害児学級では，素直で表情は明るかった。3月には，学級担任は，家庭訪問で保護者（母親）から「障害児学級に入り表情が明るくなり喜んでいる」との話を聞いた。しかし，たばこを持っていたこともあり，私が取り上げるなど不安定なこともあった。また，好意的に思っているb（女性）教師を独占しようとするなどの行動も目立った。A子は，「自分の学級（通常学級）に戻りたいが戻れない」という複雑な心情の中で，遅刻などがなくなり生活面でも改善の傾向をみせていた。

2）2年生の活動の概要

A子が2年生になり，教師の増加（2名から3名），学級生徒の増加（1年時4名から6名）になり，障害児学級の学習環境の変化に伴い，支援

目標等の再検討に入った。

1．心の安全基地（居場所）として障害児学級で，小集団での学習や活動を通して心の安定を図る。

2．「自己選択」「自己責任」の考えを徹底する。（例えば，在籍する普通学級に行くことも障害児学級で学習することも自己選択させる。だが，自己選択をしたからにはそれが守れない時は指導する。）

3．家庭との連携を図る。

2年時の活動の概要は以下のようなものであった。

4月は，障害児学級で生活をする。自分の要求が通らない時は反抗的な態度をとった。そのため，約束違反等には障害児学級から普通学級に行くように枠組みを作った。b教師の文化部に入部（部の変更）し変化が見られることを期待した。5月にはいると，顔つきが穏やかになってきた。今までより，時間の約束など守れるようになってきた。しかし，同級生のc子やd子を支配しようとした。じっとしているのが苦手で，職員室に用事を頼んだりすると喜んだ。すぐあきる授業は「20分間」というように時間をあらかじめ限定した。花の水遣りなど活動的なことにはがんばった。時々，時間のけじめがないときや，プリントを丁寧に学習しないで，すぐやめて外に出るなどの行動があった。しかし1学期末には障害児学級の生活に慣れてきた。学校生活も楽しそうであった。普通学級の行事に参加したい気持ちがあるが，現実には参加することが出来なかった。集中力がなく，他の生徒に影響があるとき「障害児学級から出て行きなさい」というと反省し行動を改めることができた。家庭訪問をして，現状を話し障害児学級の入級を提案するが，父親が入級を拒否した（この時点では，普通学級に在籍しているが，障害児学級で学習しているという現状であった）。

2学期になると，修学旅行を目標に普通学級に入るように勧めることにした。本人も普通学級での学習を希望しているが，普通学級の復帰は無理だった。修学旅行後（10月）障害児学級ではSSTとしてUNOや坊主めくりなどのゲームを取り入れた。その結果，対人関係も改善され，言葉が穏やかになってきた。

3学期になると，表情に穏やかさが見られ，善悪の分別もよく出来るようになってきた。1月から社会の時間に在籍する普通学級の授業に参加することを自分で選択し授業を受けるようになった。自分で選択したことには必ず実行させるという指導は彼女にとって効果があった。障害児学級ではSSTとしてのカードゲームなどみんなと楽しくやっていた。文章の理解力は，小学校低学年ぐらいの内容しか理解できず，国語や数学の応用問題などは小3程度の学力だった。しかし，1対1対応で教えると熱心に学習するようになり粘りが出てきた。3年生になれば普通の学級に戻りたいという願望があった。そこで3年になれば「普通学級に行くこと」をA子とも家庭とも幾度となく確認した。

3）3年生の活動の概要

3年に進級する。しかし，登校しても普通学級に入ることが出来なく，親しい先生や保健室の先生などに顔を見せて家に帰るなど授業に参加することはなかった。さらに，4月の後半から休みがちになり，不登校の兆しが現れた。しかし，A子には「3年になったら普通学級で学習する（自己選択）」と自分が決めた以上「普通学級で学習できず，不登校になる（自己責任）」を体験させることも必要と思い，障害児学級への入室を許さなかった。しかし4月の欠席日数6日（その他の日は遅刻，早退がほとんど），5月になると欠席日数19日となりほぼ連続しての欠席になってきた。このままでは家に閉じこもると考えられた。生徒指導担当との協議の上，6月になってA子が障害児学級の外から様子を見ていた時，「Aちゃん，みんなと勉強しますか？」と声をかけた。するとうれしそうに教室に入ってきた。それから，障害

児学級で学習を再開するようになった。

保護者との話し合いで，今まで入級に反対していた父親も，3年になっても普通学級での学習が出来ず不登校状態を示す現実や障害児学級に元気で登校するという現実等のなかで，障害児学級への措置変更を保護者のほうから申し出て7月8日から正式に入級することになった。

入級時，児童相談所で心理検査をうけた。主な検査結果・所見は以下のようであった。

　＜田中ビネー＞　　IQ＝68　MA＝10.2
（軽度知的障害・知的なアンバランスがない・生活面では自立）

児童相談所からの心理検査や今までの障害児学級でのようすなどを総合的に判断し，3年生での支援目標を以下のように考えた。

1．A子の進路については，養護学校高等部に進学により，長期的な視野で対人関係の改善に取り組む。

2．A子の長所（手先の器用さ・運動能力の高さ）をいかした指導により，自尊感情をたかめる。

障害児学級に入級後の活動の概要は次のようであった。

7月からは，学力・対人関係等を考慮して，保護者と話し合い養護学校高等部への進路を決め母親と体験入学に行った。また，福祉のサービスも受けられるように勧め，保護者が療育手帳も申請した。

障害児学級では，本人が努力すれば，自分で上達するのがわかるもの（ワープロや電卓，指編み，毛糸編み）などに取り組ませた。特に電卓などは8級から3級まで上達することにより，自信をつけることが出来，集中力も高まり，精神的にも安定してきた。

また，UNOなどのカードゲームをとり入れることにより，楽しみながら社会的なルールを学ばせることにした。数学の時間に，広告を利用しての買い物の練習や自分の献立のメニュー作りなど実際の生活に使える力もついてきた。その結果，自分で弁当を作ったり，休みの時には家事を手伝ったりすることも出来るようになった。このように，障害児学級では毎日楽しく安定した生活を送り，休むこともなく中学校生活を過ごすことが出来た。

考　察

1．事後評価

1年生の不安定な時期にA子と出会った。もしも障害児学級での対応がなかったら，学校に不適応を起こしている（不登校からのひきこもりまたは，非行にはしる）可能性がきわめて高い。その意味では，A子に対する取り組みは彼女の発達上の危機を救うことにもなった事例ともいえる。

また，彼女への支援の中心は，自尊感情を育むこと，SSTを重視したことであった。アセスメントに基づき，彼女が，少し努力すれば達成できる教材を用意した。それを達成することの成就感を通し，自尊感情を育んでいった。

その根底には，「時間を必ず守る」などの集団の規則や，自己選択したことは必ず守らせるという，教育現場での規律に対しての厳しさがあった。これは生徒にとって教師は，自己を律する力となったと思われ，また，集団を守ってくれる精神的な居場所になっていたように思う。

2．この事例からみえてくるもの（課題）

この事例は，「学校における集団から落ちていく生徒にどこで・どのように対応したか」学校現場からの報告である。現在，文部科学省が特別支援を実施しても中学校現場では，課題がたくさん残っている。それと重複するが，この事例では以下の課題が今後の課題として考えられる。

1．少なくとも私の勤務する中学校の現場では，まだ集団になじめない生徒を，どこで・だれが・どのように教育するのかが明確でない。家庭の崩壊・虐待・いじめ・不登校など深刻さをますなかで，集団になじめない個に応じた学校の中で

のシステムを作ることが早急な課題のように思える。

2．彼女のように軽い知的障害をもつ生徒が，中学生になると二次障害を引き起こす可能性がある。このような生徒に，一人一人のニーズに応じた指導が必要である。特別支援教育で最近さかんにいわれているが，具体的にどこで・どの時点で発見して，どこで・どのような指導していくのがいいか，ケースにより違うがその積み重ねがまだ少ないのが現状であり，事例の蓄積と検討・共通理解が緊急の課題である。

3．彼女の父親が，彼女の障害を認め，個別の教育を正式に行うまで約1年半の歳月を要した。保護者が障害を受容することの難しさを感じた。しかも，軽度の発達の障害（LD・HFPDD・ADHD・軽度MR等）の受容は，知的な問題も少ないこともあり大変難しい。社会への啓蒙も含め，障害を誰が・どのように知らせ・どのように教育していくか，難しい課題がある。

3．あとがき

最近，200X年11月初め，市内の大手の企業に就職できたと喜びとお礼の報告があった。就労後，会社を辞める卒業生も見聞きした。しかし，彼女にはぜひとも会社になじんで欲しいと思う。また社会が彼女たちを温かく見守って欲しいと心から思っている。

文　献

参考文献

三重県教育委員会事務局研修分野（三重県総合教育センター）．(2005)．*特別支援教育Q&A II*．

文部科学省．(2004)．*小・中学校におけるLD（学習障害），ADHD（注意欠陥/多動性障害），高機能自閉症の児童生徒への教育支援体制の整備のためのガイドライン（試案）*．

森　孝一．(2003)．*LD・ADHD・高機能自閉症（就学＆学習支援）*．東京：明治図書．

付記

この事例は，2002年10月県の教育研究集会で発表したレポートに加筆・修正したものである。

Morioka, Shigeki, **Support for junior high girl with mild mental handicap disorder and personal maladjustment to the other person.** Japanese Journal of Clinical Developmental Psychology 2006, Vol.1, 85-89.

This case study was support for junior high girl with mild mental handicap disorder and personal maladjustment to the other person. Before intervention, she used to escape the class again and again. At that time she was bad at making good friendship with others, and isolated in the school class. Her academic ability was same as elementary 3 grader, so it was hard to keep adapt to the ordinary class. The goals of her support were as follows. At the first, the handicapped class should be the secure base in her school life, the ordinary class should be her learning place. The proper treatment made her feeling of self-esteem well, and recovering her friendship relation.

【Key Words】　Home base, Social skill training, The secondary disabilities, Self-respect feeling, Self-decision

■コメント

佐竹　真次
山形県立保健医療大学

　本実践報告は，軽度知的障害の中学生が一般学級において不適応を起こしたものの，障害児学級に移行したことによって自尊感情と適応性を回復し，養護学校高等部への進学をもって一応の改善を示した事例である。

　本児は一般学級の中で一部の生徒からいじめを受け，教室からの抜け出し，不登校，昼夜逆転生活，夜間徘徊，非行化などの不適応行動を示すようになった。障害児学級担任である著者が誘いをかけたところ，本児は障害児学級にスムーズに参加し適応した。父親は本児の障害児学級への入級に反対した。障害児学級で特に力を入れたのは，時間の約束を守る，自己選択したことを誠実に実行する，などの社会的スキルの獲得，ならびに，ワープロ，電卓，指編み，毛糸編み，買い物，献立作り，などの実用的スキルの獲得であった。

　本実践の特徴の一つは，障害児学級に元気で登校するわが子の姿を見る中で，反対していた保護者がわが子の障害児学級への措置変更を自発的に申し出，療育手帳の申請を行うまでに変化したことである。そのことが，高等養護学校への現実的な進路選択を促進し，結果的に安定企業への就職を可能にした。その点で，本実践の妥当性は高く評価されてもよいと思われる。

　しかし，今後同種の実践報告を書くとしたら，ぜひ検討していただきたい短所がいくつかあげられる。一つはアセスメントが簡略すぎ，さらに「エスケープ」や「どうでもよい。投げやりな感じ」などのあいまいな言葉を多用している点である。事実を表現するためにできる限りのアセスメントと適切な言葉を選ぶ努力が必要であると思われる。二つ目は，担任や他の教員との連携についての記載がほとんど見られない点である。実際は連携しているのかもしれないが，説明が不十分なために単発的で独善的な実践なのではないかという疑いをもたれる可能性もある。また，もし連携が早期から十分に取れていたら，一般学級内での特別支援の実施が可能となっていたかもしれない。著者が触れているようにシステム構築は重要な問題であるから，担任や他の教員にどのように働きかけたのかを記載する必要がある。三つ目は2002年という時代の古さである。2005年の投稿までにすでに2年が経過しており，その間に特別支援教育の整備に向けた急速な変化が起こっている。読者が本実践報告を読むころには，その情報的価値が減少しているかもしれない。

　しかしながら，対応の難しい保護者との信頼関係づくりに努力しながら，対象児の自尊感情を育成し社会適応性を高め，かつ進学と社会参加に導くことに成功した本実践には，相当の敬意を払いたいと思う。

ADHD児に対する社会的ゲームによる社会性の発達支援
―― 7並ベスクリプトによる「ルール変更の申し出」「理由の言語化」「自己統制力」「相手の意向をきく」行動の指導を通して

中田　ゆかり
高知市立初月小学校

　普通学級に在籍する不注意型ADHDのある小学3年生男児を対象にして，社会性の発達支援を目的に，7並ベスクリプトによって「ルール変更の申し出」「理由の言語化」「自己統制力」「相手の意向をきく」などの指導を行った。指導者と場を共有し，本児自身が取るべき行動について考える中で自己統制力が促進された。また，場面や相手が変化しても指導した内容は生かされた。質問紙による評価では，自己効力感が向上した。保護者や学級担任からの評価も向上がみられ，母親からは「上手に遊んでいる」といった報告がなされた。
【キー・ワード】　ADHD，社会性の発達，スクリプト，自己統制力，自己効力感

問題と目的

　現在通常の学級に在籍するLD・ADHD・高機能自閉症等の児童生徒たちはやがて成長し社会に出て，仕事をしていく。しかし，彼らは，障害の軽重にかかわらず，転職や離職を繰り返すことが多いと言われている。その理由の多くには対人関係上の失敗があげられている。この背景には，周りとのコミュニケーションをとることが苦手なまま，社会性を獲得することができずに，成人したことなどがあると考えられる。

　長崎（2006）は，「社会性とは，個人が，ある文化に参加し，その文化を共有・継承し，さらに新たに発展・創造していくための，自己の個性化と，他者との関係性」と述べ，さらに「社会性の発達」を，「自己の個性化と他者との関係性の深化の過程」ととらえ，深化の過程には既有の文化を背景とした大人からの働きかけが大きな役割を果たすと述べている。

　人と人とのやり取りの中で必要な能力の一つとして，自己統制力がある。自己統制力とは自己主張と自己抑制の二つの能力からなる（柏木，1988）。子どもは，三歳の頃から「思う，考える，知る，期待する，想像する」といった自他の異なる心的状態に言及しはじめる。しかし，このように自我が芽生えても，まだ他者の視点に立って考えることは難しく，たとえ一緒のやりとり遊びが始まっても，各々が自分の思いを一方的に主張するので，すぐに衝突し，結局は別々に遊ぶことになる。しかし，保護者や保育者の賞賛や要求に敏感になってくるとそれを自己の指針として取り入れ，褒められると得意げになり，叱られると落胆することが見られるようになる。また，自分の主張だけでなく，他者の要求にも思いを馳せ，しだいに他者の視点に立って自己の行動を調整するようになる（柏木，1988）。しかし，発達障害児においては自己統制力の問題が指摘されており（バークレー，2000），その支援が課題となっている。

　大人からの言語的働きかけの方法として近年，様々な方法が開発されてきているが，大井（1994）は，「言語指導における自然な方法を志向

する相互作用アプローチ（インリアル），共同行為ルーティン（スクリプト），機会利用型指導法が見られ始めてきた」と述べている。インリアルとスクリプトによる指導は，子どもの言語獲得において大人との伝達的な相互作用が果たす役割に関する研究に立脚しているのに対して，機会利用型指導法は応用行動分析の研究成果に基づいている。自然な方法を志向する背景として，従来の言語指導では非日常的な場面で指導を行っても日常の場面では般化が見られず，子どもの興味関心や経験と関連性の薄い事柄について指導してもあまり意味がないこと，また，非日常的な場面で「よく言えたね」という強化を伴って形成された言語活動は，必ずしも強化が伴わない日常生活の中で維持されることが困難であることが指摘されている。また，言語（語彙・話しことば）が子どもと環境（周囲の大人，子どもおよび物や事柄）との相互交渉によって獲得されることが明らかとなり，社会的文脈において言語を使うという「語用論」の立場からの指摘もなされている（大井，1994）。

　スクリプトによる指導は，ヴィゴツキー(1975)の「発達の最近接領域」理論とブルーナー(1988)の「足場作り」理論が基になっている。ヴィゴツキーの「発達の最近接領域」理論は，子どもの知的発達の水準を二つに分けて考えている。一つは，子どもが独力で問題解決できる発達の水準と，もう一つは，単独では解決できないが他者からの援助により解決できる発達の水準である。この領域を「発達の最近接領域」と呼び他者の働きかけの重要性を指摘している。ブルーナーの「足場作り」理論（文脈の中で文化を手渡し，最後は足場をはずす）は，言語・コミュニケーション発達においては，「イナイ，イナイ，バー」を例に，母親はまず演技者となり，子どもは観客席にいて母親の演技を楽しんでいるが，いつのまにか，子どもは母親と共に舞台で演技し，子どもが気付かないうちに客席に降り，観客になっている。このように母親のとった演技者の役割を子どもに徐々に引き渡していく方略を「役割引き渡しの原理」と呼んだ。ゲームを「足場」にして大人ははじめ非言語的な要素を，そして，徐々に言語的な要素を子どもに引き渡していくことによって子どもはその使い方を学んでいく。「イナイ，イナイ，バー」のようなやり取りの型をルーティンと呼び，このようなルーティンが結合し，知識となったものをスクリプトと言う。このスクリプトが言語の理解や獲得にかかわっていることが指摘されている（長崎，1998）。

　以上のような考えに立ち，本児が指導された内容を家庭や学級で般化していくことができるよう，社会的文脈の設定ができるスクリプトを用いた方法によって指導を行うこととした。

　本研究では，対象児童（以下本児）に対し，通級指導教室で，7並べゲームにおける「ルール変更の申し出」「理由の言語化」「自己統制力」「相手の意向をきく」といった行動の指導を通して，社会性の発達支援を行い，家庭や学級での変化についても評価し，指導方法の妥当性を検討することを目的とした。

方　　法

1．対象児

　本児は，普通学級に在籍し，医師の診断によると不注意型ADHDのある小学3年生の男子であった。WISC-ⅢでFIQ82，VIQ92，PIQ73，K-ABCでは，継時処理能力が同時処理能力より高く，習得度が同時処理能力より高かった。S-M社会能力検査の結果は，SQ78であった。

　学校生活の中での学習場面では，担任の声かけ（注意喚起）や本児の工夫等により，本人は困っていなかった。しかし，休み時間の遊びの場面では，苦手な外遊び（サッカーやドッジボールなどの協調運動が苦手）には参加せず，室内遊びでも友達と一緒に遊んではいるが，自分の意見を押し通そうとし，自分の意見が通らないと独りごとを

言い始めるなどが観察された。

本児は，入学時には一人で遊んでいてもまったく気にせず，同年代の友達を求めてはいなかったが，2年生の後半頃より，友達に興味を持ち，一緒に遊びたがる様子が観察されるようになった。しかし，遊びにおいて自分の思いが通らない時，自傷行為を示す，独りごとを言い出すなど，自己抑制と，自分の思いの表し方（自己主張）すなわち，自己統制力の未熟さがあると考えられた。

2．指導の場所と期間

通級指導教にて，筆者が週に一回，二十分程度，3カ月半指導した。

3．7並べスクリプト

7並べスクリプトは，これから行おうとする行為を予告し，そのための準備をする（設定），スクリプトの中心である7並べをする活動（実行），行った行為を振り返り，後片付けをする（確認）の各成分から構成される。

「7並べ」というゲームでは，一般的に，①カードを配る，②7を出す，③順番を決める，④6と8から順次カードを出す，⑤全てのカードを出す，⑥勝敗の順位を知る，⑦片付けをする，という行為の系列で構成されたスクリプトである。このスクリプトの要素を獲得しながら，それに対応した指導者のことばからその意味や意図を推察し，本児の言語化されない内容を指導者が代弁し，それを本児が模倣するようにし，本児が喜んで参加し，自発的な伝達が頻繁に起こる活動を計画した。

4．指導目標

本児は，自分の都合のよいようにルールを変更しようとする傾向があるため，一緒に遊んでいる他の者に，受け入れてもらえることば（「ルールかえていい」）を指導する。次に，友だちと自己抑制を図ることができるように理由を言うことができる（「僕はもう出す札がないので1から出すようにしていい？」）。さらに，拒否されても再度提案を行い，次回の可能性へと望みを繋ぐことが出来るよう（「まあ，えいわ」「今度は僕の言うことも聞いてよ」）短期目標を設定した。自分のやりたい遊びの提示（「今日は○○して遊びたい。一緒に遊ぼう」「よせて」など）が口頭で言えること，次に，自分の遊びたい遊びを提示したが拒否された場合（「それが終わったら僕の遊びをして」「後で入れてよ」など）が言えること，その次に相手の意向をきく（「何して遊ぶ」）ことを長期目標とした。

短期目標は，自己主張と自己統制を獲得することを目標とし，長期目標は，ただ単に本児だけが，自己主張と自己統制するのではなく，やり取りの中で，他者の心情を読み取り，自己主張をしたり，自己統制をしたりする中で，相手との折り合いのつけ方を学ぶことを目標とした。

5．指導の方法

（1）実行1［指導目標「ルール変更の申し出」］について

7並べのゲームを行う。手持ちの出す札がなくなった場合，いきなり泣いたり，怒り出したりせず，「ルール変えていい？」と一緒に遊んでいる他の者に対して，ルール変更の了解をとることを目標とした。適切な反応がない場合，①時間遅延　②言語的手がかり「何って言ったかな？」③モデル部分指示「ルール……」④モデル全指示「ルール変えていい？」を標的言語行動の習得段階に応じて実施した。

（2）実行2［指導目標「理由を言う」］について

何故，自分はルールを変更してほしいのかの理由（「僕はもう出す札がないので，1から出すようにしていい？」）を言うことを目標とした。適切な反応がない場合，①時間遅延　②言語的手がかり「何って言ったかな？」③モデル部分指示「僕はもう……」④モデル全指示「僕はもう出す札がないので，1から出すようにしていい？」を標的言語行動の習得段階に応じて実施した。

（3）実行3［指導目標「自己統制」］について

ルール変更を申し出ても拒否された場合，「まあ，えいわ」，「今度のは僕の言うこともきいてよ」と言って，次回の可能性へと望みを繋ぐことを目標とした。適切な反応がない場合，①時間遅延　②言語的手がかり「何って言ったかな？」③モデル部分指示「まあ……」④モデル全指示「まあ，えいわ」「今度のは僕の言うこともきいてよ」を標的言語行動の習得段階に応じて実施した。

（4）実行4［指導目標「相手の意向をきく」］について

遊び始める前に「何して遊ぶ？」と相手にきくことを目標とした。適切な反応がない場合，①時間遅延　②言語的手がかり「○○にもきいてほしいな？」③モデル部分指示「何，……」④モデル全指示「何して遊ぶ」を標的言語行動の習得段階に応じて実施した。

6．指導場面以外での変化の評価方法

個別指導の時間を1回20分程度，家庭での遊びの様子（週1回1時間程度），学級の様子（週1回2校時と3校時の間の20分間の休み時間）を介入前（1カ月半），介入中（3カ月半），介入後（1カ月半）の間ビデオ録画し観察した。また，指導の効果を確認するために，介入前，介入中，介入後に，保護者・学級担任に「行動調査質問紙」（小島，2000）の記入を依頼し，「自己効力感尺度」（小島，2001）を評価した。

7．分析方法

（1）通級指導教室の指導場面での変化

ビデオ録画の分析からエピソードを記録した。

（2）家庭での変化

ビデオ録画の分析からエピソードを記録した。また，母親よりエピソードの報告も受けた。

（3）学級での変化

学級での遊びをビデオ録画し，その分析からエピソードを記録した。また，学級担任よりエピソードの報告も受けた。

結　果

1．通級指導教室での指導項目での変化

（1）Ⅰ期［指導1〜6回（実行1・2を行っている時期）］

相手に手持ちの札を見せてしまうなど，ゲーム本来のかけ引きの面白さには気づかず，「ルール変えていい」を連発した。「僕は，負けたくないき，ルール変えていい？」と言ったことに対し，指導者が「確認」のところで「理由を言ってくれたき，訳がよう分かった」という評価を対象児に与えた。しかし，本児自身で理由が言えたかどうかのセルフモニタリングが行えていなかった。

（2）Ⅱ期［指導7〜14回（実行2を行っている時期）］

本児の行動に対してセルフモニタリングができるよう，「確認」のところで本児自身が振り返るように「理由は，言えたかな」と指導者が声をかけた。初めの頃は自分で言えたか否かについては気が付かなかったので指導者より「理由を言うてくれたき，訳がよう分かった」と評価した。10回目以降では相手の持ち札を推測するなど，ゲーム本来のかけ引きの面白さに気づき始め本児もかけ引きを楽しむようになり，11回目以降は，ルールを決めるようになった。

（3）Ⅲ期［指導15〜18回（実行4を行っている時期）］

ルールの変更の申し出については，「あれは，本当はいかんが」というなど，実行3「自己統制」で目標としていたルール変更を申し出て拒否されたことを受け入れることは指導しなくてもよくなった。「ルール変えるのは1回，パスは2回」とルールを決めていたが，しだいに「パスは2回，ルール変えるの無し」に変化していった。

また，この時期には「何して，遊ぶ」などの「相手の意向をきく」ことを目標に設定した。自分のやりたいことは言うが，相手の意向を尋ねることは自発では，表出できなかった。しかし，指

導者が「先生にもきいて」と言うと，それは聞き入れることができ，自分の要求を先にしたり，後にしたりしながらゲームを行った。途中から新しいルールを付け加えることもあったが，これにより，神経衰弱などは面白くなり，指導者も「新しいルールにして面白かった」と評価した。

　(4) 介入後1カ月

「ココタキ」や「リトルゲームニャーニャー」のゲームを本児は好むようになった。途中から，お手つきをした場合カードを3枚取るなど新たなルールを付け加えようとするので，「あれ」と声をかけると要求を引き下げたり，「あっそうそう，そしたら，1枚取るのはどう」ときいたりした。遊びの提案も「前，先生のやったき，今日はぼくの」など理由を言うようになった。

2．家庭での変化

　(1) Ⅰ期 [指導1～6回（実行1・2を行っている時期）]

7並べをするが，ルールを知らない者が2名いた。他にも順番を抜かす者がいた。出すカードが無くて困っているK君に対し「困った時はルール変えていいってきくが」と友達にも勧めた。

　(2) Ⅱ期 [指導7～14回（実行2を行っている時期）]

ルールを決めずに7並べをやり始め，O君が「次の人」とパスを申し出たのに答えて「パスは2回」と決めた。O君はパスを2回使った後も出すカードがなく「ルール変えていい？」ときくが却下した。しかし「誰か4出して下さい」の要求は受け入れた。

　(3) Ⅲ期 [指導15～18回（実行4を行っている時期）]

ババ抜きをしていた時，Z君が「ルールを変えてください」と言ったことに対し，ババを引く可能性があると忠告されるが，申し出を受け入れた。しかし，Z君は負けてしまい，「ルールを変えてもらった意味がねえ」と言い，皆で笑ってゲームを終了した。

「このごろ，上手に遊びゆう」の報告を母親から受けた。

ジジ抜きをしている途中，「負けたら罰ゲーム，フラダンスを踊ります」と罰ゲームを付け加えようとするので「あれ」と声をかけると，ルール変更の時は申し出て了解を得ることに気付き訂正した。

　(4) 介入後1カ月

トランプのゲームなどは本来のルールに沿って行われ，新しいルールが加わることはなかった。母親より「このごろ，すごく偉そうにものを言う」と報告を受けた。

3．学級での変化

　(1) Ⅰ期 [指導1～6回（実行1・2を行っている時期）]

運動場で，友達とボール当てをしていた。何度か当てようとするが当たらないとその場から無言でいなくなり，その後，鉄棒で独り遊んでいた。

　(2) Ⅱ期 [指導7～14回（実行2を行っている時期）]

運動場で，よく遊ぶS君とボールの当てっこをしていた。ルールは決めていなくても適度な距離を保ちながら遊んでいたが，途中から時々遊ぶK君が加わった。K君は，本児やS君を狙う時は極めて近い距離にまで近づき，逃げる時は姿が見えなくなるぐらいまで遠くに行った。K君の投げたボールが本児の顔面に当たった。この後，移動可能な範囲（走って範囲を示す）を決めて遊ぶようにした。

　(3) Ⅲ期 [指導15～18回（実行4を行っている時期）]

ジャングルジムで友達4人とボールの当てっこをしていた。Y君が「仲間に入りたいが本児がいるならしない」と言ったことに対し，「そんな事言うき嫌なが」とやり返した。別の友達が「Y君，ボール鬼やるで」での声がけでY君も本児と共に遊んだ。

運動場でサッカーをするようになった。守る

役, 攻める役を決めて遊んだ。以前,「下手」と言われそれ以来しようとしなかったが, 一緒に遊んでいる友達も同程度の運動能力で揶揄されることは無いので安心して遊んでいた。

担任より「以前は, 母親から『宿題のやり方が分からないので教えてほしい』とよく電話がかかっていたが, このごろ本児が, 自ら宿題のやり方を尋ねてから帰宅するようになったので, 母親からの電話がなくなった」と報告を受けた。

（4）介入後1カ月

運動場でサッカーをした。自分から誘うことは無いが誘われれば一緒にしていた。

縄跳びあそびも3, 4人で練習していた。

4. 行動調査質問紙での変化

保護者・学級担任に実施した「行動調査質問紙」や本児に実施したによる評価をグラフで示し

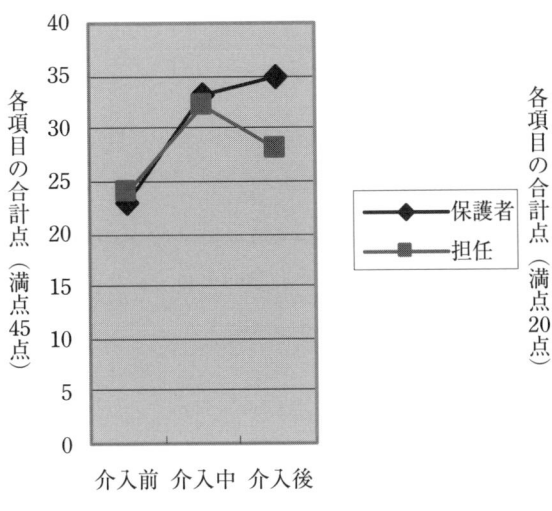

図1 「行動調査質問紙」における 拒否・強い拒否（自己主張面）

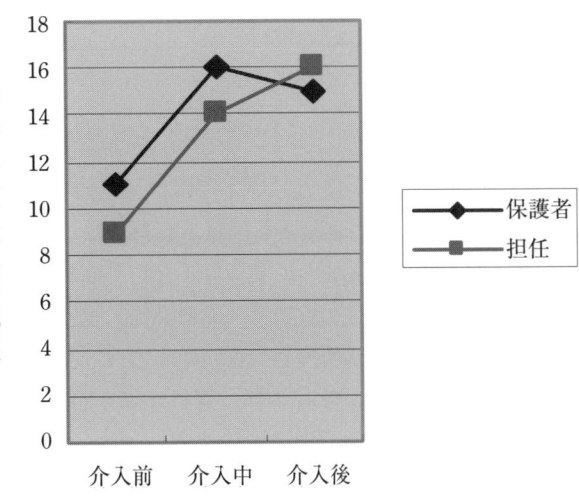

図2 「行動調査質問紙」における 友人への積極性（自己主張面）

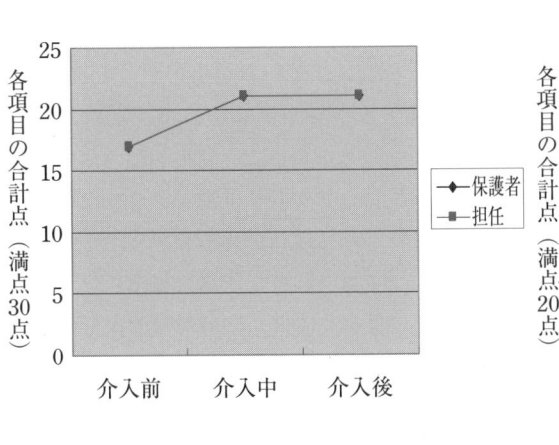

図3 「行動調査質問紙」における他者との協調性（自己抑制面）

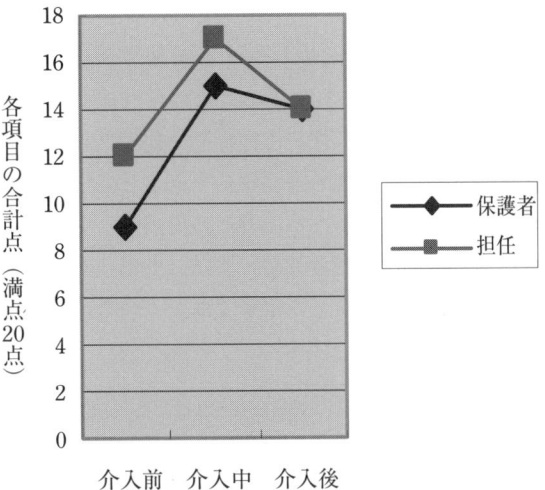

図4 「行動調査質問紙」における感情抑制（自己抑制面）

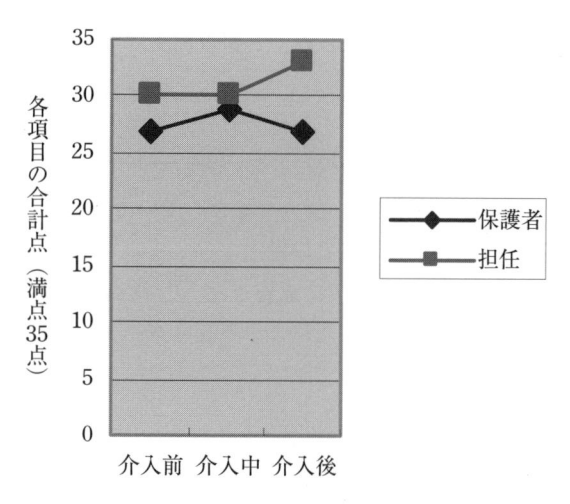

図5 「行動調査質問紙」における規則への従順
（自己抑制面）

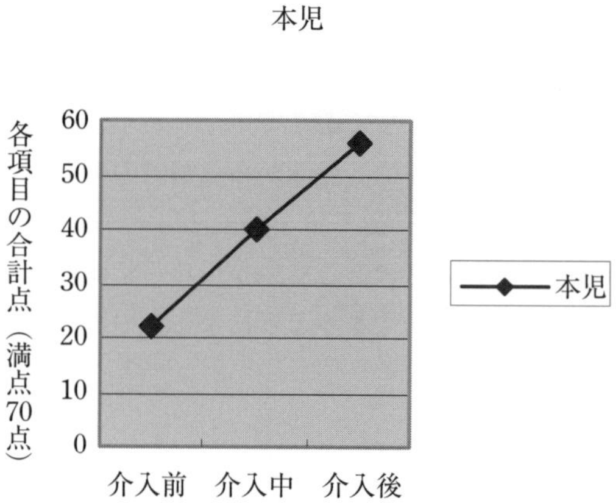

図6 自己効力間尺度における自己効力感

た（図1～図6）。「行動調査質問紙」は自己主張面（能動性・拒否・友人への積極性）と自己抑制面（待機行動・他者との協調性・感情抑制・規則の従順）から成り，感情抑制の質問の中には，今回の指導と関係している「仲間と意見が違う時，相手の意見を受け入れられる」がある。「自己効力感尺度」には「難しいことでも最後までがんばる」という項目がある。一つの質問への配点は最高で5点であり，項目ごとの質問数が違い満点の点数は違うため，グラフの最高得点をグラフの縦軸に示した。

保護者・学級担任に実施した「行動調査質問紙」の結果によると，それぞれの中項目（能動性・拒否・友人への積極性・待機行動・他者との協調性・感情抑制・規則への従順）で向上しているが，特に友人への積極性と他者との協調性，感情抑制の面での伸びが見られた。また，本児に実施した「自己効力感尺度」の結果では介入後も伸びが見られた。

考　察

普通学級に在籍する不注意型ADHDのある小学3年生男児の自己統制力の発達支援を目的にし，社会的文脈の設定ができる社会的ゲームスクリプトの7並べを用い，「ルール変更の申し出」「理由の言語化」「相手の意向をきく」などを指導した。

本児は指導開始時，負けそうになると，自分に都合のよいルールを主張していたが，「ルール変えていい？」といった提案をする方法によって介入を行った。本児は「ルール変更の理由」を言語化していく過程で，本児は相手の持ち札を推測し，「○を出すと，先生の勝ち」や「自分も罠をしかけた」などの表現ができるようになった。

このような変化が可能になった要因については，以下のように考えられる。本児にとって取り組みやすいトランプゲームを用いたことにより，①参加に対する不安が少なかった。②繰り返しゲームを行うことができた。7並べというゲームを用いたことで，やり取り行動が決まった手順で行われるため，③見通しが持ちやすく，④指導者側からのことばがけに対し注意を集中しやすかった。標的としたことばは，社会規範的なものではなく，⑤本児にも彼を取巻く仲間関係の中でも受け入れやすいものであった。本児にも受け入れやすいことばであったため，⑥他者の心の理解や社会的規範について考える余裕ができた。また，本児にとって⑦自己抑制と自己主張の適度な葛藤が

起きる場を提供しやすかった。ルールを変更することにより⑧遊びが変化し皆でその変化を楽しむことができた。そして何よりも，⑨指導者も本児と共にゲームを楽しむことができた。

また，本児自身がゲーム本来のかけ引きの面白さに気付き，自分が勝ちたいために，ルールを変更してもらう理由を言語化していく中で，自分が仕掛けた罠と同じような罠を先生も仕掛けている事に気づき，他者の心情や社会的規範の意味に気づき，自己抑制を図っていったと考えられる。

指導場面以外でも，介入当初，本児は友達に，ルール変更を勧めていた。しかし，新しいルールの追加の際は，相手の了解を得ることが必要なことに気付き，ボールの当てっこでは，移動可能な範囲を決めて遊ぶなど，ルールを決めて遊ぶようになった。また，担任に対しても，宿題のやり方を聞くなど積極的になった。

このような，指導場面以外での変化の要因について，以下のように考えられる。社会的文脈の設定ができるスクリプトによる指導を行ったことにより，⑩遊ぶ場面や相手が変化しても，通級指導教室での指導をもとに，トランプゲームやボールの当てっこをする中で，社会的規範や相手の意向を考えられる様になった。⑪周りからの指摘に対しても，諦めるなど他者との協調性が育っていった。また，仲間だけが分かる「ルール変えてもらった意味がねえ」というセリフを使ったことや，そのセリフで仲間が笑ったことなどによっても，⑫仲間の一人としての実感（仲間意識）が高まった。⑬指導者からは賞賛を受け，母親からも「遊び方が上手になった」と誉められ，友達にも認められることを繰り返し，自己効力感は向上し，感情を抑制し，友達への積極性は増した。

以上のことから本児が勝ちたいという自己主張をまずは指導者に対して示し，その理由を言語化する中で他者の心情について考えられる様になったといえよう。そして，対人的行動として許容される範囲内で遊びのルールを決めるようになっていった。次に，仲間関係の中で，他者の心の理解と既存の社会規範と照らし合わせ，自己抑制を図り，相手とのやり取りの中で折り合い（自己統制）をつけていくようになり，実行3［指導目標「自己統制」］は，あえて，指導をしなくてもよくなっていったと考えられる。

本児の自己効力感は，指導者の考える本児の自己効力感より，点数が高い傾向にあった。これは，自己認識の弱さと考えることができよう。母親に対して偉そうなことを言うこと，保護者・学級担任に実施した「行動調査質問紙」の結果（介入後一ヶ月各項目の合計点が下降）のことを併せて考えてみると，今後とも，本児を励まし，自己認識を高める支援が必要である。

以上のように，指導期間内に自己統制力の変化が認められ，社会的ゲームを用いた社会性の発達支援の可能性を示唆したといえる。しかし，本児は本指導以外にも様々な経験や指導を受けており，本指導の効果が限定的である可能性もあり，今後は他の経験や指導の関係についても検討する必要がある。

文　献

バークレー，R. A. 海輪由香子（訳）．(2000)．バークレー先生の「ADHDのすべて」．東京：ヴォイス出版．

ブルーナー，J. S. 寺田　晃・本郷一夫（訳）．(1988)．乳幼児の話しことば．東京：新曜社．

柏木惠子．(1988)．幼児期における「自己」の発達．東京：東京大学出版会．

小島道生．(2000)．ダウン症の自己制御機能に関する研究．特殊教育学研究, 37(4), 37-48.

小島道生．(2001)．青年期ダウン症の自己制御機能と自己効力感の関係．心身障害学研究, 25, 23-24.

長崎　勤 (1998)．コミュニケーション・ことばの獲得における文脈の役割．長崎　勤・佐竹真次・宮﨑　眞・関戸英紀（編著），スクリプトによるコミュニケーション指導 (pp.3-14)．東京：川島書店．

長崎　勤 (2006)．社会性の発達とその障害．長崎　勤・宮﨑　眞・佐竹真次・関戸英紀・中村　晋（編著），スクリプトによる社会的スキル発達支援 (pp.3-22)．東京：川島書店．

大井　学．(1994)．子どもの言語発達における自然な方法・相互作用アプローチと伝達場面設定型指導，および環境言語指導．*聴能言語学研究*, **11**(1), 1-15.

ヴィゴツキー, L. S. 柴田義松・森岡修一（訳）．(1975)．*子どもの知的発達と教授*．東京：明治図書．

謝辞

　本研究に協力していただき，論文発表も快く承諾してくださった子どもたちと保護者，および在籍校の先生方に，あわせてお礼を申し上げます。

Yukari, Nakata, **Developmental support for sociability in ADHD children using social games : Intervention for "requesting rule changes", "verbalization of reasons", "self-regulation", and "asking the intention of others" using seven array scripts.** Japanese Journal of Clinical Developmental Psychology 2008, Vol.3, 60-68.

As support for the development of sociability of an elementary school grade 3 boy with inattentive type ADHD attending regular classes, intervention for "requesting rule changes," "verbalization of reasons," "self-regulation", and "asking the intention of others" was given using seven array scripts. An instructor and locale was provided, and the student's ability toward self-regulation was developed by having the student think about how he should behave. The contents of the intervention were applied even when the situations and counterparts changed. In an assessment using a questionnaire form, self-efficacy improved. Assessments by guardians and homeroom teacher improved, and the mother reported that "he is handling himself well during play."

【Key Words】　ADHD, Development of sociability, Script, Self-regulation, Self-efficacy

■コメント

長崎　勤
筑波大学

　本研究は，普通学級に在籍する小学3年生のADHD児に対して，ADHD児の発達課題といえる自己統制力を中心にした支援を行った事例報告である。「自己統制力の支援」というと茫漠としていて，途方もなく難しく感じてしまう。しかし，著者は子どもたちにも身近な，「7並べゲーム」を構造化し（スクリプト化し），ゲームの要素に「ルール変更の申し出」，「理由の言語化」，「自己統制力」，「相手の意向をきく」などの指導目標を設定し，指導を行った。その結果，ルールの変更の申し出をし，その理由を述べるなどの指導によって，自分から，「あれは，本当はいかんが」等と言えるようになり，自己統制について自ら気づくことが可能になっており，その過程が興味深い。

　自己統制力の必要性は様々な文献等でも指摘されているが，具体的な支援方法について記されたものは少ない。またあったとしても，自己抑制などを直接的に教えようとするものも多い。しかし，重要なのは，自己統制ということについて，本研究でのように，自ら気づく力をどう育てるかであろう。そうすることによって，他の様々な場面での応用も可能になってゆく。

　ただ，本研究でのこれらの指導経過が，結果ではおおまかなエピソードによって記述されているのみであったことは残念であった。頻度データ（例えば，ある指導目標に対しての段階的な援助の比率の変化など），あるいは，もう少し詳細なエピソードデータ（他児や指導者との相互交渉や会話の記述など）によって記述されていれば，指導経過の信頼性はより高まったものと思われる。本指導では，介入前，介入中，介入後での質問紙によって，能動性，拒否，友人への積極性などの変化を確認している。このような客観的な指標によって指導前後の変化を追うことは意義が高いが，指導経過に対してもこのような客観性（何人かが見ても，確かにその通りだ，といえるデータの呈示）があれば本研究に一段と厚みを加えられるであろう。

　先述したように「客観性」とは量的なデータをいうのみではない。エピソードデータといった質的なデータも客観的なデータといえる。

　現在，社会性の支援の必要性が様々な方面で指摘されており，量的なデータと質的なデータをうまく組み合わせた事例研究が今後必要とされるであろう。今後の筆者の研究の発展を期待したい。

視覚障害と重度知的障害を併せもつ
重複障害児における要求および拒否発語の指導

松田　幸恵　　宮﨑　眞
岩手大学大学院　　岩手大学

　本実践研究は，視覚障害と重度知的障害を併せもつ重複障害児にコミュニュケーションを指導する中で対人行動全般の発達を促すことを目的とした。まず歌遊びの中で要求発語を促し，次に手遊びの中で要求および拒否発語を促した。この指導の結果，生活の中で対人行動全般が促された。
　【キー・ワード】　重度重複障害，人との関わり，コミュニュケーション行動，要求発語，拒否発語

問題と目的

　担当した当初，視覚障害と重度知的障害を併せもつ重複障害女児（以下A児と略す）は，自宅の部屋に一人で寝かせられていることがほとんどで，通院以外は外出することもなく，両腕を首の後ろに回したり，自己刺激（眼球を押す）をして過ごしていた。

　家庭と病院だけという生活を送ってきたA児には，経験の不足が伺えた。さらに視覚障害からくる視覚情報の不足から，他者からの働きかけや新奇な物に触れることに過度の驚きや不安の表情や態度を表した。自己刺激をして過ごしていることが多く大人が働きかけると拒絶する表情や態度を示し，更に働きかけを繰り返すとたたいたり，ひっかいたりして抵抗をすることが度々見られた。

　これらのことから，1）探索行動（物への関心を高めること）と2）コミュニュケーション（人への関心を高めること）が，優先順位の高い課題であると考えられた。実際の指導ではこの2つの発達支援を同時に行ったが，本研究ではコミュニュケーションの指導に絞り報告を行うこととした。

　重度知的障害のある子どもでは，発話媒介行為段階から意図的に伝達を行う発話内行為段階への到達に困難があり，伝達行為が相手に影響を与えるという認識が育たないと考えられる（長崎・小野里，1996）。発話内行為段階に未だいたらないA児の発達課題は，自己の発声身振りが相手に影響を与えることを繰り返し経験し相手に影響を与えることを習得することである。

　長崎・小野里（1996）は，自己の目的のために他者を動かす実用的，実際的な発話行為として要求発語があると述べているが，自己の伝達行為が相手に与える経験としてまず要求発語の指導が必要であると考える。

　また，長崎・小野里（1996）は，1歳半ごろから他者に対して行為を要求することが活発になり，次に日常生活のルーティンを自ら主導するようになると要求発語だけでなく自己主張や拒否が頻繁に見られるようになるとしている。

　この知見を参考にすると要求発語を中心としたコミュニュケーションの指導を2年間行い他者への働きかけが活発になったA児に，自己主張・拒否発語を指導することで更に対人行動の発達が促されると考えた。

　視覚障害のある子どものコミュニュケーション支援について，河合（2002）はことばの裏づけとなる的確な概念やイメージを獲得させることが重

要と指摘している。したがって，A児のイメージしやすいコミュニュケーション機会を授業場面で設け繰り返し指導することとした。

以上のことから，本実践研究は視覚障害と重度知的障害を併せ持つA児に要求および拒否発語を順番に指導し，対人行動全般の発達を促すことを目的とする。

方　法

1．対象児

県立養護学校小学部5年女児（訪問学級）。家族構成は父，母，兄，A児，弟，祖父，祖母，曾祖母の8名である。

障害は視覚障害と知的発達障害の他多発性嚢胞腎，慢性腎不全，左股関節脱臼がある。また，慢性腎不全のため腹膜透析（一日4回）を受けている。抗てんかん薬等他6種類の栄養剤等を服用している。食事は，経管栄養。日中一人で過ごし生活リズムが定まらないために，昼夜逆転になることが多い。

2．指導期間・計画

本指導は指導Ⅰ（200X年4月～200X+2年3月）および指導Ⅱ（200X+2年4月～200X+2年8月）から構成された。

3．アセスメント

1）行動観察

（1）運動・操作

①広い部屋にいると，一人で寝返りしたりしながら移動し部屋中をぐるぐる移動している。

②立位はとらず，あぐら座りができる。いすにも座るがずり落ちる。

③手の操作は物を握り，放すことができる。

（2）感覚・認知

①光を感じ，まぶしがるようなしぐさも見られるので，光覚レベルと推定される。

②音や雰囲気を感じ，笑い声が聞こえると一緒に笑うなど，音や声に敏感に応答する。

③手のひらで物を触り探ることができるが，新奇な物を触れさせると引っ込める。やわらかい感触は好きだが，ザラザラした物は嫌がる。

④「鼻はどこ」や「耳はどこ」と尋ねると，自分の鼻や耳を手で触れて，応答することができ話し言葉を理解している。

（3）コミュニケーション

①泣いているときに音楽をかけると泣きやむことがある。

②夜，目を覚ますと大声を出して人を呼ぶことがある。

③話しかけた人の膝に手を伸ばして，かるくたたいたりする。

④機嫌の悪いときは，周囲の物や自分をたたいたり，鼻のチューブをひっぱったり，側にいる人をひっかくことがある。

⑤名前を呼ぶと，「アッ」と返事をすることができる。

（4）好きなこと

①楽器の音でなく，ピアノの演奏やCD等のメロディーのある音楽を好む。

②昔話を好み，リズムのある台詞回し「おむすびコロリン，コロリンコ」になると，「ケケケ」と声を出して笑う。

2）津守・稲毛式乳幼児精神発達診断法（200X年4月実施）

生活年齢　7:1　発達年齢　0:5　運動　0:8
探索　0:4　社会　0:6　理解・言語　0:10
食事については，経管栄養のため測定不能。

その他の領域は0:4～0:10ヶ月となっており，重度の発達障害がみられる。

行動観察と津守・乳幼児精神発達診断法（津守稲毛式診断法と以下略す）を比べると，行動観察で高い発達が部分的にみられた。これは津守稲毛式診断法では視覚障害や経管栄養などのA児の特性によって通過できない項目がある結果であると考えられる。

3）総合所見

視覚障害と知的障害に加えて，長期入院と日中

一人で過ごしている等の対人的および対物的環境要因が発達を阻害していると考えられる。しかし，行動観察からは聴覚的な刺激の反応が良好で，興味ある物や活動を中心として支援を行うことで全ての領域において発達が促されると考えられる。

4．指導目標および仮説

1）指導Ⅰ

指導目標は要求発語（「うん」「おうた」）とし，指導仮説は「音楽がとても好きなので大好きな歌を途中で中断すると，「うん」「おうた」と言って要求するようになるだろう」とした。

2）指導Ⅱ

指導目標は拒否発語（首を振る「いや」）とし，指導仮説として「大好きな手遊びをしているときに時々違和感のあるものを手のひらにあてると，首を振り「いや」と拒否発語をするだろう」とした。

指　導　Ⅰ

1．指導手続き

今月の歌を教師が伴奏をしながら歌う。この活動の台本は次の通りである。

①「お歌を歌いますか」（教師）
<u>「うん」</u>（A女児）
②「4月のお歌を歌いますか？」
<u>「うん」</u>（A女児）→（4月の歌を聴く）
③「もっと歌いますか。」（教師）
<u>「うん」</u>（A女児）
この流れで12曲の歌を歌う。
※要求発語は下線

2．記　録

逸話的記録法によりコミュニュケーション行動を記録した。家庭での様子は曾祖母や保護者より話を聞いた。

3．指導Ⅰの結果

指導当初教師はA児と人間関係を作るため声をかけたり手に触れたりすると，自己刺激行動を妨げられ不機嫌になり手を引っ掻いたりした。1年次の最後には，始めの歌や好みの曲を聞くと笑顔がみられた。本を読み始めると，すぐに静かになって聴く態勢になった。授業終了後には，終わりたくないと泣き出す様子も見られた。2年次になると授業中に度々「おうたっ」「おうたっ」と繰り返し歌を要求するようになった。今月の歌で，もっと歌を聞きたいか尋ねると「うんっ」と返事をするようになった。メロディー絵本の曲が終わった時，手を前にかざして，一緒にボタンを押して欲しいと要求するようになった。

訪問教育開始数ヶ月後，部屋に一人でいるとき，かかわって欲しいと泣くようになったと父親はA児の対人行動の変化を報告している。

指　導　Ⅱ

1．指導手続き

毎回5回手遊び（一本橋こちょこちょ）を行い，その中で2回たわしで手のひらをくすぐる。必要に応じてプロンプトを行った。プロンプトは，①身体介助プロンプト（両手で頭を持って左右に振る）②マンドモデル（「いやなの？」とたずねる）③時間遅延（くすぐった後3秒，A児の反応を待つ）であった。

活動の台本は以下の通りである。

①「一本橋こちょこちょやる？」（教師）
<u>「うん」</u>（A児）
②「一本橋こちょこちょやる？」
<u>「うん」</u>（教師）
③「一本橋こちょこちょやる？」（教師）
<u>「うん」</u>（A児）
⑤「ごしごし　やる？」
（たわしで手のひらをくすぐる）（教師）
<u>「頭を左右にふる」</u>（A児）
⑥「ごしごし　やる？」
（たわしで手のひらをくすぐる）（教師）
<u>「頭を左右にふる」</u>（A児）
※要求発語は下線・拒否発語は二重線

2．記　録

指導者は，①標的行動を正反応②プロンプトあ

り正反応③プロンプトあり誤反応・無反応に区分した。

3．指導Ⅱの結果
1）拒否の身振り（首を振る）

手遊びを3回連続して行い4回目を期待していたときに，たわしで手のひらをくすぐると，どうしたのかな？といった表情がみられた。また，手をひっこめたりする様子もみられた（第1～4試行）。第5試行から身体介助のプロンプトとして，教師が両手でA児の頭を左右に振るとこらえきれず笑い，かかわり合いを楽しんでいる様子が見られた（第5～8試行）。第9試行からは「いやなの？」と声をかけたり，時間遅延を行った。A児が首を振った時に拍手をして誉めると，笑顔がみられた（9～14試行）。第15試行からたわしが手に触れると，自発的に首を振っていやいやをする身振りが見られるようになった（第15～21試行）。

拒否の身振りは連続7試行正反応であり，次に身振りと発語「いや」の指導を始めることにした。

2）拒否発語（首を振って「いや」）

「いやなの？」と尋ねると首を振った（第22～35試行）。第36試行からはたわしが手に触れると，首を振って「いや」という発声が聞かれた（第36～46試行）。教師の「いやなの？」という問いかけを模倣し，拒否発語を習得したと考えられる。

第47試行以降は，手遊びを5試行うなかでたわしでくすぐる順番を変えたり，手あそびの曲を変えて行った。また，くすぐる物をたわしから筆に替えて行った。これらの場合も同じく首を振って「いや」という拒否がみられた。

授業以外の場面では，のどを潤すために水を口にふくませると以前は手をひっかいたが，最近は首を振ったり「いや」というようになったという話を父親から聞いた。

まとめと課題

要求発語に関して，2年4ヶ月の指導の結果，教師の声が聞こえると「おうたっ」と言って歌を要求するようになった。また今月の歌のとき，歌を止めるか続けて聴くかを質問しA児に選ばせる場面をつくった。曲が終わって「もっと聴く？」の問いかけに「うんっ」と応答をするようになった。名前を呼んだり話しかけると「うんっ」と返事を返す様子も見られるようになった。相手にして欲しいときに，手を前にかざす動作も見られるようになった。

拒否発語に関して，嫌なときに首を振ったり「いや」と言うことが増えた。それにともなって人をひっかいたり，たたいたりすることが少なくなったという報告を家族から受けている。以前は一人で自宅の部屋に寝かされていても自己刺激等にふけって大人の働きかけに無関心であったが，今では寂しがって大きな声を上げたり泣き出したりして人を呼ぶようになってきた。また手遊びをして欲しくて，家族の手を持ってなかなか放さないという話も聞く。以上のことから本指導により要求および拒否発語を習得しそれに伴い日常生活において自己刺激行動に没頭することが減り，人に対して要求や関心を示すようになったと考えられる。

長崎・小野里（1996）は，重度知的障害のある子どもでは自己の伝達行為が相手に影響を与えるという認識を持つことが難しいと述べている。そこで本研究では要求発語について『大好きな歌を途中で中断すると，「うん」「おうた」と言って要求するようになるだろう』という仮説をたて指導を行った。その結果，仮説のとおり要求発語を促進することができた。長沢・森島（1992）は好きな物品を手の届かない場所に置き要求発語を促す手続きをとったが，本実践研究では手遊びを開始する前に間を入れ，要求を促す手続きを行ったことにより要求発語が促された。いずれにしても，

好きな物・遊びを要求する機会を設定し，対象となる子どもが要求行動を行った後，好きな物・遊びを提供することが大切であると考えられる。

次に他者に対して歌を要求することが活発になったA児に，『大好きな手遊びをしているときに時々違和感のあるものを手のひらにあてると，首を振り「いや」と拒否発語をするだろう』という仮説を立てて指導を行った。その結果「いや」と発話ができるようになった。このように，好きな遊びを繰り返す中で次の活動に対する期待が育った後，期待に反する機会を設定することをハプニングと呼ぶことがある（Kaiser, 1993）。これは比較的容易に拒否発語を促すことができる指導手続きであると考えられる。本実践研究のように，要求発語の指導と合わせて指導することは，初期のコミュニケーション指導の一つのアプローチであると考えられる。

長崎・小野里（1996）が1歳半頃から要求発語が活発になり日常生活ルーティンを主導するようになると他者に対して自己主張や拒否が頻繁に見られるようになると述べている。本実践研究では，要求発語の習得の後の拒否発語は，自己主張であり要求発語と併せ自己の伝達行為が相手に影響を与える経験となると考えた。発達的な観点からも，要求発語と拒否発語の指導は妥当性があると考えられる。

視覚障害に関連して河合（2002）がことばの裏づけとなる的確な概念やイメージを獲得させることが重要と指摘している。本実践研究は，要求をすると大好きな歌を聴くことができるという単純な設定であり，河合の指摘したイメージしやすい場面設定であったと考えられる。

今後も，要求やことばを使用せざるを得ない状況を設定し，相互的関わり合いの中から，要求伝達行為をさらに促していきたい。

文 献

引用文献

Kaiser, A. P. (1993). Functional language. In M. E. Snell (Ed.), *Instructin of students with severe disagilities* (pp.347-379). New York : Macmillan.

河合 康. (2002). 視覚障害児（者）の理解と指導. 石部元雄・柳本雄次（編），*ノーマライゼーション時代における障害学* (pp.49-57). 東京 : 福村出版.

長崎 勤・小野里美帆. (1996). *コミュニュケーションの発達と指導プログラム*. 東京 : 日本文化科学社.

長沢正樹・森島 慧. (1992). 機能的言語指導法による自閉症児の要求言語行動の獲得. *特殊教育学研究*, 29(4), 77-81.

参考文献

加藤哲文. (1997). コミュニュケーション行動を形成するための基礎的・応用的指導技法. 山本淳一（編），*応用行動分析学入門* (pp.112-113). 東京 : 学苑社.

細川さおり. (2002). 障害児（者）をとりまく環境. 石部元雄・柳本雄次（編），*ノーマライゼーション時代における障害学* (pp.205-217). 東京 : 福村出版.

Yukie, Matsuda, Makoto, Miyazaki, **Instruction for children with multiple disabilities including impaired sight and serious mental retardation in voicing requests and refusals.** Japanese Journal of Clinical Developmental Psychology 2008, Vol.3, 70-74.

The goal of this hands-on research is to promote the development of overall interpersonal behavior by providing communication instruction for children with multiple disabilities including impaired sight and serious mental retardation. First, voicing requests during singing games, followed by the voicing of requests and refusals during hand games is promoted. As a result of this instruction, overall interpersonal behavior is promoted in daily living.

【Key Words】 Serious multiple disabilities, Interrelations with people, Communication behavior, Voicing requests, Voicing refusals

■コメント

内田　芳夫
鹿児島大学

　松田論文は，視覚障害と知的障害を併せもつ重複障害児に対する事例研究である。特に，発話行為に焦点を当てた指導である。論文のコメントを以下に述べる。
　1）津守・稲毛式乳幼児精神発達診断法によれば，発達年齢が乳児期前半であり，指導目標である発話の指導は子どもにとって負荷が大きいように思われた。しかし，松田らは，一語文発話が可能であろうという仮説を立て指導を試みた結果，要求や拒否の発話が出現した。日常生活でも，Yes／Noの分化反応が見られ，他者とのコミュニケーション拡大の基盤が形成できた点で意義ある実践報告である。しかし，この仮説の妥当性を論じる時，発達診断や行動観察において，どの項目が通過しているのか，障害特性によって，どの項目が通過困難と判断したのか等について，詳細な記述と考察を要すると思われる。
　2）眼球を押す自己刺激的行動（ブラインデイズム）が減少し，他者への関心が高まり発声による自発的行動が増加した理由として，松田らが，子どもに対して探索活動や他者へのかかわりを豊かに設定し，また，一種の「問題行動」を発達要求として読み取り，自己と他者，自己と物（二項関係）から，人を媒介に物と，物を媒介に人とかかわる三項関係の世界を誘う丁寧な指導を展開したことが挙げられる。
　3）視覚障害児は一般に，現実的裏づけのないバーバリズム（verbalism）の傾向が強いことが知られている。松田らは，対象児の聴覚反応の良好さを支援の手がかりに実践を試みているが，視覚障害による感覚補償の結果，聴覚優位の世界が形成されたとも考えられる。一般的に，子どもの優れた感覚を活用することには異論はないが，バーバリズムの問題を考えるならば，実物を媒介とした言語指導，とりわけ，触覚訓練と密接に結びついた支援，例えば，スベスベ／ザラザラの分化反応を促進するような指導が必要であり，その結果として，ことばの裏づけとなる的確な概念やイメージ形成が獲得されると考えられる。

社会的ゲーム型共同行為ルーティンを用いた
コミュニケーション発達支援の試み
―― 知的障害特別支援学級での伝承遊びによる小集団指導を通して

大槻　美智子　　　　吉井　勘人
千葉県香取市立佐原小学校　　筑波大学附属大塚特別支援学校

　本研究は，知的障害があり，他児とかかわることが苦手な児童に対する日常生活の文脈の共有による，生活の中で活かせるやりとりを目指した指導の妥当性について検討することを目的とした。具体的には，小学校知的障害特別支援学級在籍児童へのコミュニケーション発達支援として，伝承遊びを用いて「社会的ゲーム型共同行為ルーティン」を設定し，児童のルーティン理解と表出に対して段階的な支援を行った。その結果役割理解が進み，それに伴って言語表出が可能になった。ゲームの理解が進む中でアドリブでのやり取りを楽しむ姿も見られるようになった。また，ルール理解も進むことでより多くの友だちと活動することが可能となった。これらのことから，小学校低学年の児童への，初期のコミュニケーション発達支援の可能性について考察した。
【キー・ワード】　コミュニケーション発達支援，スクリプト，自立活動

問題と目的

　コミュニケーションに困難を示す子どもにとって，出来事に関する一定の順序や規則性を持つ文脈＝スクリプトは，コミュニケーションを生起しやすくすると考えられている（Bruner, 1983；Nelson, 1985）。これらの知見を背景に，スクリプトに沿い対人交渉を含んだ共同行為ルーティンを用いたコミュニケーション指導の試みがなされてきている。吉村・長崎（1994）は，ダウン症児に社会的ゲーム型共同行為ルーティン「あぶくたったにえたった」ルーティン指導を行い，対象児のコミュニケーション能力を高め，言語理解と表出の高次化を促したことを報告している。
　本研究では先行研究での成果に基づき，知的障害特別支援学級（以下知的障害学級とする）において他児とのかかわりに困難を示す児童に，ルール遊びの1つである「鬼ごっこ」の変形「あぶくたったにえたった」ルーティンと「だるまさんがころんだ」ルーティンを用いた自立活動の指導を行った。そして，ルーティンにおける役割の理解，言語表出，他児とのやりとりの変化，ルールの理解の変化から，指導方法の妥当性について検討することを目的とした。

方　　法

1．対象児
　男児：指導開始時のCA：7歳1か月（小学校2年生），小学校知的障害特別支援学級に在籍。
2．初期評価の結果
　1）WISC-Ⅲ（FIQ61，VIQ70，PIQ60）
　2）ITPA 言語学習能力検査（PLA4歳0か月，CA7歳0か月の時）
　3）絵画語い発達検査（VA3歳8か月，SS1，CA6歳0か月の時）
　4）行動観察
　個別の場面では，経験があり自分の興味あることであれば思ったことを1～2語文で話すことが

できる。教師が話しかけると，生活経験から理解できることは答えることもある。理解できないと話題転換してしまう。うまく言えないと動作で表現するなど，コミュニケーション意欲はあるが表現の仕方に戸惑っている様子が見られる。

学級の友だちとのかかわりでは，入学当初は友だちの中にいることができない状態であったが，2年生になり同年齢の子どもの中に混ざって平行遊びができるようになった。しかし，かかわり合って遊ぶことは少人数の友だちの中でも難しかった。

知的障害学級での会話の場面では，自分の興味あることを友だちより先に教師に伝えようとする。興味や経験のないことになると，話を聞かずに離席することが多い。交流学級では，授業場面で挙手をして「楽しかったです」など発表はできるが，自由に話すことができる場面でも自分から話しかけることはない。活動は，個別に支援が必要であるが他児を見ながら参加できる。

3．指導目標

本児の実態から，学校生活に子どもどうしで一緒に遊ぶ場面を設定し，遊びを繰り返し行い，他児とのかかわり方について支援することで，他児とコミュニケーションを成立させることが可能であろうと考えられた。

特に「あぶくたったにえたった」遊びは誰もがやったことのある伝承遊びであり，歌に合わせて行われるため，遊びの流れが分かりやすく流れに合わせての発語も容易に期待できる。また，「だるまさんがころんだ」遊びは，小学校での昼休みなどに手軽にできる遊びである。「あぶくたったにえたった」遊びよりは流れが分かりにくいが，日常生活への般化が期待できる。

これらの決められた行為や動作があり，やりとりの流れの分かりやすい社会的ゲーム型共同行為ルーティンを設定することで，

(1) 役割を理解してゲームを行うこと
(2) ルーティンに応じて言語表出ができること
(3) 他児との相互作用を楽しめること

が可能になるものと思われた。

4．ルーティン参加児童

本指導は本児の他に，学習障害が疑われる7歳8か月男児，ダウン症候群の10歳1か月女児の2名が参加し3名で小集団指導を行った。

5．指導期間

1）I期「あぶくたったにえたった」ルーティン

200X年6月〜7月。週1回の45分間指導を4回，計21試行行った。

2）II期「だるまさんがころんだ」ルーティン

200X年9月〜10月。週1回の45分間指導を5回，計39試行行った。

3）III期「あぶくたったにえたった」と「だるまさんがころんだ」ルーティンの同時進行

11月〜12月は「だるまさんがころんだ」ルーティンを行う中で，児童の「あぶくたったにえたった」ルーティンの要求がみられた時は両者を行った（6回指導。「だるまさんがころんだ」ルーティン32試行，「あぶくたったにえたった」ルーティン3回3試行）。

6．指導方法

1）「あぶくたったにえたった」ルーティン

授業の最初の5分間で計画，次の5分間でリズムに合わせて体と心のリラクゼーション（体ほぐしの運動）をしてからゲームを行った。

ルーティンは理解と表出の要素で構成した（表1，表2）。

段階的な支援としては，①児童からの自発語を待ち，自発語が表出されない場合には，②モデル全提示，③モデル部分提示の支援を行った。自発が可能になってからは，他児の工夫された表現への注目を促した。

2）「だるまさんがころんだ」ルーティン

授業の最初の5分間で計画，その後20分間を目安にゲームを行った。後半は，他のルーティン「あぶくたった…」「クリスマスツリー作り」を

表1 「あぶくたったにえたった遊び」ルーティン

役割：(子ども：3名 指導者：1名)
豆（おに・おばけ）：1名， 子どもたち：3名（他のメンバー） 場：戸棚に見立てるところ，家 や遊び場に見立てるところ
場面1（設定） 　戸棚の場所，家や遊び場になる ところを決める。 役割を決める。（ジャンケン）
場面2（実施） 　1）豆を煮る 　　①手をつないで輪になる。 　　②煮えたかどうだか確かめる。 　　③煮えた豆をたなにしまう。 　　④ご飯を食べる・お風呂に入る。 　　⑤布団を敷く。 　2）音を確かめる 　　①豆「トントントン」 　　②子ども達「何の音？」 　　③豆「ぴゅーっ。風の音」 　　④子ども達「あーよかった」 　　⑤豆「トントントン」 　　⑥子ども達「何の音？」 　　⑦豆「おばけの音！」 　3）鬼ごっこ 　　豆が子どもを追いかける。
場面3（確認） 　誰が次の豆になるか確かめる。

表2 「あぶくたったにえたった遊び」スクリプト・チェックリスト

指導記録用紙　　　名前（　　歳　か月）

枠組	要素	子どもの発話（指導者の発話）	理解	表出	様子
設定	準備	（あぶくたったをしよう。） 戸棚はどこにする？ ここ。 ジャンケンしよう。 負けた。（勝った）			
実行	遊びの流れの中のやりとり	1）豆を煮る 　①手をつないで輪になる。 　②煮えたかどうだか確かめる。 　（もうにえた・まだにえない）☆ 　③煮えた豆をたなにしまう 　④家に帰る。 　　・ご飯を食べる。 　　・歯をみがく。 　　・お風呂に入る。 　⑤布団を敷く。 2）音を確かめる 　①豆「トントントン」 　②子ども達「何の音」 　③豆「ぴゅーっ。風の音」★★ 　④子ども達「あーよかった」			
確認	交代	誰が次の豆になるか確かめる。			

〈子どもの理解のレベル〉	〈子どもの表出のレベル〉
6 自発的行動	8 自発語（身振り・言葉の工夫）
5 言語指示で行動（間接的）	7 自発語（言葉の工夫）
4 言語指示で行動（直接的）	6 自発語（決められた言葉）
3 掛け声・擬態語	5 自発語（音としては不完全）
2 指差し，ジェスチャー	4 模倣
1 モデリング	3 ジェスチャー
0 身体援助	2 視線
	1 かかわりを期待して待つ
	0 参加しない

行った。ルーティンは理解と表出の要素で構成した（表3，表4）。

7．記録方法

すべてのセッションをVTRで録画し，VTRをもとにチェックリストで記録した。

8．評価の観点

1）理解について

（1）「あぶくたったにえたった」ルーティン

役割の理解について評価する。具体的には，「子ども役ではみんなで輪になって豆役に話しかける。豆役で子ども役に音を発信する」ことができたかについて，表2の子どもの理解のレベルに合わせて評価した。

（2）「だるまさんがころんだ」ルーティン

ルールの理解について評価した。本ルーティンの柱である「鬼の合図で止まる」について表4の子どものルール受け入れのレベルに合わせて，支援の段階（①モデル全提示，②直接的言語指示，③間接的言語指示）で評価した。

2）表出について

（1）「あぶくたったにえたった」ルーティン

役に応じたことばを自発的に表出することができるかについて表2の子どもの表出のレベルに合わせて評価する。

（2）「だるまさんがころんだ」ルーティン

ゲームの遂行状況について，本児が1番苦手とした「鬼が来ても止まっている」場面について表4の子どもの表出のレベルに合わせて評価する。

3）他児とのやりとりの変化について

「ゲームルーティンの中でアドリブでやりとりする。日常生活の中では他児と自発的にかかわろうとする」ことについて，学級担任と自立活動担当者が観察した。

表3 「だるまさんがころんだ」ルーティン

役割：（子ども：3名　指導者：1名）
鬼：1名，子どもたち：3名（他のメンバー）
場：プレイルーム

場面1（ゲームの設定）
・ペープサートによるイメージづくりおよびルールの説明。（初回のみ）
・遊びへの誘いかけ。
・役割の決定。（ジャンケン）

場面2（ゲームの実施）
（ア）鬼はプレイルームの壁際に目隠しして立つ。
（イ）子どもたちは反対側の壁際に立つ。
（ウ）子どもたちは「はじめのいっぽ。」で一歩前に進む。
（エ）鬼は「だるまさんがころんだ」と言って振り返る。動いた人を見つけて名前を呼ぶ。
（オ）子どもたちは「だるまさんがころんだ」と言っている間に前進する。鬼が振り返る直前にストップして動かないでいる。名前を呼ばれたら，鬼に捕まる。
（カ）鬼のそばまで来た子は，鬼と捕まっている子の手の間を切る。
（キ）切られたら，子ども全員素早く逃げる。
（ク）鬼は「ストップ」と言う。子どもたちは聞こえたらすぐ止まる。
（ケ）鬼は5歩進んで次の鬼を捕まえる。※
※この部分については，状況によってルールを変更する。

場面3（確認）
・誰が次の鬼になるか確かめる。

表4 「だるまさんがころんだ」ルーティンチェックリスト

指導記録用紙　　　名前　　　（　歳　か月）

枠組	要素	流れの中での行動や発話	ルールの受け入れ	子どもの表出	様子
設定		だるまさんがころんだをしよう。			
	準備	だるまさんがころんだする人この指とーまれ。			
		（とまって）指切った。			
		ジャンケンポン。			
		負けた。（勝った）			
実行	遊ぶ	〈自分の場所に立つ。〉			
		（子）はじめのいっぽ			
		（鬼）だるまさんがころんだ。			
		〈鬼⇒振り向いて子どもが動いたのを見つける。〉○○さん。			
		〈子⇒見つかったら鬼に捕まる。〉			
		〈子⇒鬼のそばまで来た子は，鬼と捕まっている子の手の間を切る。〉			
		〈子⇒全員素早く逃げる。〉			
		〈鬼⇒振り向いて言う。〉ストップ。			
		〈子⇒全員素早く止まる。〉☆（図2）			
		〈鬼⇒5歩進んで次の鬼を捕まえる。〉			
		〈子⇒鬼が来ても止まっている。〉★（図3）			
確認	交代	誰が次の鬼になるか確かめる。			

〈子どものルール受け入れのレベル〉
6　自発的行動
5　自発的行動（ルールに従うのではないが，○○さんの代わりにと行動）
4　言語指示で行動（間接的）
3　言語指示で行動（直接的）
2　モデリング
1　鬼になれない
0　身体援助

〈子どもの表出のレベル〉
6　自発語
5　自発語（音としては不完全）
4　模倣
3　ジェスチャー
2　視線
1　かかわりを期待して待つ
0　参加しない

結　果

1．I期「あぶくたったにえたった」ルーティン

1）ゲーム要素に関する役割理解の変化

11試行目から12試行目にかけてゲームの中での子ども役のやり取りが，一連の流れの中で自発的にできるようになった。14試行目では，豆役（鬼役）を行うことができた。

2）ゲーム要素に関する表出の変化

A児は，「もうにえた」は2試行目から動作模倣はできていたが，言語での自発は10試行目にモデル提示で，11試行目に「もうみえた」と1音節が置換した形で表出した。21試行目には，「もうにえた」と自発的に表出できた。「風の音」の表現に関しては，14試行目で鬼役になって風の音が言えるようになった。

それに伴って，16試行目以降「海の笛の音」「B君の音」「へびの音」「先生の音」などが，アドリブによって生起した。24試行目には，身振りやことばで爆弾の音を表現するようになった。表出の変化の過程を図1に示す。

2．II期～III期「だるまさんがころんだ」ルーティン

1）ゲーム要素に関するルール理解の変化

ルーティン開始当初は，鬼への役割交代に困難が見られ「鬼の合図で止まる」ことができずに遊びが成立しないことが多かった。そこで，「鬼の合図で止まる」ことに対して段階的な支援を行った。その結果，III期においては何らかの言語支援があれば，8割がたできるようになっていった。また，本児は鬼につかまりそうになると逃げてしまった。しかし，本ルーティンを繰り返して行い

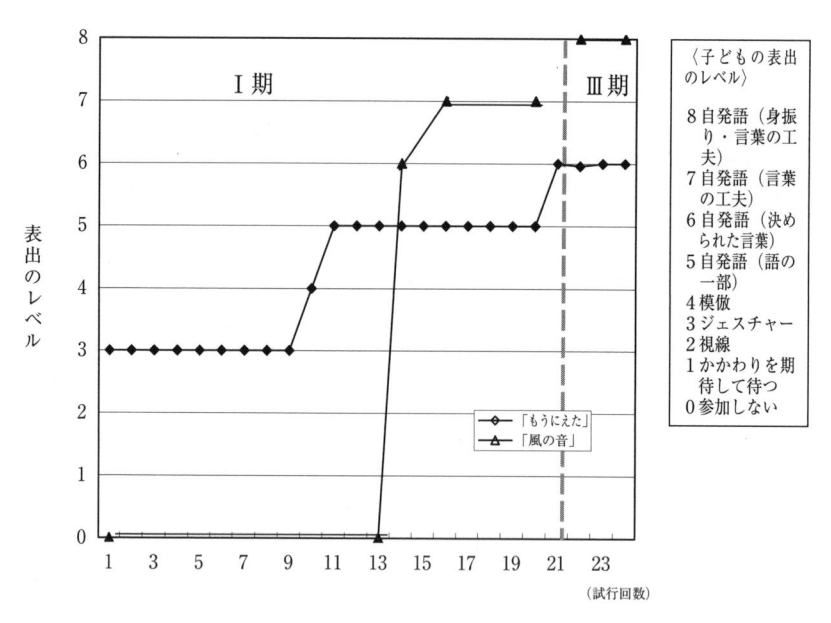

図1 「あぶくたったにえたった」ルーティンにおける表出の変化（表2☆，★★参照）　※Ⅱ期は未実施

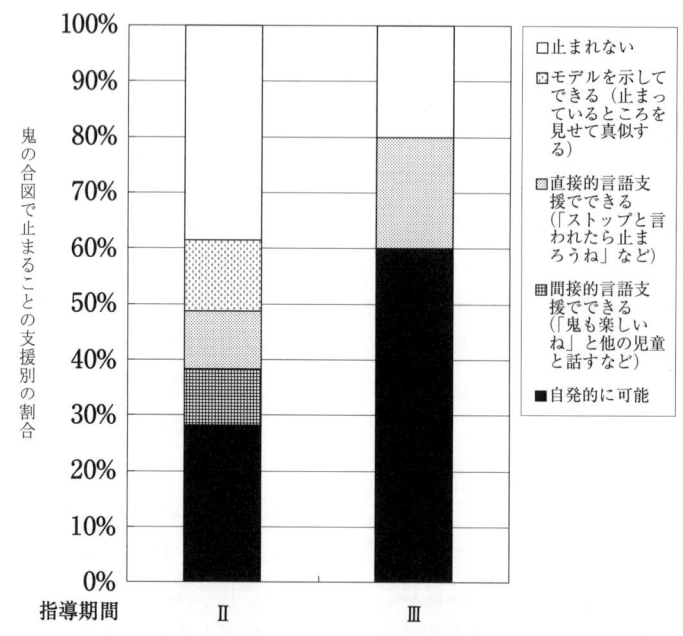

図2 「だるまさんがころんだ」ルーティンにおける"鬼の合図で止まる"ことの受け入れの変化（表4☆参照）

支援するなかで，9試行目には言い分けをしながらも自発で鬼につかまることができるようになった。その後11試行目には，自発的に鬼につかまることができるようになった（図2，図3）。

2）他児とのやりとりの変化のエピソード

Ⅲ期には他児とのやりとりに様々な変化が見ら

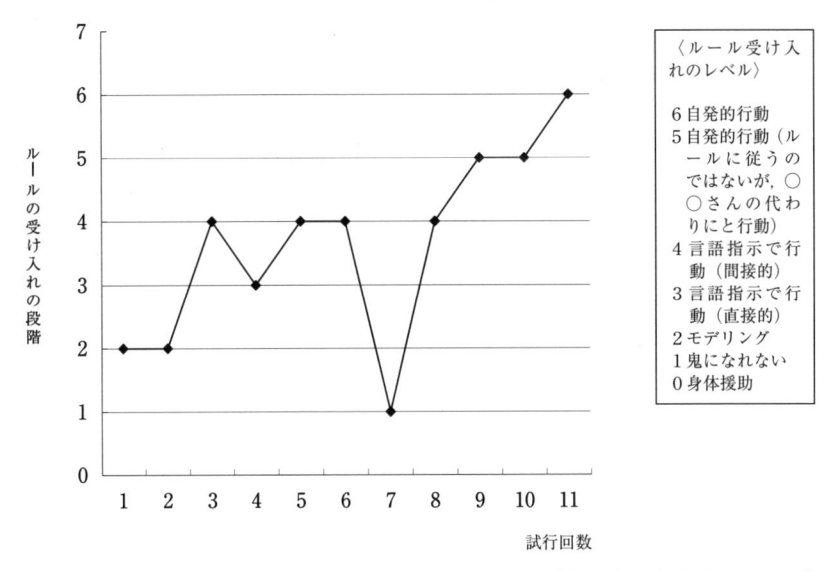

図3 「だるまさんがころんだ」ルーティンにおける"鬼が来ても止まっている"
ことの変化（表4★参照）

〈ルール受け入れのレベル〉
6 自発的行動
5 自発的行動（ルールに従うのではないが，○○さんの代わりにと行動）
4 言語指示で行動（間接的）
3 言語指示で行動（直接的）
2 モデリング
1 鬼になれない
0 身体援助

れた。指導以前は交流学級の友だちの中で緊張した面持ちで立っていたA児だったが，以降は遊びこんだゲームルーティンの中では表情豊かに参加した。

昼休みにおいてもドッジボールに一緒に参加し，遊び友だちに呼びかける姿も見られるようになった。

雨の昼休みには，本児が呼びかけて室内で「だるまさんがころんだ」ルーティンを異学年の友だちとも一緒にできるようになった。

また，うまく言い表せないと指導以前はコミュニケーション場面から逃避していたが，本児が使える言葉やジェスチャーを駆使してどうにかして言葉で伝えようとしている姿も見られるようになった。

「あぶくたったにえたった」ルーティンや，「だるまさんがころんだ」ルーティンの一部を利用した劇「スイミーとなかま達」のスイミー役に立候補して，主役を演じるなどの積極性が見られるようにもなった。これは，6年生を送る会で演じた劇である。知的障害学級の児童と2年生の有志の合同の発表として行ったものである。

考　察

本児は，ルーティンを繰り返す中でルールが理解でき，役のおもしろさが分かってから，言語表出のレパートリーが増えていった。「あぶくたったにえたった」ルーティンにおいては，16試行目以降「海の笛の音」「B君の音」「へびの音」「先生の音」などの本児なりのことばの表現の工夫がアドリブによって生起している。24試行目には身近な生活の中での音探しを進んで行い，「あぶくたったにえたった」ルーティンの中で，身振りやことばで爆弾の音を表現するようになった。「音探し」は，A児の音韻への気づき（phonological awareness）を表しているとも考えられる。授業中も，ゲームの開始を本児から要求するようになった。

また，この時期と平行して，「だるまさんがころんだ」ルーティンにおいて，「鬼の合図で止まる。」ことが何らかの言語支援があれば8割がたできるようになっていった。ゲームルーティンを理解していくにつれて，すなわち，鬼になってもまた役割交代できゲームが続くことが理解でき

につれ，ルールに従って鬼になることを受け入れられるようになっていったものと考える。

まとめ

やりとりの流れの分かりやすい社会的ゲーム型共同行為ルーティンを繰り返し行い発達の最近接領域を支援することで，役割理解が進みそれに伴って言語表出のレパートリーが増えていった。また，友だちとのやりとりを楽しむことも可能となった。それに伴ってより多くの友だちと活動することができるようになっていった。

社会的ゲーム型共同行為ルーティンは，子どもの「遊び」という日常生活の一部を切り取った形で構成されている。「遊び」は楽しいものであり，楽しいという気持ちは子どもの学びの牽引力となる。子どもが人とのかかわり方を学び獲得していく上で，このような実生活に近い形のルーティンは容易に般化が期待される。したがって，社会的ゲーム型共同行為ルーティンによる指導は，知的障害があり友だちとかかわることが苦手な児童の初期のコミュニケーション発達支援と社会性への発達支援の一助になったと考えられる。

しかしながら，A児が安心して自己表現できるのは，慣れた場面と場に限られている。今後は，いっそうの般化を目指して学校のみならず家庭や地域も含めた取り組みを目指すことが必要である。

文　献

引用文献

Bruner, J. S. (1983). *Child's Talk-learning to use language*. London : Oxford University Press.

Nelson, K., & Gruendel, J. (1985). Children's scripts. In K. Nelson (Ed.), *Event knowledge*. Lawrence Erlbaum Assosiates.

吉村由紀子・長崎　勤. (1994). 社会的ゲーム型共同行為ルーティンを用いた言語指導の試み──ことばの教室での小集団指導 *日本特殊教育学会第32回大会発表論文集*, 436-437.

参考文献

岩立志津夫・小椋たみ子（編著）. (2002). *言語発達とその支援*. 京都：ミネルヴァ書房.

長崎　勤・小野里美帆. (1996). *コミュニケーションの発達と指導プログラム*. 東京：日本文化科学社.

長崎　勤・佐竹真次・宮﨑　眞・関戸英紀（編著）. (1998). *スクリプトによるコミュニケーション指導*. 東京：川島書店.

謝辞

本実践に際しましてご理解とご協力いただきました保護者様，A小学校2年生と先生方に感謝申しあげます。また，スクリプトの観点から実践を振り返るにあたり，根気よくご指導いただきました先生方に心よりお礼申しあげます。

Michiko, Otsuki, Sadato, Yoshii, **Communication development support through joint action routines in social game format : Small group instruction employing traditional games at special support classes for children with intellectual disability.** Japanese Journal of Clinical Developmental Psychology 2008, Vol.3, 99-106.

The goal of this study was to investigate the appropriateness of instruction to achieve interactive behavior applicable in everyday life by children with intellectual disability who have difficulty interacting with other children. Specifically, "joint action routines in social game format" were established using traditional games as communication development support for children with intellectual disability attending a special support elementary school class, and support was given in stages toward the understanding and expression of routines by children. As a result, understanding of roles progressed and accompanying language expression was made possible. As understanding of games progressed, children were observed enjoying ad-lib interplay. And as understanding of rules progressed, children were capable of interacting with a greater number of friends. Based on these findings, the potential for developmental support for initial communication by children in the lower grades of elementary school was discussed.

【Key Words】　Communication development support, Script, Educational therapeutic activities

■コメント

関戸　英紀
横浜国立大学

　本研究は，他児とのかかわりに困難を示す知的障害児に対して，場面に応じた言語表出の増加と他児との相互交渉の促進を目的として，伝承遊びを用いてなされた実践である。その結果，遊びのルールの理解が進むにつれて言語表出のレパートリーが増えていき，また日常生活場面においても他児に対する働きかけが増加していった。
　本研究は，以下の二つの理由から重要な実践であるといえよう。
　まず第一に，特別支援学校の新学習指導要領の「自立活動」に，社会の変化や子どもの障害の重度・重複化，発達障害等に応じた適切な指導をいっそう充実させるために，新たな区分として「人間関係の形成」が設けられることになった。内容としては，他者とのかかわり，他者の意図や感情の理解，集団への参加等が考えられている。しかしながら，これらの内容を指導するための方法論はまだ確立されておらず，喫緊の課題である。このような中で，本研究で用いられた「共同行為ルーティン」による指導は，言語・コミュニケーションの指導ばかりでなく"社会性"の指導においても，重要な成果をもたらすことが示唆される。今後は，実践事例を積み上げ，本指導方法による有効性や妥当性を検証していく必要がある。
　次に，指導場面の設定として，伝承遊び（「あぶくたったにえたった」「だるまさんがころんだ」）を用いた点が評価される。論文中にもあるように，児童になじみのある遊びを歌に合わせて行うことによって，遊びの流れが分かりやすくなり，流れに合わせての発語も促進されやすくなると考えられる。また，これらの遊びは小学校の昼休みなどに手軽に行うことができることから，日常生活場面での般化も期待される。本研究でも，（エピソードとしてではあるが，）通常学級の児童等との交流において，他児とのやり取りに様々な変化が見られたことが報告されている。今後は，日常生活場面で行われている遊びや活動（朝の会や給食等）などの「文脈」を指導に意図的・積極的に導入し，それをとりわけ通常学級の児童と共有することによって，般化がより促進されていくと考えられる。
　障害のある子どもの支援においては，今後ますます自立と社会参加を目指した指導の重要性が大きくなっていくと思われる。臨床発達心理士として，そのニーズにどのようにこたえていくか――私たち一人ひとりの課題であろう。

発達障害が推察される児童に対するナラティブ＝「自己経験や物語を分かりやすく伝える力」の発達と支援
——会話の「足場かけ」による体験の表現と絵話の指導を通して

松本　惠子　　　　　　　長崎　勤
千葉県八千代市立八千代台小学校　　筑波大学人間総合科学研究科

　発達障害のあることが推察され，自発的に体験を語ることが少ない児童に対して，幼児のナラティブの発達を参考に，児童と指導者による会話の足場かけで，パーソナル・ナラティブから始めフィクショナル・ストーリーを組み合わせた指導を行い，ナラティブの獲得経過とその支援方法について検討した。1年半の指導の結果，出来事の繰り返しだった体験の表現は，絵話の指導後には指導者の足場かけにより，出来事を時系列的に関連づける表現が可能になり，更に出来事を因果的に関連づける表現も徐々に可能になってきた。絵話の指導では，因果関係や誤信念の表現が可能になった。
【キー・ワード】　発達障害，ナラティブ，会話による足場かけ

問題と目的

　近年の発達研究から，自分の経験や親しんだ絵本などの物語を相手に分かりやすく語り伝える活動の重要性が認識されてきており（Bruner, 1986；岡本, 2005），このような活動を総称してナラティブ（narrative）と呼ぶようになってきた（荻野, 2001）。そして幼児期のナラティブ遂行が後の「読む・書く」などのアカデミックスキル（Dickinson & Snow, 1987）や「心の理論」（Bruner & Feldman, 1993/1997），自己の発達（岩田, 2001）と高い関連性があることも指摘されてきた。

　一方，発達障害児ではナラティブの発達の困難性が指摘されている（Tager-Flusberg & Sullivan, 1995など）。特に因果的，時間的，意図的な標識が欠けていること（Bruner & Feldman, 1993/1997），空想の物語よりも，自分の過去経験について語ること（パーソナル・ナラティブ）に特に多くの援助を必要とし，複雑な統語や出来事に対しての価値づけや意味づけが少ないこと（Losh & Capps, 2003）などが報告されている。前述したようにナラティブが「読み・書き」の前提的な能力である指摘，また，「心の理論」や自己の育ちと密接な関連があるとの指摘からも，発達障害児に対するナラティブの支援内容や方法の検討が求められている。

　さて，幼児は，2, 3歳頃からその日の出来事を時間の順序に沿ったり，因果関係も交えたりして，楽しかった，悔しかったなどの自分・他者の心的状態や情動も入れて，経験を共にしていない養育者に話すことができるようになる。仲野・長崎（2008）は，実験者と行ったカップケーキ作りの経験について，それを見ていなかった母親に伝える設定をし，そこでのパーソナル・ナラティブを分析した結果，3歳では複数の出来事を連続して述べることが少なく，4歳では連続して述べる出来事の数が増え，さらに出来事を時間的に結びつけて語るようになり，5歳では出来事を他の出来事と因果的に関係づけ，また自他の意図的状態と関係づけて語ることが増加したことを示した。

　また，パーソナル・ナラティブの発達と，養育

者との会話の仕方との関係も検討されている。Fivush（1991）は養育者が話題の方向づけに関する発話を多く行うほど，後の子どものナラティブでも方向づけに関する発話が多くなるというように，パーソナル・ナラティブが養育者との会話を通して発達することを指摘している。

このような2，3歳からのパーソナル・ナラティブの発達を基盤にし，絵本などの内容についてそのストーリーや登場人物の心的状態について話す「フイクショナル・ストーリー」も可能になってゆくようになるといわれている（Owens, 1991）。

言語障害特別支援学級（以後，ことばの教室）でも，出来事や自分や他者の感情を交えて自分の体験を，友人や教師に伝えることが難しい発達障害児や発達障害が推察される児童の通級が増えている。また，生涯発達の中で，友人関係や就労など，様々な社会的な場面で困難に直面した場合など，起こった出来事や自分の感情を分かりやすく他者に伝える力は「社会的スキル」として重要であろう。したがって，発達障害児に対するナラティブ発達をどう支援するかが，指導方法上の課題となっている。そのため，幼児のナラティブの発達過程を考慮した支援方法を検討する必要があるであろう。

これらのことから，本研究では自分の体験を語ることが少なく発達障害が推察される小学校2年の男子児童に対して，幼児のナラティブの発達を参考に児童と指導者による会話の「足場かけ（大人の援助があればできることから始め，徐々に援助をはずして自力でできるようにしていく手続き）」（Wood, Bruner, & Ross, 1976）によって，パーソナル・ナラティブから始めフイクショナル・ストーリーを組み合わせた指導や支援を行い，ナラティブ獲得経過と支援方法について検討することを目的とした。

方　法

1．対象児

小学2年男子児童A児。他校から週1回ことばの教室に通級し，指導者（以後，T）と学習。始語1歳，3歳で2語文で言語発達の遅れがある。言語（特に音声言語）の意味理解や語用面に弱さがみられる。絵を見て話しをするが，自分の体験を話すことは少なく断片的な内容。初めての場や人に慣れるのに時間がかかる。幼稚園入園以後場面緘黙の傾向があった。不器用。神経質な面がある。

2．初期評価

1）WISC-Ⅲ（CA7歳8ヶ月）

FIQ87，VIQ75，PIQ103。VC74・PO110・FD82・PS86。理解SS5・数唱SS7・積み木模様SS14。

2）K-ABC（CA7歳9ヶ月）

継次処理尺度107±8・同時処理尺度118±7・認知処理尺度116±6・習得度尺度80±5・非言語性尺度130±7。

3）行動観察

会話中のあることばをきっかけに，自分の体験を断片的な内容を単語や簡単な助詞を入れた2・3語文で唐突に一方的に話し始める。トランプ遊びで，「ママみたいにやるのよ」とカードの持ち方を教わると，A児は「ママみたいに下手くそにやれた」とことばの意味を誤る。音の聞き誤りがある。少し先に予定している行動について「やってみよう」というと，その場で行動を起こす等相手の意図がよめずことば通りに解釈することが多い。課題は，絵や行動を手がかりにすると理解しやすい。好きな追いかけっこは一方的に始め，要求や気持ちは単語や視線，表情でTに伝える。タイムタイマーの音に耳を澄ます。お菓子をきっちり一列に並べる。

4）初期評価のまとめ

検査結果や行動観察等から言語の特に音声言語

面での意味理解や語用面に弱さがあり，状況の理解等にも困難さが感じられた。さらに対人関係やコミュニケーションの取り方，遊び方等から医師診断は受けていないが，軽微な発達障害（自閉症スペクトラムの面）が推察された。これらのことから場面緘黙は，言語障害や自閉症スペクトラムの傾向等の神経生物学的な要因と，入園・入学の環境の変化といった要因によって複合的に生じたのではないかと考えられた。後述の個別支援と共に，学校生活における環境調整が必要と考えた。A児が興味をもつ話題の提供や活動の構成，絵等A児の得意とする視覚的な手がかりの活用，ことばと物や場面を一致させることや話題の共有を図っていく支援を行うことで，表現意欲を促すことやコミュニケーションや話題の内容を深めること，言語による自分の経験や物語の表現へとつなげていくことが可能であろうと考えられた。

3．指導期間

200X年6月（小学校2年生）〜 200（X＋2）年2月（小学校3年生）。週1回約60分の指導を計46回実施。

4．指導手続き

1）指導目標

（1）Tとの会話の足場かけによって，また視覚的手がかりも使いながら自分の体験を言語化する。

（2）Tとの会話の足場かけによって，絵話の内容の時間的な経過を理解したり，出来事間の因果的関係や登場人物の意図に注目し，ストーリーを構成する。

本指導における会話によるTの足場かけでは主に以下の方法によった。

①質問（理由・因果関係や人物の意図の気づきを促す），②拡張（A児の表現に助詞等を補いより適切な文にする），③修正（A児の語句等の誤りを訂正），④補足（A児のことばが足りない内容を言語化する），⑤共同作業（TとA児のことばとで一つの内容を表現する）。

2）指導計画と支援方法

（1）指導初期：体験の表現（パーソナル・ナラティブ）を中心に指導（200X年6月〜12月）。

「その日の給食」の写真や絵を手がかりに，会話を通したTの足場かけにより，おかずの名前等眼前の事象，完食の有無等の簡単な行為についてやりとりしあう。

（2）指導中期：絵話（フィクショナル・ストーリー）を中心に指導。体験の表現も継続（200X＋1年2月〜12月）。

［1］絵話（200X＋1年2月〜11月）

「体験の表現」だけでは，時系列や因果関係の理解や表現指導に限界があると判断されたため，1話につき2回の指導を5話行い計10回実施。素材は，絵本等を使用した。

絵話①から④までは，人物の行為を順に追うと理解できる内容とした。①②③話は，200X＋1年2月から3月に実施。途中長期の休みやグループ学習等を挟んだ後，同年10月に④を実施。①話「シーソー遊びで重い象にあわせて動物たちが乗り逆転した（麦の芽編集委員会，1983）」，②話「りすが遊んでいたヨットが流され泣いているとネズミが見つけてくれた（きただたくし，1979）」，③話「水鉄砲でいたずらをする狸に困ったりすたちが，象に助けを求めお返しする（とみながひでお，1979）」，④話「りすたちが乗っていたブランコに無理矢理象が乗ってこわれたが，象の鼻をブランコにすることで解決（さとうわきこ，1979）」である。200X＋1年10,11月に⑤話を実施。誤信念（だまし）がポイントになる内容で，4場面から構成されている。各場面の内容は次の通りである。第1場面は，柿の木に登った男の子が，下で待つ女の子にを柿をもいで投げた。第2場面は，その柿をからすが横取りした。第3場面は，女の子が，柿色の風船を飛ばした。第4場面は，からすが，風船を柿と思ってつついた（にしむらたつま，1979）。

各話2回の指導の1回目は，時系列の理解を促

表1　指導計画

指導時期		体験の表現	絵話
●指導初期　200X年6月～12月		↕	↕
●指導中期　200X＋1年2月	200X＋1年2月，3月		①②③
～12月	10月		④
	10，11月		⑤
●指導後期　200X＋2年1～2月			

し，因果関係は人物の表情から考える支援を行った。Tがまとめて文を提示した。2回目は自力で文を考え，難しい場合は，着目すべき箇所の示唆やことばのヒント等の支援を行った。

　[2] 体験の表現：日常生活場面をもとに，(1)と同様の支援方法で，時系列や因果関係の理解やそれに伴う適切な表現への支援を行った。（200X＋1年2月～12月）

　(3) 指導後期：体験の表現指導（200X＋2年1～2月）。(2)の[2]と同様の支援（表1）。

5．記録方法
指導記録及び指導場面をビデオ録画し，やりとり及び行動の記述を行った。

6．分析方法
指導初期の体験の表現からナラティブの実態を評価した。指導中期には，評価に基づいて行った絵話の指導経過について質的に分析した。最後に，指導後期の体験の表現の実態の変化を把握した。

結果と考察

1．指導初期の体験の表現の実態（200X年6月～12月）

200X年6月，Tによる「玉葱で血液がさらさらになる」という話題から，A児は「鼻血」の体験を話し始めた。しかし，「鼻血がティッシュについてさ，あのさ，…」「俺，一杯鼻血出る。…止まらないし」等一つの出来事の繰り返しに終始し，相互的なやりとりは難しかった。その後の，体験の表現も同様な傾向であった。このように，自力で時系列に沿って述べることが難しく，「自分の経験」だけの支援では進展しにくいと考えられたため，時系列的な枠組が明確な絵話を用いて，時系列的な表現や因果関係の表現の支援が必要と判断し，指導中期から絵話による指導を行った。

2．指導中期

1) 絵話による表現の支援（200X＋1年2月～200X＋1年11月）

絵話①でA児は「象とりすがシーソーに乗りました。そしたら象の方が重い。今度は，（中略）まだまだ象が重いです。（中略）最後に象が乗りました」と自力で時系列を表す接続詞「今度は・そしたら・最後に」を用いて絵で見えた事柄の推移を表現した。しかし，人物の表情等から感情を読み取った表現は用いなかった。

絵話②で，りすが泣く理由を表現できなかったA児に，前の場面のヨットが流された箇所を示し，泣いている表情と見比べるように促すと，「船がなくなっちゃったのでりすが泣いて」と理由を表現できた。

絵話③では，狸がりすに水をかけたことは表現したが，嫌がっているりすの感情は表現できなかったA児に，りすの表情や体を背けている様子に視線を向ける支援をしていくと，「りすは嫌がっていました」と感情を表現できた。

絵話①から③では，人物の動きから出来事の推移は表現できたが，人物や状況とを関係づけることや感情への言及はなかった。

10月に行った絵話④でA児は，「ブランコが壊れちゃったじゃない（りすたち）」「象さんは困り

表2 絵話⑤1回目の支援（200X＋1年10月）

A（A児）：柿食えない。
T（教師）：からすのせいよ。何で風船とばしたんですか。
A：えーとからすが食っていらつくから。
T：ああ，何で風船？（中略）
A：家から風船を持ってきて。
T：そうだね。（中略）（柿と風船の色を指し示し）なんか浮かばない？
A：あ，柿が似ているから。
T：うん，わざと風船を飛ばして，
A：からすが柿と思って風船を…

表3 絵話⑤2回目での支援（200X＋1年11月）

A：女の子はからすに食べられてしまって（考える）悲しかったです。（Tうなずく）
A：柿の似ている
T：柿に（再度「に」に訂正）
A：柿に似ている風船を持ってきました。
T：いいね。
A：（考える）これでからすをやっつける。からすはからすは　柿の色の風船を柿と思いながら　食っちゃいました。「ばーんと割れて」
T：うん。

ました」と，簡単な感情をことばで表現した。また，出来事の因果的な関連づけは理解したが，「ので」等の因果関係を示す助詞は用いなかった。

絵話⑤の1回目でA児は，「①柿を男の子が女の子にあげました。②そしたらからすが来てしまいました。女の子がびっくりしました。③そしてからすが来る前に風船を飛ばしました。④そしてからすが食いに来ました。そしてからすはびっくりして怖がって逃げました。そして女の子と男は大喜びでした」と，時系列を示す接続詞や簡単な感情をことばで表現した。しかし，「からすをだますために，オレンジ色の風船を飛ばした」ことはわからず，表2に示したように，「柿の色と同じ風船」に視点がいくようTが質問や誘いかけの足場かけをしていくと，「柿が似ているから」「柿と思って」と因果関係を示す接続詞や，誤信念の理解を示す心的状態語を使用した。

絵話⑤の2回目では，1回目ではTの質問によって引き出された「似ている」といった表現を，Tが文の一部を手がかりとして与えることによって，表現することができた。表3に示したようにA児はTの足場かけで，「柿に似ている風船を…」「からすをやっつける。…柿と思いながら」とストーリーの中心テーマに及ぶ表現をした。

このように絵話①～③で，A児は系列絵を用いることによって系列絵の枠組に沿って，「今度は・最後に・そしたら」等の時系列を示す接続詞を使用できるようになった。また，絵の比較によるTの足場かけで，因果関係を考えたり，人物の感情への言及も少しずつ可能になってきた。絵話④・⑤では，目に見える事実関係について接続詞や簡単な感情表現の自発的な使用が可能になった。さらに，質問や比較などのTの会話による足場かけで，出来事を因果的に関連づけ，言語で表現できるようになり，また出来事を意図によって関連づけることが可能になった。

2）指導中期における体験の表現（200X＋1年6月の例）

絵話①②③を実施後の6月，母親が庭で毛虫を捕っていたところ，A児が蜂に刺されたことについて，身振りや絵も入れて「蜂刺されて，腕見せて，ママぶんぶんしてた。ママ毛虫とってて，たぶん昨日かな」と，複数の出来事をランダムに表現した。指導初期に比べると，「昨日かな」「蜂刺されて，腕見せて」等，出来事の時間的な変化に注目できたが，自力で出来事を時系列的に関連づけて表現する段階まではいたっていなかった。

この時期，絵やことばを継ぎ足しながら，Tとやりとりを楽しむことが増えてきた。

3．指導後期における体験の表現の変化：指導後期（200X＋2年2月）

絵話④⑤を実施後の200X＋2年2月にA児は，

表4 体験の表現「風邪をひいた」より

```
T：どうした。(母親の代わりに姉に頼んだこと)
A：薬を飲ませる。T：薬を何？
┌─────────────────────────────┐
│ A：下手くそ。……………………①  │
│ T：薬を飲ませてもらったけど下手くそだった。│
│   どう下手だったの            │
│ A：えー。粉薬一杯（身振りも） │
│ T：こぼれたとか（身振りも）   │
└─────────────────────────────┘
A：一杯…ぺーって（身振り）入れたの。
T：一回にいっぱい入れたの？
A：うん。
┌─────────────────────────────┐
│ T：一度に一杯入れたので………②│
│ A：ちょーまずかった。         │
│ T：ちょーまずくて，ぺっとしました。│
└─────────────────────────────┘
```

鼻水が出た絵から風邪の話を始めた。Tの「寝たりしたの？」という質問に，A児は「後はシャワーだけ」と時間的な接続詞を用いて表現した。姉の薬の飲ませ方が下手な理由について，表4の①のようにTの足場かけでA児は，身振りを伴い「粉薬（が）一杯（だったから下手だった）」と因果関係を表現した。また，粉薬がまずかった理由を，表4の②のようにTの「一度に一杯入れたので」の発話につなげる形で「ちょーまずかった」と表現した。

このように，体験の表現活動を始めてから1年半後の「風邪の話」では，会話によるTの足場かけにより，時系列に沿って出来事を配列できるようになり，身振りを伴ってではあるが，出来事を因果的に関連づけて表現しようとするようになった。また，T「一杯入れたので」，A「ちょーまずかった」のように，TとAの2人の発話をつなげるといった「共同作業」によって，因果関係の表現もできるようになってきた。

ここでは「一杯…ぺーって（身振り）」等A児の発言を適切に解釈したTの足場かけや，風邪に関するA児の思いを共有できたことも，このような進展を促したと考えられる。

4．その後のA児の様子（200X＋2年2月〜9月）

A児は，兄とけんかしたことについて「うざいのでおれもばかといいました」と出来事を意図によって関連づける表現が可能になってきた。風邪をひいた話では，「…食ったら味がしませんでした。…しかも喉が痛くなりました。…薬を飲みました。…そしたら喉が痛いのが治りました」と出来事を時系列的に関連づける表現も可能になってきた。また，母親からの情報では，家庭でのA児は，自分から話す機会やその内容が増え，ことばの使い方を考えながら話すことが多くなったとのことであった。ことばの教室における指導場面では，話題に沿ったTとの会話が増加した。

全体考察

初期の「体験の表現（パーソナル・ナラティブ）」では，時系列性は乏しく，出来事の繰り返しが中心であった（初期評価）。そのために，指導中期から開始した「絵話（フィクショナル・ストーリー）」による支援を行ったところ，因果関係や心的状態（誤信念）の表現も可能になった。また，指導後期には，会話によるTの足場かけがあると，「体験の表現」においても，出来事を時系列的に関連づける表現が可能になり，出来事を因果的に関連づける表現も徐々に可能になった。

指導中期以降に見られた変化は，視覚的に時系列化されていて理解しやすい「絵話」を時系列の表現が難しかったA児に導入することで，「時間的枠組」をもつことができ，時系列の表現も可能になったことによると考えられる。また因果関係や心的状態（誤信念）の理解や表現も容易になったと考えられる。その結果，体験の表現（パーソナル・ナラティブ）においても時間，因果，意図などの表現がTの援助によってではあるが可能になってきたと考えられる。また，変化に伴うA

児の発話内容や表現がわかりやすくなってきたために，TがA児の表現の意図を適切に読み取り反応しやすくなってきたことも，これらの変化の要因となったとも考えられる。

興味深い点は，A児における出来事の関連づけの仕方が，時系列による関連づけから始まり，その後，因果性による関連づけ，また意図による関連づけへと変化しており，仲野・長崎（2008）の研究における典型発達児のナラティブの発達過程と類似している点である。この事実は，発達障害が推察される児童でも典型発達児と同様のプロセスを経てナラティブが発達してゆくという可能性を示しているが，今後多数の事例によって確認する必要があろう。また，指導後期の体験の表現では，ジェスチャーを用いたり，Tの発話につなげる「共同作業」によって因果関係の表現を行おうとすることが見られたことにも注目したい。言語による因果関係の表現が一人では困難でも，ジェスチャーを用いたり，会話のパートナーの発話につなげたりする形で，何とかして出来事の因果的な関連づけを表現しようとしており，今後予想される因果関係の言語による表現の発達のプロセスの一つである可能性がある。因果関係の表現の発達のプロセスとして，また支援方法の検討にも示唆を与えるものである。

体験の表現，絵話の発達への支援として，会話での指導者による足場かけが行われた。A児は，Tの質問や誘いかけ，言い換えなどによって，因果関係や心的状態に関する新たな表現を表出できるようになっていった。A児はTとの会話を楽しみ，Tに経験を伝え，共有したいという気持ちが強くなっていったことも，以上のような変化をもたらした重要な要因であったと思われる。

発達障害児で困難と言われているパーソナル・ナラティブであるが，系列絵を併用することによって，支援の可能性があることが示唆された。

今後は，このようなナラティブの変化が，「読み・書き」や自己の成長にどのように関連していくかも検討する必要があろう。

文　献

Bruner, J, S. (1986). *Actual minds, possible worlds*. Cambridge, MA : Harvard Unibersity Press.

Bruner, J.S., & Feldman, C. (1997). 心の理論と自閉症の問題. Cohen, B. S., Flusberg, T. H., &Cohen, J. D.（編）. *心の理論：自閉症の視点から（下）*（pp.3-38）（田原俊二，監訳）. 東京：八千代出版 (Cohen, B.S., Flusberg, T.H., & Cohen, J.D. (Eds.). (1993). *Understanding other minds : Perspectives from Autism*. United Kingdom : Oxford University Press.)

Dickinson, D.K., & Snow, C.E. (1987). Interrelationships among prereading and oral language skills in kindergartners from two social classes. *Early Childhood Research Quarterly*, **1**, 25.

Fivush, R. (1991). The social construction of personal narratives. *Merrill-Palmer Quarterly*, **37** (1), 59-81.

岩田純一. (2001).〈わたし〉の発達：乳幼児が語る〈わたし〉の世界. 京都：ミネルヴァ書房.

きただたくし. (1979). 三つめのおはなしなあに？. おはなしなあに1. 東京：フレーベル館.

Losh, M., & Capps, L. (2003). Narrative ability in high-functioning children with autism or Asperger's Syndrome. *Journal of Autism and Developmental Disorders*, **33**, 239-251.

麦の芽編集委員会.(1983). おはなしをしましょう. たのしい国語小学1年生（p. 97）. 東京：麦の芽出版会.

仲野真史・長崎　勤. (2008). 典型発達幼児における過去経験の語りの発達――「ケーキ作り」経験に関する母子会話場面の分析を通して. *日本発達心理学会第19回大会発表論文集*, 506.

にしむらたつま. (1979). 一つめのおはなしなあに？. おはなしなあに3. 東京：フレーベル館.

荻野美佐子（2001）. 物語ることの発達. 秦野悦子（編著）, ことばの発達入門1（pp.173-193）. 東京：大修館書店.

岡本夏木. (2005). *幼児期――子どもは世界をどうつかむか*. 東京：岩波書店.

Owens, R. E. (1991). *Language disorders：A functional approach to assessment and intervention*（2nd ed.）. Boston : Allyn & Bacon.

さとうわきこ. (1979). 五つめのおはなしなあに？. おはなしなあに1. 東京：フレーベル館.

Tager-Flusberg, H., & Sullivan, K. (1995). Attributing

mental states to story characters : A comparison of narratives produced by autistic and mentally retarded individuals. *Applied Psycholinguistics*, **16**, 241-256.

とみながひでお. (1979). 二つめのおはなしなあに？. *おはなしなあに1*. 東京：フレーベル館.

Wood, D., Bruner, J.S., & Ross, G. (1976). The role of tutoring in problem solving. *Journal of Child Psychology and Psychiatry*, **17**, 89-100.

謝辞

　本実践および論文掲載に理解を示し協力してくださったA児や保護者の方に感謝申し上げます。ナラティブの観点から指導をすすめ振り返るにあたり，丁寧にご助言やご指導をいただいた先生方に心よりお礼申し上げます。

Keiko, Matsumoto & Tsutomu, Nagasaki, **Development and intervention of narratives in a child with suspected developmental disorders: Through the instruction of personal narratives and fictional stories by scaffolding of conversation.** Japanese Journal of Clinical Developmental Psychology 2009, Vol.4, 59-66.

After giving a child the instruction starting from personal narratives and later the one combined with fictional stories, who was suspected to have developmental disorders and had few opportunities of giving personal narratives spontaneously, the process to attain narratives and its supporting method were examined. The one-and-a-half-years' instruction has enabled the child to change personal narratives that were only a repetition of what happened at first into those in which things were related in time series with the help of scaffolding of conversation given by the instructor followed by the fictional-story instruction. Moreover, the narratives, relating things according to cause and effect, were gradually made possible. Through the fictional-story instruction, the narratives expressing cause-and-effect relationship and false belief were also made possible.

【Key Words】　Developmental disorders, Narratives, Scaffolding of conversation

■コメント

藤野　博
東京学芸大学

　〈ナラティブ＝語ること〉の発達的意義が近年注目されるようになった。ナラティブとは自分の経験や想像の話などを他者に向けて語る活動のことをいう。ナラティブには，自分の過去の経験について語るパーソナル・ナラティブと，想像上の話を語るフイクショナル・ストーリーがある。ナラティブは親や他の大人などとの会話を通じて発達し，読み書き，心の理論，自己概念の発達などにも関係するとされており，対人コミュニケーションの育ちにとって重要な役割を果たしていることが指摘されてきた。そして，発達障害，とりわけ自閉症スペクトラム障害の子どもたちがナラティブに困難を抱えることも明らかとなっている。特にパーソナル・ナラティブにおいて困難が現れやすいようである。本論文の著者である松本・長崎は，自分の経験を友人や教師に伝えることが難しい児童が通級指導教室（ことばの教室）で増加していることを述べ，パーソナル・ナラティブにおける問題が今日的な課題であることをまず論じている。

　長崎らはこのようなナラティブの発達的な意義や発達障害における問題に早くから着目し一連の研究を行ってきたが，本論文もそのラインに位置づくものであろう。本実践研究の特色は，ことばの教室で行われた支援の事例であるところにある。ことばの教室での言語指導は，語彙の拡充や文の理解力・表出力の向上など，語彙・統語などの側面に対するアプローチは多いが「語り」という切り口からの指導はあまりなく，その点で新機軸といえる。また，松本・長崎は"発達支援"としてのスタンスを明確にしており，「足場かけ（scaffolding）」を基本的な支援方法論としている。足場かけは発達の最近接領域に対するアプローチで，質問，拡張，修正，補足などの大人の援助や大人との共同活動の中で課題を達成する支援の考え方である。視覚的に時系列化されていて理解しやすい絵話を導入することの有効性が新たな知見として得られ，発達障害児では困難と言われているパーソナル・ナラティブに対しても支援の可能性があることが示唆された。

　本論文では発達障害の特徴をもつ児童でも典型発達児と同様のプロセスを経てナラティブが発達していく可能性が主張されているが，発達障害児のナラティブの発達は典型発達児と同様なのだろうか，あるいは質的に異なっているのだろうか。発達障害の人たちに固有のナラティブのスタイルや発達過程はないのだろうか。そのあたりの問題は今後さらに検討されるべき課題といえるのではないだろうか。

自閉症スペクトラム障害児に対するソーシャルナラティブを用いた会話指導

米山　由希子　　　　　　　藤野　博
東京都立小金井特別支援学校　　東京学芸大学教育学部

　自閉症スペクトラム障害の一事例に対し，ソーシャルナラティブを用いて会話スキルの向上を目指して行った指導の効果を検討した。アセスメントにおいては会話分析を行い，他者との会話を維持・展開するために必要なスキルを同定し，そのスキルを獲得するため情報を盛り込んだストーリーを作成した。そのストーリーをまず個別指導場面で対象児に読ませ，それに続けて他児との自由会話場面を設定し，ストーリーに書かれた行動を実行させた。指導の結果，相手に対して適切な方法で発言を促す・質問する，聞き手として適切な態度で相手の発言を聞く，という会話スキルについては指導の効果が見られた。また，他児との会話において全体的に話題が維持・展開されるようになり，会話を楽しむ場面が多くなった。この結果より，自閉症スペクトラム障害児に対するソーシャルナラティブを用いた会話指導の効果について検討した。

【キー・ワード】　自閉症スペクトラム障害，ソーシャルナラティブ，会話指導

問題と目的

　自閉症スペクトラム障害（Autistic Spectrum Disorders：ASD）においては，会話や言語の語用論的側面に深刻な困難さが現れる。大井（2002）は，言語行為が柔軟でない，会話手続きに問題がある，文脈との関連が欠如している，といった問題を指摘している。そしてこれらの困難さにより，学校ではしばしばからかいやいじめ，他児とのトラブルが起き，結果として学級の中で孤立したり不登校につながっていったりするケースもある。このような二次的問題の予防のためには，会話に対する介入が有効と考えられる。スムーズな会話ができることは，他児との良好な関係を築くうえで不可欠なスキルと考えられるからである。ASD児に対する会話指導としては，これまでにGray（1994/2005）のコミック会話や，Yun-Chin & Bernar-Opitz（2000）の会話スキルの指導，INREALアプローチによる指導（高橋，1995，1997）などがあり，限定的ではあるがそれぞれ効果が認められている。しかし先行研究は少数であり，会話に関する評価基準も確立されていない。

　ところでASD児の認知特性に適合したソーシャルスキル・トレーニング／コミュニケーション指導の技法として近年，ソーシャルナラティブが注目されている（Myles, Trautman, & Schelvan, 2004）。ソーシャルナラティブは，ASDの子どもたちに社会的な場面を理解するための手がかりや適切な行動の仕方などを記述したストーリーを使ってソーシャルスキルの獲得を支援する方法である。ソーシャルナラティブによる支援では，まず介入する社会的状況と標的行動を決定することから始める。ストーリーは子どものレベルに合った語彙と文章を使い，一人称か二人称で記述される。必要に応じ写真，絵，アイコンなどを添えられる。そして，子どもにストーリーを読み聞かせ，望ましい行動の見本を示す形で介入が行われ

る。Gray（2000）が開発した「ソーシャルストーリー™」は，ソーシャルナラティブによる支援法としてよく知られている。

ASD児に対する会話指導においてもソーシャルナラティブを使った指導は有効である可能性がある。それは，会話で必要とされるスキルを明確に提示できること，会話という相互作用の過程を自己の行動が相手の心理にどのように作用するかも含め視覚的に紙面上で提示できること，家庭に持ち帰りいつでも復習できること，などの理由による。そして，会話指導におけるアセスメント法としてはAdams & Bishop（1989），Bishop & Adams（1989）の会話分析の手法が有効ではないかと考えた。それはこの手法を使うと客観的な基準で会話に関係する反応を分類することができ，数値化できるため効果を量的に測定できるからである。

そのような問題意識に基づき，本研究では会話の困難から他児とのコミュニケーションに問題を生じていたASDの一児童に対しソーシャルナラティブを用いた会話指導を行い会話分析によって効果の測定を行った。その結果から，ASD児に対するソーシャルナラティブを用いた会話指導の有効性について検討する。

方　法

1．対象児

小学2年生のA児（男児）を対象とした。A児は公立小学校通常学級に在籍していた。発達障害の専門外来をもつB病院に落ち着きのなさや集団行動がとれないことを主訴として来院し広汎性発達障害と診断された。知的障害のない発達障害児のためのソーシャルスキル指導プログラムに200X年5月から参加した。A児のアセスメントの結果は以下の通りであった。WISC-ⅢはVIQ121，PIQ113，FIQ119（言語理解121，知覚統合113，注意記憶103，処理速度106：CA7歳6カ月）であった。心の理論課題においては「サリーとアン課題」「スマーティー課題」などの一次の誤信念課題は通過した（CA7歳9カ月）。保護者からの聴取と行動観察によると，次のような行動上の特徴が見られた。1番へのこだわりが強い。順番を守れずにトラブルになる。他児に対して乱暴な振舞いが多い。衝動性が強く行動を抑制することが難しい。突然ことわざを用いたり同年齢の児童は使わない言い回しを用いることがあり，会話では一方的に話し続けることが多く見られ，話者の方を見ないこともよくあった。

2．指導目標と指導計画

1）対象児への指導

（1）指導の場面と期間

200X年5月から200X＋1年3月までB病院において行われている知的障害のないASDを中心とする発達障害児に対するソーシャルスキル指導プログラムにおいて支援を実施した。この活動はスキルの獲得のための個別指導と，獲得したスキルの実践のための集団指導から構成されている。本指導は個別指導の時間（30分）に行った。

（2）指導の手続き

対象児はソーシャルナラティブ指導のために作成されたストーリーを毎回の指導セッションにおいて支援者の援助のもとに音読した。音読が難しい場合は支援者が読み聞かせた。その後，このプログラムに参加する小学6年のB児（男児）とペアになり，テーマを設けて会話（自由会話）を実施した。なおストーリーは次の指導セッションまで毎日家庭で読むようホームワークとして課した。

（3）指導デザイン

指導はABAデザインによって構成した。ベースライン（BL）期ではA児の問題に特化したものでなく，プログラムに参加する全児童に対して課された，会話の場面で一般的に望まれる行動について記述した漫画形式のストーリーを読ませ，その後ペアの児童同士で自由会話を行った。A児の会話の相手は第4セッション以降はB児に固

定したが，第1セッションでは支援者，第2，3セッションではB児以外の児童であった。会話終了後は，ふり返りカードを用いて自分たちの会話のふり返りを行わせた。BL期の自由会話の分析から各対象児の標的行動を決定しストーリーを作成した。指導A（BL）期（1～6回）では『交代で話そう』『顔を見て話そう』『もっとたくさんお話しよう』，指導B期（7～9回）では『友達に質問する時は？』『きちんと聞こう』『突然話したいことが浮かんだら？』，フォローアップ期（10～11回）では自由会話のみを行った。

（4）ストーリーの作成

ストーリー作成の基本的な考え方と方法は次の通りである。保護者からの聴取や行動観察等から得た情報に基づき，以下の内容を盛り込んでストーリーを構成した。①問題となる行動が起こる状況，②問題となる行動が実際に起きている場面，③その結果としての周囲の反応，④求められる適切な行動，⑤その結果としての周囲の反応。これらの情報を盛り込んだ文章に絵を伴わせ4～8コマの漫画形式でストーリーを作成し，テーマを端的に表現したタイトルをつけた。作成したストーリーの一例を挙げると，『きちんと聞こう』というストーリーは次の4コマから構成された。①あなたはC君と話をしています。今はC君が話している番です。②C君が話をしているのに，あなたはC君の顔を見ないで，手で遊んだり，鉛筆で遊んだりしています。③C君は「話を聞いていないのかな」と思って，悲しくなったり，一緒に話をするのがいやになってしまうかもしれません。④話を聞く時は，遊んだりしないでC君の顔を見て聞きます。あなたがきちんと話を聞いていると，C君は気持ちよく話ができるかもしれません。

（5）会話の分析

第4から第11セッションまでの会話を分析の対象とした。ビデオテープから会話のトランスクリプトを作成し，Adams & Bishop（1989）の会話分析の手法及びBishop & Adams（1989）の不適切な発話についての枠組みを若干改変したものを使用して分析を行った（表1）。反応カテゴリーの分類は第一著者と他の1名で行い，全体の20％に該当する発話に関する一致率（一致した発話数／一致した発話数＋不一致した発話数×100）を求めたところ87％であった。

2）保護者への支援

毎回指導セッションの最後の時間に保護者に対して，その回で実施したストーリーの内容を説明し，問題や支援の仕方について共通理解を図った。そして家庭の会話でもストーリーにそった言葉かけなどをするよう助言し，ポジティブな変化や印象的なエピソードなどについての記録を依頼した。また担任教師に対してもアンケートへの協力を要請し，学校での様子についての情報提供を求めた。

結　果

1．BL期における会話分析と標的行動の決定

A児は「自分の発言の継続」による話者交代，「不適切な場所でのオーバーラップ」「不適切な前提」「不適切な語彙の使用」「話題が飛ぶ」など，語用論的側面も含め多くの問題が認められた。その中から本支援では，Attwood（1998/1999）がASD児への指導が有効な会話に関するスキルとして挙げている事項を参考にして，相互行為の連鎖における複雑な社会的状況判断を必要とせず，形式的なスキルとして学習可能と考えられる以下の3つの問題を標的行動として設定した。

1）標的行動①：適切な方法で相手の発言を促す・質問する

表1の「不適切さのカテゴリー」項目の「社会的に不適切な発言」としてカウントされるぶっきらぼうな発言が，相手の発言を促したり質問したりする際に多く見られ，セッション4・5で各2回，セッション6で7回生起した。よって発言の促しや質問をする際は，"B君は何が好きなの？"

表1　A児の会話分析および指導による変化　（Adams & Bishop, 1989；Bishop & Adams, 1989 を一部改変）

		4回	5回	6回	7回	8回	9回	10回	11回
	発話の割合（A児の発話数／2者の総発話数）	52%	63%	50.4%	53%	55%	51%	53%	61%
ターンテイキング	応答までの時間的ギャップ	0	1	0	0	1	1	2	0
	無反応によるギャップ	1	1	0	3	0	0	0	0
	発話不足によるギャップ	0	0	0	0	0	0	0	0
	適切な場所でのオーバーラップ	0	1	2	0	3	3	0	5
	不適切な場所でのオーバーラップ	0	8	2	3	3	3	3	5
修復	明確化要求への適切な応答	0	2	7	0	1	4	3	8
	明確化要求への不適切な応答	0	4	2	1	2	3	4	5
	相手に対する明確化要求	1	0	1	1	2	1	6	1
	明確化への自己修復	4	11	16	9	9	7	2	11
不適切さのカテゴリー	1．不適切な語彙の使用	0	5	6	4	5	3	1	3
	2．字義通りの意味理解による失敗	0	0	0	0	0	0	0	0
	3．語用論Ⅰ								
	①無反応	0	1	0	6	0	0	0	0
	②話題が維持される間の相手の話題導入の無視	1	14	6	0	9	6	6	2
	4．語用論Ⅱ…理解における文脈利用の失敗　（意図理解の失敗）	0	0	1	3	0	1	1	2
	5．語用論Ⅲ…情報が少なすぎる								
	①不適切な前提（省略した後について，聞き手もそれを知っているという前提）	0	4	4	2	4	1	3	0
	②定かでない指示対象　（代名詞の使用）	0	0	0	0	0	0	1	0
	③論理的ステップが省略される	0	3	4	2	3	0	0	0
	6．語用論Ⅳ…情報過多								
	①不適切な断定／否定	0	0	0	1	0	0	0	1
	②冗長な叙述	0	4	0	2	1	0	1	5
	③不必要な繰り返し	0	13	11	5	2	6	2	12
	④省略が使用されない	0	0	0	0	0	0	0	0
	7．奇異な，あるいは社会的に不適切な内容，スタイル								
	①話題が飛ぶ	0	2	5	1	2	4	1	1
	②話題の変化を示さない	57	12	0	2	4	2	0	8
	③ステレオタイプで杓子定規	0	0	0	0	0	0	0	0
	④不適切な質問　（明らかに相手が答えられないような質問など）	0	0	0	0	0	0	0	0
	⑤社会的に不適切な発言　（過度の馴れ馴れしさなど）	2	2	7	1	1	1	0	0
	8．その他…知識や経験の欠如	0	0	0	0	0	1	1	0
	9．分類不能	0	0	2	0	0	0	2	0
	10．あいづち的な反応のみ	0	0	1	3	0	3	0	0
	11．会話に関係のない不適切な行動（手遊び，その場を離れるなど）	5	7	1	7	3	0	0	0

など社会的に適切な聞き方，促し方をすることを標的行動し，『友達に質問する時は？』というストーリーを作成してセッション7〜9で実施した。

2）標的行動②：聞き手の時は相手の方を向いて話を聞く

相手の発言中にその場から離れる，手遊びをす

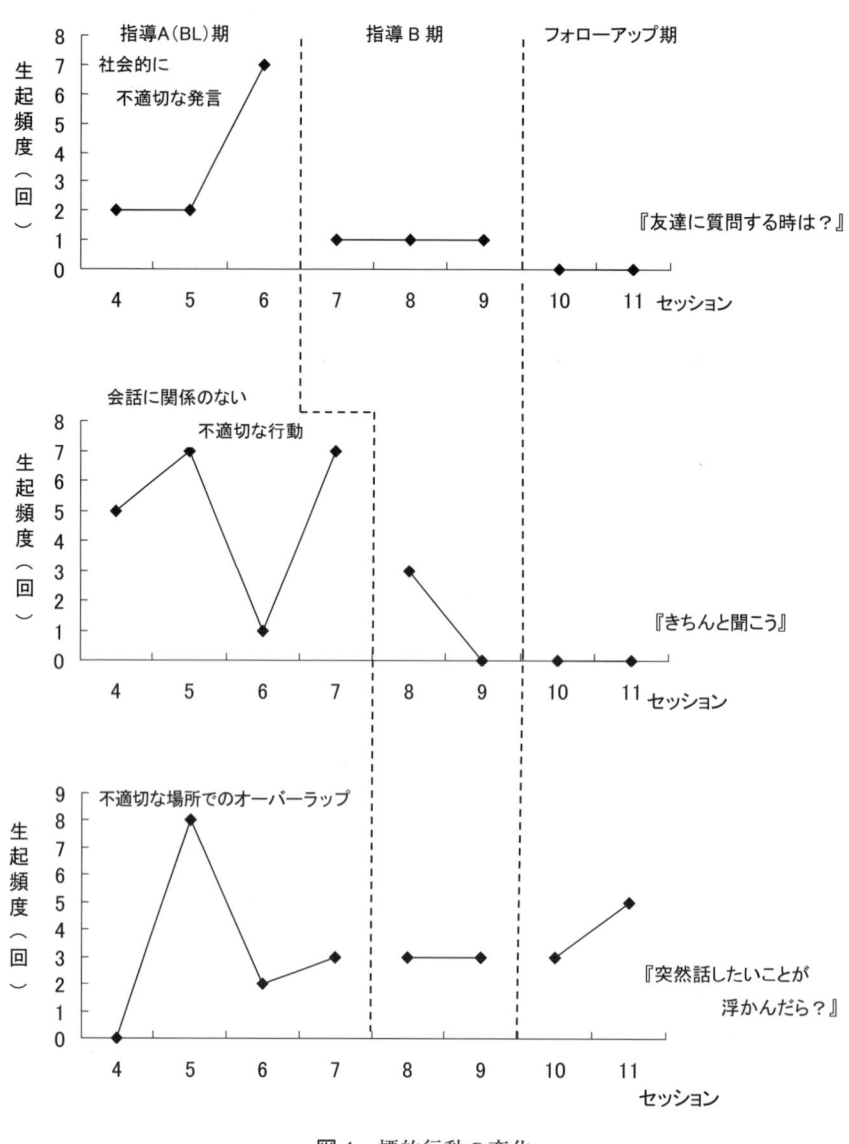

図1 標的行動の変化

るなど，表1の項目「会話に関係のない不適切な行動」にカウントされる行動が毎回生起した。よって相手が発言している時は相手の方を向いてきちんとした体制で話を聞くことを標的行動とし，『きちんと聞こう』というストーリーを作成してセッション8・9で実施した。

　3）標的行動③：話したいことが浮かんだら相手の発言の終了を待って発言を始める

　表1の「不適切な場所でのオーバーラップ」がセッション5で8回，その後も2または3回生起した。A児は相手の発言中，思いついたことを発言し会話を中断させることがあったため，相手の発言の終了を待ってから自分の発言を始めることを標的行動とし，『突然話したいことが浮かんだら？』というストーリーを作成しセッション8, 9で実施した。

2．標的行動の変化

標的行動①②③のそれぞれの生起頻度の変化を

図1に示した。

標的行動①では『友達に質問する時は？』のストーリー介入を行った指導期（セッション7～9）においては，「社会的に不適切な質問・要求」は，いずれも1回しか見られず，フォローアップ期（セッション10，11）においては1回も見られなかった。また，セッション8以降はA児の「開始（質問／要求）」も多くなっており，適切な方法による発言の促し及び質問の増加が見られた。適切な質問の具体例としては，会話相手であったB児の行うゲームについて明確化を求めるため，"なに？"など4回ほど質問するが明らかな答えが得られなかったため，最終的に"ん，だから例えば"と言って限定的な質問を行い，B児の明確な応答を促すという場面が見られた。そのうち，一度もベースライン期に見られたような，ぶっきらぼうな質問は見られなかった。

標的行動②では，セッション4，5，7で「会話に関係のない不適切な行動」が高頻度で生起していたが，『きちんと聞こう』のストーリー介入のセッション8において減少し，続くセッション9～11では生起しない状態で安定した。

標的行動③では，『突然話したいことが浮かんだら』のストーリー介入後も，「不適切な場所でのオーバーラップ」はどのセッションにおいても3回または5回の生起が見られた。

3．標的行動として取り上げなかった会話上の問題の変化

ベースライン期に生起していたが，標的行動として設定しなかった会話上の問題として，「明確化要求への不適切な応答」「話題が維持される間の相手の話題の導入の無視」「不必要な繰り返し」があった。これらの問題に対しては介入は行われなかったが，ほぼ全セッションを通して高頻度に生起し，指導後においても生起数は変化がなかった。

考　察

1．ソーシャルナラティブによる指導が特定の会話スキル獲得に及ぼす効果

1）標的行動①：適切な方法で相手の発言を促す・質問する

A児は相手の意図や感情を考慮せずに自分の話題で話し続け，自分の話が一段落つくとぶっきらぼうな表現で相手に質問するといった場面が多く見られた。ソーシャルナラティブによる指導後は，不適切な質問・要求は減少した。セッションを重ねるごとに会話を楽しみ，話題を共有する時間も長くなり，退屈そうな様子はほとんど見られなくなっていった。また，質問の仕方も適切になり，興味あることについてB児に質問したり，先行するB児の発言意図を明確にするために質問したりなど，話題を維持させるための動機に基づいた質問をするようになった。Attwood（1998／1999）は，アスペルガー症候群の子どもの会話指導の一つとして，会話の切り出し表現や相手の情報について事前に教え，その後子ども同士ペアで質問や話題を考えさせて会話を行わせる指導法を提唱しているが，本事例も基本的にAttwoodの見解を支持する結果であったといえる。また，データとしては示されていないが，仲間との会話の中でのモデリングの効果もあったかもしれない。これは推測の域を出ないが，会話相手のB児は当初からA児よりも高い会話スキルを持っており，その相手との会話は，A児の発達の最近接領域における適切なモデルになっていたことが考えられる。

2）標的行動②：聞き手の時は相手の方を向いて話を聞く

A児は，会話に関係のない行動が，相手に"自分の話を聞いていないのではないか"と思わせたり，不快な印象を与えたりすることに気づいていないようであった。またA児自身が話している時に，相手がつまらなそうにしている行動にも気

づいておらず，会話中の非言語的行為の表す意図の理解ができていないようであった。よって，相手の発言中にA児が関係のない行動をとることによって，相手がどのように感じるかをストーリーの中に明示した。指導後，会話に関係のない不適切な行動は減少したが，これはソーシャルナラティブ介入のみの効果とは言い切れない。A児とB児の会話は，セッションを重ねるごとに興味ある話題が共有されることが多くなり会話が適切に継続されていった。全体的な会話スキルが少しずつ向上していったこともあるが，取り上げられる話題への興味関心の程度が大きく影響していた可能性も考えられる。会話を維持・展開させるにあたって，聞き手の役割は非常に重要である。聞き手は相手の発言や非言語的行為から言っていること以上のことまでも予測しながら聞いており，会話を維持・展開させるにあたって非常に重要な役割を担う。よって会話指導においては，まず相手の話を聞くということの重要性，すなわち相手に対して"聞いている姿勢を示す"ことが何を意味するのか，その意義を理解できるよう指導する必要があるだろう。

3) 標的行動③：話したいことが浮かんだら相手の発言の終了を待って発言を始める

この行動については，ソーシャルナラティブ指導後も一貫した変化は見られず，明らかな指導の効果は認められなかった。Attwood（1998/1999）はアスペルガー症候群の人は考えていることを口に出し続ける傾向があることを指摘しているが，A児も自分の思考内容をそのまま口にしているように見えることがあった。自分が発言したいと思った時に相手の発言の終了を待つという行為は，一つの情報に焦点があたった時はそれ以外の情報は無視されてしまう，また一つの事柄しか遂行できないといった一焦点化，単線処理などと呼ばれる自閉症の認知特徴が影響しているのではないかと考えられる。よって，この問題に関しては単一のストーリーによる指導のみでは不十分であ

り，相手の発言に割り込みをしたタイミングやその時の話題などについて認識させることが必要であろう。そのためには，高橋（1995，1997）が高機能広汎性発達障害男児の会話能力の発達を支援する試みの中で行っているINREALアプローチで用いられるような大人が会話に直接参加し，不適切な行動に対してすぐにフィードバックするといった指導方法や，会話を録画しVTRで大人と一緒に振り返るといった指導方法も併用していくことが有効であると思われる。

4) 標的行動として取り上げなかった会話上の問題について

ベースライン期から生起していた「明確化要求への不適切な応答」，「話題が維持される間の相手の話題導入の無視」，「不必要な繰り返し」に対しては本研究では標的行動として設定せず指導を行わなかった。これらの問題は，指導後においても減少傾向は見られず高頻度で生起し続けた。介入がなされた問題にはポジティブな変化が見られ，介入がなされなかった問題には変化が見られなかったことは，本支援での標的行動の変化はたんに時間の経過や会話相手の児童との関係の深まりのような指導外の要因によるものでなく，ソーシャルナラティブによる指導を行ったことの固有の効果であると考えることができる。

2．まとめと今後の課題

ASD児の会話場面での困難さの要因として杉山（2002）は，会話が多数の情報が集合する場であることを指摘している。ASDの児童，特に低学年の場合は，会話場面における発言の相互連鎖や，表情やジェスチャーなどの非言語的行動に含まれる情報の複雑さにまだ気づいていない段階にあると思われる。そこで，本研究においてはこのような社会的な状況を読み取るための手がかりとなる情報を提供するストーリーを作成し，話題を維持・展開させるために注目すべきことを文脈情報とともに視覚的に明示することで会話スキルを教授するという指導法を行った。そのためにま

ず，A児の会話における問題の実態を正確に把握するためのアセスメントとして会話分析を実施した。

本指導の結果からは，会話分析によるアセスメントに基づく，ソーシャルナラティブを使用した会話指導の有効性が示唆された。そして，会話の技術を知識として学ぶだけでなく，ストーリーを読んだ直後にその内容を意識しながら実際に仲間と会話を行う場面を作ったことが効果の上がった要因のひとつであったと考えられる。それは，スキルの練習と定着の機会になったとともに，会話相手の児童をモデルとして，望ましい行動を習得する機会にもなったのではないかと考えられた。そのような点で，会話相手は必ずしも大人である必要はなく，むしろ，ある程度会話スキルが身に付いているASDの仲間の方が，独特な興味・関心も共有でき，楽しみながら会話ができるかもしれない。

本研究では3つの行動を標的行動として取り上げたが，明らかな効果の見られたものと見られなかったものとがあり，この結果は求められる行動の質的な相違が大きく影響していると考えられる。効果の見られなかった標的行動「話したいことが浮かんだら相手の発言の終了を待って発言を始める」は，社会的手がかりや適切な方法を児童が理解しても，自閉症の認知特徴である一焦点化や単線処理と呼ばれる問題が関わってくるために，ソーシャルナラティブによる指導のみでは解決されないのではないかと思われる。また，ベースライン期からみられた「明確化要求への不適切な応答」，「話題が維持される間の相手の話題導入の無視」，「不必要な繰り返し」などの問題を解決するためには，相互作用の連鎖そのものをモニターし修正できるだけのメタ認知の力が必要となると考えられ，会話の進め方に関する形式的なテクニックを文章を通して知識ベースで教えるソーシャルナラティブの方法によっては指導が難しいと判断したため，本支援においては標的行動としなかった。これらの問題については他の手法，例えばINREALアプローチなどのような相互作用そのものを扱う方法が適しているかもしれない。ソーシャルナラティブによる指導が有効な会話の領域についての検討は今後さらに検討されるべき課題である。

本支援は対象児の会話に関する問題を抽出し，その問題を解決するためのいわばトップダウン的なアプローチである。そして具体的な問題を抽出するためのアセスメントの方法としてAdams & Bishop（1989）の会話分析の手法及びBishop & Adams（1989）の不適切な発話についての枠組みを用いた。このような方向性の指導に対し，子どもの語る行為の発達の筋道に沿いながら，その発達を促進することを目的とした会話の指導もある。長崎（2008）はナラティブの発達に焦点を当てた会話指導を開発している。これは語る行為の発達のための足場を作ることによる支援でボトムアップ的なアプローチといえる。ASD児の会話の発達支援にはこのようなボトムアップ的アプローチと問題解決志向のトップダウン的アプローチのいずれも必要であろう。

ソーシャルナラティブによる支援は先行研究では6歳から12歳頃の児童を対象としていることが多い（藤野，2005）。先行研究の簡単な文章の読解が可能な児童が主な対象となる。本支援もそれらの知見に基づいて言語性IQが比較的高い小学2年生の対象児に導入することを決定した。文章を通して自己の行動を調整できるためにはある程度の読解力と言語性知能が要求される。ソーシャルナラティブによる支援を導入する際には子どもの言語発達レベルを考慮する必要があるだろう。会話への支援にあたっては，どのような方向性のアプローチを取るかと，対象児の発達段階に合った支援法の選択が必要と考えられるが，その点については本研究では十分な考察ができず今後の課題である。

文献

Adams, C., & Bishop, D.V.M. (1989). Conversational characteristica of children with semantic-pragmatic disorder. Ⅰ: Exchenge structure, turntaking, repairs and cohension. *British Journal of Disorders of Communication*, **24**, 211-239.

Attwood, T. (1999). *ガイドブック アスペルガー症候群* (冨田真紀・内山登紀夫・鈴木正子, 訳). 東京：東京書籍. (Attwood, T. (1998). *Asperger's Symdrome : A guide for parentes and professionals*. London : Jessica Kingsley Publishers Ltd.)

Bishop, D.V.M., & Adams, C. (1989). Conversational characteristica of children with semantic-pragmatic disorder. Ⅱ: What features lead to a judgment of inappropriacy? *British Journal of Disorders of Communication*, **24**, 241-263.

藤野 博. (2005). 自閉症スペクトラム児に対するソーシャル・ストーリーの効果――事例研究の展望. *東京学芸大学紀要, 第1部門, 教育科学*, **56**, 349-358.

Gray, C. (2000). *The new social book*. Arlington : Future Horizon Inc.

Gray, C. (2005). *コミック会話* (門眞一郎, 訳). 東京：明石書店. (Gray, C. (1994). *Comic strip conversations*. America : Jeison Public Schools.)

Myles B.S., Trautman M.L., & Schelvan R.L. (2004) *The hidden curriculum*. Shawnee Mission : Autism Asperger Publishing Co.

長崎 勤. (2008). 発達障害児に対する会話発達アセスメント方法と支援プログラムの開発に関する研究. 平成16～19年度科学研究費補助金（基盤研究（B））研究成果報告書.

大井 学. (2002).「誰かお水を運んできてくれるといいんだけどな」：高機能広汎性発達障害へのコミュニケーション支援. *聴能言語学研究*, **19**, 224-229.

杉山登志郎. (2002). 高機能広汎性発達障害におけるコミュニケーションの問題. *聴能言語学研究*, **19**, 35-40.

高橋和子. (1995). 会話能力を育てるかかわり――応答能力を中心に. *INREL 研究*, **6**, 89-101.

高橋和子. (1997). 高機能自閉症児の会話能力を育てる試み――応答能力から調整能力をめざして. *特殊教育学研究*, **34** (5), 99-108.

Yun-Chin, H., & Bernar-Opitz, V. (2000). Teaching conversation skills to children with autism : Effect on the development of a theory of mnd. *Journal of Autism and Developmental Disabilities*, **30**, 569-583.

Yukiko, Yoneyama & Hiroshi, Fujino, **Instruction on conversation using social narrative for a child with autistic spectrum disorders.** Japanese Journal of Clinical Developmental Psychology 2009, Vol.4, 129-137.

We discussed the effect of support for a child with autistic spectrum disorders, aiming at the progress in communication skill using social narrative. We analyzed the content of conversation in assessment, identified the skill necessary in keeping and developing conversation with others, and made the stories including information to acquire the skill. We had the child in question read the story first in the individual instruction, then had the child act what was written in the story at a free conversation scene with peers. As a result, the instruction proved to be effective in conversational skill, such as to urge speech to a peer and ask him/her questions in an appropriate manner, and to listen to what others say appropriately as a listener. Furthermore, the topics of conversation were maintenanced and developed in general while talking with other children, and the occurrence of opportunities in which the child enjoyed conversation increased. Based on this result, the effect of instruction on conversation for the child with autistic spectrum disorders was discussed.

【Key Words】 Autistic spectrum disorders, Social narrative, Instruction on conversation

■コメント

長崎　勤
筑波大学

　自閉症児の発達課題の中でも，会話支援は重要な課題であり，多くの指導者，臨床家はそのことを強く認識しているであろう。

　支援が科学的になるためにはアセスメントと指導方法の一般化が必要であるが，会話のアセスメントに関しては，わが国では共有できるツールがまだ無いのが現状であろう。また指導方法もいくつかの提案はなされているが，共有されているとは言い難いのが現状である。

　米山・藤野論文は，自閉症スペクトラム障害児の会話を Adams & Bishop（1989）等の枠組みを用いてアセスメントし，その結果から，「適切な方法で相手の発言を促す」「聞き手の時は相手の方を向いて話を聞く」「話したいことが浮かんだら相手の発言の終了を待って発言をする」という3つの会話の目標を設定し，それに対応した4コマからなるソーシャルナラティブを作成して，支援を行ったものである。

　会話という，捉えるのが難しい行動を客観的な尺度によって評価しようとした点は高く評価できる。欧米では1980年代から会話の発達研究が盛んになり，それによって，会話を捉える観点が整理され，また会話の評価方法も開発され，指導・臨床にも応用されてきた。わが国においてもそのような研究が今後必要となろう。

　指導に関しては，「話し方」を目標にしたソーシャルナラティブを用いているが，本指導で扱われた内容の「ソーシャルナラティブ」を導入できる時期については注意深く検討する必要がある。本児は小学校2年生で，IQが120前後なので，「話し方」を目標にした支援は発達的にも無理のないものであろうと思われるが，「話し方」は「メタ言語」に関連した内容であり，他の社会的問題行動よりも一段階レベルが高いものであろう。事例によっては，もっと易しい会話に関する目標（例えば，明確化要求など）を扱ってから，メタ言語の問題へといった発達の順序性を考慮することも必要になるかと思われる。

　今後も発展が期待される研究分野といえる。

重度重複自閉症児への自発的活動を目指した指導

新井　豊吉
東京都立石神井特別支援学校

　　激しい過敏と自傷をもち，学校・家庭生活に困難を抱えている生徒に対して，自傷の軽減，自発的活動の増加を目指した事例研究である。アセスメント，教室環境などの構造化，自立課題中心の学習を行うとともに，PECSやVOCAを用い，カードを手渡して要求を伝えること，トイレにオムツを捨てに行くことなど，自発的な活動が増加した。今後，対象者に対して集会や行事への参加など，集団活動の参加の仕方をどのように考え，教師・保護者と共通理解を図っていくかが課題となっている。
　　【キー・ワード】　自閉症，保護者との協同，構造化，自立課題，コミュニケーション

問　題

　養護学校が特別支援学校となり，より一層個に応じた対応が求められている。本研究では特別支援学校高等部2年重度重複学級に在籍している自閉症児の事例を通して，自発的活動を目指した指導とそれに付随する問題を考えてみたい。Kさんは，感覚過敏が激しく，発語はなく，オムツを使用している。要求はクレーンや実物を手に取ることで表現している。学校・家庭においても激しい自傷がある。また，一日の大半毛布や布団をかぶって過ごしている。体調が悪いときはその枚数が増え，食事も横になった状態で，全介助で摂っている。体幹機能障害もあり，イスに長く座っていること，長い距離を歩くことに困難がある。何に不快感を示しているのか特定できないことも多い。また，集団学習への参加方法，毛布を取り除くことによるかんしゃくの誘発など，保護者と学校とでは指導観・指導方法について差違がみられた。したがって，今回の実践は保護者と教師が共通理解を図り，Kさんにとって過ごしやすい学習環境とはどのようなものであるか，自発的に活動するためにはどのような取り組みが必要かを探り，実践することを目的とした。

方　法

1．対象者の概要
　1）診断名
　自閉症，体幹機能障害，愛の手帳2度，身体障害者手帳1種2級，18歳（200X＋1年12月現在）服薬あり。
　2）教育歴
　2歳5ヶ月区立心身障害児通園施設に2年間通園，私立保育園に4歳から6歳まで通園。私立養護学校小学部に入学。6年生時にKさんの状態が環境の変化に耐えられないと学校と保護者が判断し，卒業を1年間延長する。その後，都立特別支援学校中学部重度重複学級進学を経て，所属校の高等部重度重複学級に進学する。母子家庭。月に1回放課後活動サークルに通っている。
　3）発達支援を実施した場所
　所属校（主に所属学級）。
　4）実施期間
　200X年4月から200X＋1年10月現在。
　5）アセスメントの実施
　（1）フォーマルアセスメント
　遠城寺式乳幼児分析的発達検査，S-M式社会生活能力検査，CARS（小児自閉症評定尺度）を

実施した。
(2) インフォーマルアセスメント
　激しい自傷や過敏の深刻さから保護者と課題を共有する必要性を強く認識したため，インフォーマルアセスメントに力点を置いた。
　①元担任との引き継ぎと聞き取り
　②保護者からの引き継ぎと日常的な話し合い
　③ビデオを使用した日常観察記録の実施

6) 総合所見
(1) フォーマルアセスメント結果（200X年5月実施）
①遠城寺式乳幼児分析的発達検査

- 移動　運動：1歳2ヶ月～1歳4ヶ月
- 手の運動：0歳7ヶ月～0歳8ヶ月
- 基本的習慣：0歳10ヶ月～0歳11ヶ月
- 対人関係：0歳8ヶ月～0歳9ヶ月
- 発　語：0歳8ヶ月～0歳9ヶ月
- 言語理解：0歳9ヶ月～0歳10ヶ月

②S-M式社会生活能力検査

- 身辺自立：1歳4ヶ月
- 移　動：1歳11ヶ月
- 作　業：0歳10ヶ月
- 意志交換：0歳10ヶ月
- 集団参加：－
- 自己統制：－

③CARS（小児自閉症評定尺度）54

　S-M式社会生活能力検査においては質問項目のステップが大きいため，数字としては表れない領域がある。移動・運動能力関係領域は1歳を越えている。始歩が5歳であり，体幹機能障害もあり，長時間の座位を保持することは困難であるが，階段昇降は自力でできている。発語は奇声や喃語が中心であり，有意味語は表出していない。CARSでの数値が最高点60に近い。過敏が強く，手を使いたがらないことや家庭や学校においてトイレに入ることができず狭い空間が苦手であるという特性ももっており，オムツで排泄をしていることが，基本的習慣が11ヶ月という数字に表れている。

(2) インフォーマルアセスメント結果
①元担任からの引き継ぎ
　4月，5月に10回以上行った。指定された会議や引き継ぎ資料だけではなく，直面した場面についてその都度話し合いをもった。原因がわからないかんしゃくが毎日あらゆる時間帯にあること，解決策としてはひたすら見守ることに徹したこと，機嫌が良いときは絵本を読んでもらうことを好むこと，意図的な他害はないがかんしゃく時に頭突などを受けてしまうことがあることなどの情報を得た。

②保護者との協同
　年度当初の保護者会や個別面談で，保護者をコ・セラピスト（協同治療者）（Schopler et al., 1996）として考えていることを伝え，双方向的な関係を保ち，正直な意見交換をしていくことを確認した。そして個別指導計画作成時，学級経営案説明時には保護者から以下のような情報が得られた。

a．中学部3年頃から学校でも家庭でも不機嫌な日々が続いた。
b．音楽，美術などの集団授業に苦痛を感じることが多かった。
c．登校時には毛布をかぶる他に鞄を頭に乗せたり，家庭では入浴時に毎回かんしゃくを起こしたりするなど過敏性が強まった。
d．学校の玄関に入ることを拒否したり，帰りはスクールバスからかんしゃくを起こしながら降りてきたりすることが増えた。
d．便秘気味になった（3日から1週間）。
e．学校生活はマイナス面が大きいと考え，高等部に進学するかどうか迷った。

③日常観察記録結果
a．週予定表（時間割）に学校での様子を記録した。落ち着いている時は直線，かんしゃ

くの度合いと長さによって，波線の大きさ長さを変えて記入した。それによって，どのような活動時に，どの程度のかんしゃくがあったかが把握できるようになった。
b．不安定な時と課題に対して積極的な時を日常的にビデオに撮った。それによって活動の様子，自傷や過敏性の表れ方，回復するまでの時間を把握することができるとともに教師の取り組みを反省する機会ともなった。

④日常観察記録のまとめ

かんしゃく時には自傷を伴うことが多い。自傷が最も激しい時は，奇声を発しながら膝で頭を打つ，足先で腹や頭を打つ，手で体をつねる，頭や首，顎を叩く，頭突きをする，手で床を叩く，これらすべてが30分以上に渡って出現する。特に頭突きは危険回避能力が未熟であり，毛布をかぶって視界を遮ったまま行うため，額を切ってしまうこともあった。また足で腹部を叩き続けた結果，血尿が出たこともあった。

自傷を誘発すると考えられることは，以下の通りである。
a．機嫌が良い時も手で頭や顎を叩いたり，壁に頭をぶつけながら階段を昇ってきたり，机に頭突きをして後ろに下がったりする様子が見られるため，自傷は不快を表すだけではなく，遊びであったり，物との距離を測ったり目的もあるようだ。
b．眠い，空腹，便秘など，生理的欲求表現としてかんしゃくを起こすことがある。
c．雨天時，台風が近づいている時にも不機嫌になることが多い。
d．食堂，美術室，調理室，家庭科室，体育館に行くことに対しては座り込むなど，はっきりとした拒否を示す。いずれも大勢の生徒・教師がいる状態であり，待ち時間が長く，作業音や人の声が飛び交う場面である。家庭でも工事の音などに不快感を示している。
e．場面の変化に弱く，体を動かすことに抵抗がある。家庭や学校でも，次に何をするか，どこに行くのかなどが理解できても，実行することに不快感を示すことがある（例：スクールバスから降りたがらない。部屋から部屋へ移動することを嫌がる）。
f．調子がよいからといって，活動しすぎると家に帰ってから不機嫌になることが多い。

その他，行動面の特徴は，以下の通りである。
a．上着を脱いだり手を使ったりすることには抵抗を示すが，ズボンを脱いでオムツを換えることには協力的である。
b．イスに座ることよりも寝ころんでいることを好む。
c．日常的に頭や肩から服や毛布や布団をかぶっている。枚数（重さ・大きさ）を増すことによって安定が図られ，移動がスムーズになる傾向がある（例：場所を移動するときに，それまでかぶっていなかった毛布を手に取ったり追加したりする）。
d．人を物のように扱う（例：人を引き寄せてソファの代わりのように座る。人の手を持って自傷したり，キーボードを弾いたりする）。
e．空き缶程度の大きさの物を箱に入れるプットイン課題が可能である。
f．クレーンで音楽が聴きたい，水が飲みたい，そばにいてほしいなどの要求をする。
g．物で壁をこすったり，足で物をこすったりして音をだすことを好む。
h．機嫌が良いときはヒーターや流し台など高い所にのぼることがある。
i．かんしゃくのあと急に笑い出したり，機嫌が良いと思っていると突然泣き出したりすることがある。
j．全体的に，あかちゃんを見ているような印象を受ける。

7）総合所見に基づく指導仮説，目標の設定，指導方法の策定

（1）指導仮説

自閉症の特性として強い過敏をもつKさんにとって，見通しのもちにくい集団授業への参加方法の工夫や不快刺激を極力軽減することを目的とする構造化された教室環境を設定し，コミュニケーション能力の拡大を含めた個に応じた指導を行うことは，自傷の軽減につながり，自発的行動の増加をもたらすだろう。

（2）指導目標

①クレーン以外のコミュニケーション手段を身につけることができる。

②見通しのもちやすい構造化された環境の中で自発的に課題に取り組むことができる。

（3）指導方法

①PECS（絵カード交換式コミュニケーションシステム）とVOCA（音声表出機器）を取り入れ，担任以外にも要求を伝える。

②学校での活動は個別学習を中心とし，自発的活動を促すためにKさんが教師のプロンプトがなくても達成しやすいプットイン課題などの自立課題に取り組む。

上記の指導方法を実施するにあたってKさんの安定や教師の連携が不可欠であると考え，以下の環境設定を行った。

a．教室環境の構造化

不快時に他の生徒がKさんに触れるなどして刺激することを避けるため，カームダウンエリアを作り，棚をついたての効果がでるように設置し，視覚的に遮るようにした。カームダウンエリアにはKさんが好んでいる布団やキーボードを常時置くようにした（図1）。かんしゃく時にけがをしないように床にはセラピーマットを敷いた。

b．教師同士によるPECSに関する指導法の確認

PECSではトレーナーのスキルに結果が左右されることを強調している（Frost & Bondy，

図1　カームダウンエリアで落ち着いているKさん

2002/2005）。そこで他の重度重複学級担任にも講習を受けていただいた。

c．集団学習への参加方法の検討と確認

かんしゃくを起こしているときは自傷や奇声などにより学習が困難であり，周囲の生徒にも影響を与えるため，体育，音楽，生活単元学習などの集団学習には参加せず，教室で立ち直りを図ることとした。機嫌が良いときも集団学習や運動会などの行事への参加については常時，担当者や重度重複学級の担任と連携をとり，Kさんが参加できる課題が始まってから移動することとした。

結　果

1．200X年4月～9月：環境適応期

本校の個別指導計画は2期制で運営されているため，10月までが前期となっている。Kさんにとっては高等部の大きな集団や教室が2階から3階に変わったことは大きな変化であった。この時期は教室環境の構造化・再構造化，実態把握，保護者との引き継ぎと学び合い，集団学習の中での個別化（教科担任との話し合い）を繰り返しながらKさんに対してどのような学習環境が良いのかを模索していた時期であった。個別指導計画も話し合いの中でよりKさんに合ったものにするために保護者に確認を得ながら変更していった。

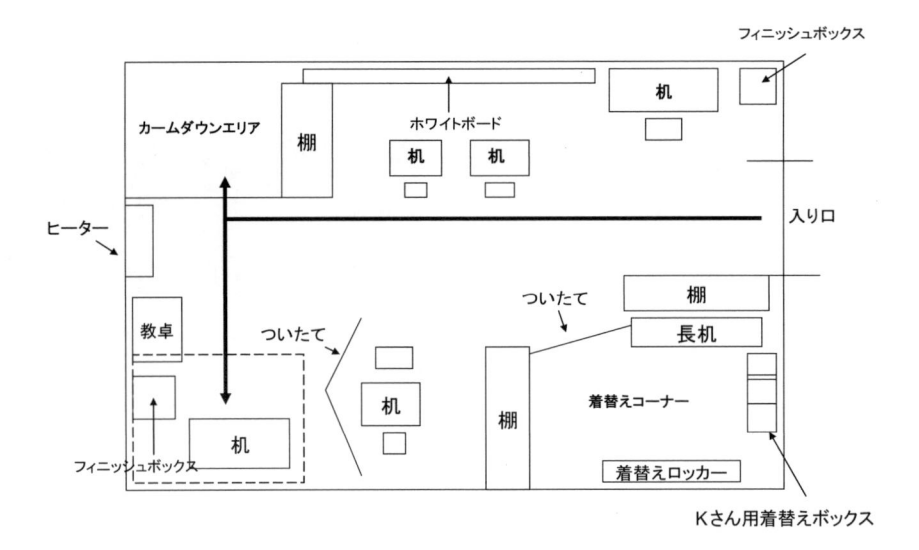

図2　教室の構造化

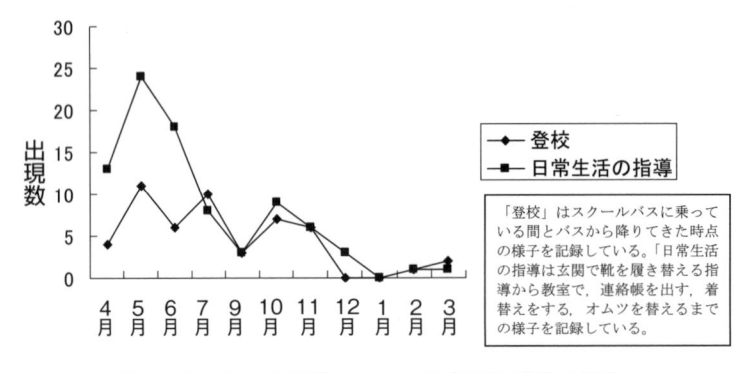

図3　かんしゃく基準Aにおける年間出現数の推移

「登校」はスクールバスに乗っている間とバスから降りてきた時点の様子を記録している。「日常生活の指導は玄関で靴を履き替える指導から教室で，連絡帳を出す，着替えをする，オムツを替えるまでの様子を記録している。

　個別指導計画は年度当初に作ってそのままの状態では機能しないし，保護者の同意がなければスタートできないものである（東京都教育委員会，1996）。朝の着替えは介助して素早く行うという方針を立てた。集団での給食を嫌がるため，教室で担任と二人だけでとることが多かった。教室の構造化を考える上で，Kさんのカームダウンエリアを最初に考えた（図2）。人の出入りの多い入り口付近は避け，スペースも広くとった。登校後そこへ倒れ込み，うなりながら転げ回って不快感を示す様子が見られた。学習コーナーはカームダウンエリアから一番移動しやすい場所に設定した。成長としてはPECSでのフェイズ1（カードで要求を伝える）の行動が1日に10回以上，担任だけではなく他クラスの教師，普通学級の生徒に対しても見られるようになった。強化子としては毛布をかぶっているため体温があがり，水分を要求することが多いので，ペットボトルの写真カードを使った。

2．200X年10月〜200X＋1年3月：教室での活動充実期

　後期に入り，登校後の上着の着替えは慣れると

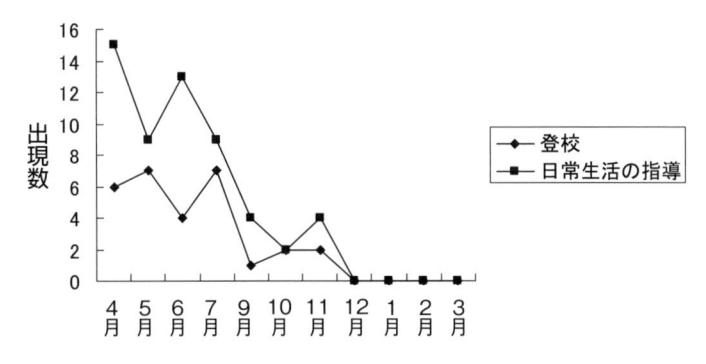

図4　かんしゃく基準Bにおける年間出現数の推移

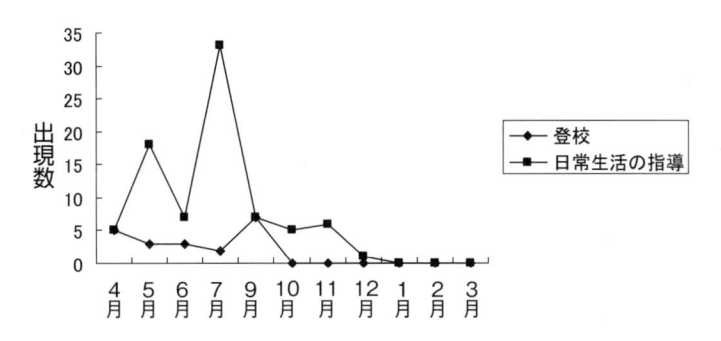

図5　かんしゃく基準Cにおける年間出現数の推移

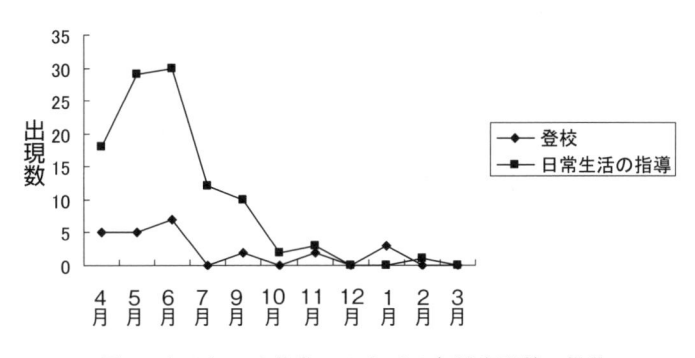

図6　かんしゃく基準Dにおける年間出現数の推移

うものではなく，常に苦痛を伴うものであり，一日の始まりとしては相応しくない指導であると判断し中止した。朝の会が始まる前には必ず同じ曲をかけて予告するようにした。これによって，曲が終わる頃に自分から立ち上がってくる様子も見られるようになった。朝の会での返事や「おはようございます」「さようなら」「いただきます」「ごちそうさまでした」はVOCA（ビックマック）を使用することが定着し，VOCAを押し「ごちそうさまでした」の音声が流れるとエプロンを自分からとって席を立つようになった。体育や美術などの集団学習には，説明や体操の時間が終わり，

ボールをゴールに蹴るなど，理解できる活動が始まってから移動するようにした。これは言葉での説明や待ち時間が長いとすぐに帰ろうとするからである。またKさんにとって難しい課題が設定されている場合は教室で実態にあった課題を行うこととした。1月から朝のかんしゃくが減少した。図3, 4, 5, 6は入学時からのかんしゃく出現数の推移を示したものである。うなる，布団をかぶる，足をばたつかせるなどをA，自傷を伴うかんしゃくで10分以内の自傷を伴うかんしゃくをB, 30分以内をC, 30分以上をDとした。また，教室に誰もいないときに要求のカードを持って隣の教室まできて，教師にカードを示すということもあった。体育館やグランドなど離れた場所においても，教室に帰ろうとする際にカームダウンエリアの写真カードを選択して手渡してもらい，その時は必ず教室に帰ることを繰り返した。そのことによってグランドを一周する，ボールを蹴るなどの活動を一回行い，かんしゃくを起こさずに帰ってくるようになった。連絡帳の記述を見ると入学から9月まではKさんに対する実態や指導に対する保護者との情報交換，共通理解に終始している。10月から「一日安定していた」「パニックがなかった」という記述が見られ始め，その回数（日数）は，10月は2回，11月は5回，12月は4回，1月は4回，2月は10回，3月は8回というように増加傾向にある。PECSではペットボトルのカードに加えて，次に要求の多い「音楽を聴きたい」に応えるために実物のMDを貼り付けたカードを追加した（図3）。

3．200X＋1年4月～10月：自発的行動定着期

Kさんはカームダウンエリアを起点として活動するようになった。例えば，実物（教材）の提示によりカームダウンエリアから学習コーナーに移動し，プットイン課題に取り組む，教室からトイレまで一人でオムツを捨てに行って戻ってくる，毛布から手を出してなぐり描きをするなどである。保護者はKさんが落ち着いてきたため，緊急一時入所制度を利用したり，学校に対しても前

図7　MDの実物と厚みをつけたペットボトルのカード

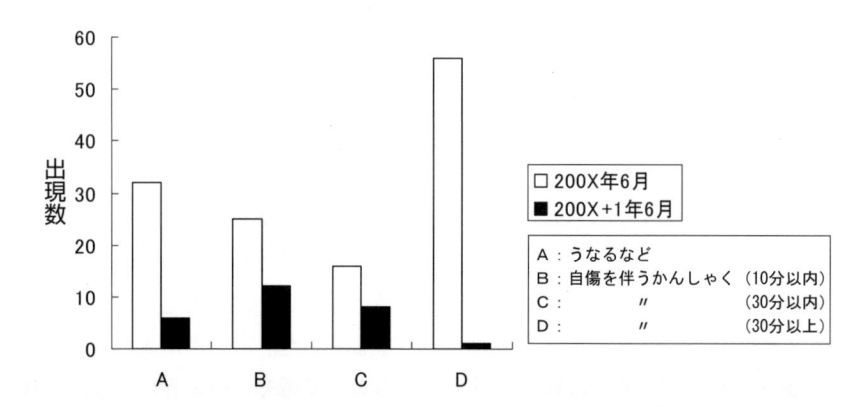

図8　200X年6月と200X＋1年6月におけるかんしゃくの出現数の比較

向きな提言をしたりするなど，ゆとりが見られるようになった。つまりコーピングとして計画的問題解決を取り始めたわけである（谷口・福岡，2006）。給食は隣にある重度重複学級において教師，生徒含めて9名でとっている。途中席を立ち，毛布を追加して戻ってくることもある。このようにかんしゃくを起こす前に自分で調整する様子が見られるようになった。機嫌がよければ登校・下校時やトイレにオムツを捨てに行く時に，毛布や布団はは使わないで活動している場面が見られ始めた。

図8は高等部1年と2年の6月を比較したものである。年間通してかんしゃくの頻度は減っているが6月を抽出して比較した。これは「登校」「日常生活の指導」の他に「自立活動」「教科」「給食」「下校」を加え，一日を通したかんしゃく（A，B，C，D）の合計を比較したものである。6月を比較したのは新年度になりある程度の時間が経ち，行事も少なく，日常の学習が多い月だからである。全体的にかんしゃくの度合いは減少しているうえに30分以上のかんしゃくがほとんどないのが特徴である。

考　察

保護者との連絡帳は1年間で大学ノート6冊を越えた。学校や家庭の様子を単に伝え合うだけではなく，何故そのような行動を起こすのかを考えあうようにした。また，書籍や研究会の紹介などを通して苦手な入浴や余暇の過ごし方，教材作りのアイデアなどを出しあうなど協同作業をすることができた。後期になり話し合いの中から，朝の着替えは刺激の少ないズボンだけに限って行うことにした。これは気持ちが安定したまま，次の活動に参加する結果となった。また，家庭訪問での様子から毛布だけではなく布団も教室に持ち込んだことはKさんがさらに安定する要因となった。指示も通りやすくなり，提示した課題を見て立ち上がるようになった。コミュニケーション能力を高める指導を行う上でも自発的に課題に取り組む上でも教室環境の構造化は不可欠であったと考える。Kさんが落ち着くことによってクラスメイトも学習に集中できるわけである。毛布や布団は障害特性に合わせた構造化であったと言える。佐々木（2002）はその自閉症児にとって必要な構造化は視覚障害者に対する杖のようなものだ，と表現している。結果として毛布や布団をかぶらずに行動することもでてきた。コミュニケーション能力の拡大については写真カードだけではなく，毛布の一部を切り取って貼り付けたカードや厚みのあるペットボトルのカードを作成した。これらは視覚的にもわかりやすく，自分から頻繁に活用するようになった。門（2002）は視覚支援が必要な自閉症児に言葉だけで注意を与えるのは虐待である，と厳しく指摘している。これは保護者ともコミュニケーションは言葉だけではなく，伝わることが大切ということを確認しあうことができた。自立課題に関しては，学習コーナーにある机に乗っている課題を行い，フィニッシュボックスに自分で片付けて，またカームダウンエリアに戻るようになった。後期には教師が次の課題を用意しているとすでにそばに立っていることがあった。一人で行ったという達成感を得ることによって，より自発的に学習するようになったと解釈している。このように何をすべきかいつ終わるのか，が理解できることは自発的活動を支えるものとなった。

200X年6月以降も理由のわからないかんしゃくはあるが，30分以上続くかんしゃくはほとんど見られなくなった。また，離れた場所に移動するときも，そのタイミングを携帯電話で連絡しあうなど重度重複学級の担任同士連携を取りあえたことも大切なことであった。

しかし，実態に合った指導が周囲の理解を得られるとは限らない。Kさんの目標を設定するにあたって大切にしたことは課題の優先順位である。布団をかぶっている，靴を履かないで歩いてい

る，集団学習への参加を嫌がる，オムツがとれないなど，目につくものは多いだろう。しかし最優先課題は過剰な不快刺激を取り去り，Kさんが理解できる学習を積み重ね，自己肯定感をもつことである。前述した例と同列に扱ってはいけないと考える（Richman, 2001/2003）。確かに布団をかぶっている姿は奇異であり，入学時は理解できない場にいることを強制されたり，毛布を取られたりするなど，実態に合わない指導を受けかんしゃくを起こす場合もあった。当然，良かれと思って行われた指導であろう。そのような時はKさんの実態を学年会で報告したり，個別に学級での実践をビデオで見てもらったりして，理解を求めてきた。時として障害特性からくる行動が「わがまま」であり，問題行動であると解釈される場合がある（玉井, 2007）。Kさんの場合，要求表現・自発的活動が増え，自傷が減少したとはいえ，周囲が常にKさんの体調や変化への混乱について敏感に対応している状態は変わらない。理解力がついてきたと同時に手を伸ばして，はっきりと拒否する場面もでてきた。学習発表会の舞台発表はビデオでの参加とした。保護者も担任もそしてKさんも負担なく，孤立ではなくKさんなりの日常の学習成果を発表することができたと考える。それでも行事などに「寂しいから参加させたらどうですか？」という声はある。誰が寂しいのかと言えば，教師が寂しいのかもしれない。個に応じた指導は孤立させることではなく，集団を否定しているわけでもない。学校現場が多忙であり，事例研究を提案しても実現できない状態がある。そういった環境の中で，家庭・通院先の医療機関との連携を深めると同時に管理職を含め，教師同士の共通理解が課題となっている。

文　献

Frost, L., & Bondy, A. (2005). *絵カード交換式コミュニケーションシステムトレーニングマニュアル*（門眞一郎, 監訳）. 佐賀：NPO法人それいゆ. (Frost, L., & Bondy, A. (2002). *The picture exchange communication system.* United States：Pramid Educational Products. Inc.)

門眞一郎. (2002.4.20). *講演録「自閉症スペクトラムについて」*. 千葉：千葉教育会館.

Richman, S. (2003). *自閉症へのABA入門*（テーラー幸恵, 訳）. 東京：東京書籍. (Richman, S. (2001). *Raising a child with autism.* United Kingdom：Jessica Kingsley Publishers Ltd.)

Schopler, E.・Mesibov, G.・Hearsey, K.・Mates, K.・大井英子・古屋照雄・幸田　栄・青山　均. (1996). *自閉症の療育者*（佐々木正美, 監訳）. 神奈川：財団法人神奈川県児童医療福祉財団.

玉井邦夫. (2007). *学校現場で役立つ子ども虐待対応の手引き*. 東京：明石書店.

東京都教育委員会. (1996). *個別指導計画Q&A*. 東京：東京都教育庁指導部心身障害教育指導課.

谷口弘一・福岡欣治. (2006). *対人関係と適応の心理学*. 京都：北大路書房.

内山登紀夫. (2002). *自閉症のTEACCH実践*. 佐々木正美（編）. 東京：岩崎学術出版社.

Toyokichi, Arai, **Instruction for the spontaneous behaviors of the autistic child with severely and multiple disabilities.** Japanese Journal of Clinical Developmental Psychology 2009, Vol.4, 138-147.

This is a case report aiming at the reduction in the occurrence of self-injurious behaviors and the increases of spontaneous behaviors. Along with the assessment, the restructured class environment, and the learning of the "Jiritsu Katsudo" programs, the occurrence of the spontaneous behaviors, such as expressing requests with exchanging cards of PECS and VOCA, and going to the toilet to dump diapers, increased. The issues of how to encourage the child to participate in the group activities like gatherings and events at school and in the region, and also how to share the understanding with teachers and their parents/caretakers remain to be solved.

【Key Words】 Autism, Cooperation with parents/caretakers, Restructuring of classroom, "Jiritsu Katsudo" program, Communication

■コメント

宮﨑　眞
岩手大学

　この実践論文は，知的障害特別支援学校高等部に在籍するAさん（自閉症）の1年余りの指導の報告である。
　Aさんは，触覚や聴覚などの感覚過敏，さまざまなことがきっかけで生じる自傷行動・奇声など激しい行動問題をもち，小学部の頃から学校の学習活動や集団活動に参加できず，参加を促すとそれがきっかけで行動問題が激しく生じていた。Aさんと周囲の人的物理的環境との悪循環に陥っていたと言えるかもしれない。
　このような悪循環に陥ると，高等部生徒だから「○○をすべき時期である」「みんなもやっているのだから，参加させなければならない」「一人だけ特別扱いはいけない」といった指導では，更に行動問題や感覚過敏などの問題や，さまざまな活動からの逃避を助長しかねないと考える。
　この実践研究は，個別学習の時間の確保，環境の構造化，要求言語行動の指導などを，Aさんの達成可能なレベルからスタートし，1年後には行動問題などの逃避行動の低減，活動への部分的参加を導き出している。同時に，保護者の建設的な態度も認められるようになっている。Aさん（保護者も）と環境との積極的な循環が生まれつつある。Aさんは高等部2年であり，学校教育の期間がまもなく終了することを考えると，このような実践が広く普及することが望まれる。
　この実践研究は，以下の理由により，個別の指導計画に基づく実践のお手本のように感じる。
① 保護者や本人のニーズを大切にしている。保護者と信頼関係を築き，重度重複学級をはじめ他の教員との連携に努めている。
② アセスメント（さまざまな資料検査，前担任からの聞き取り，保護者の希望，行動観察など）に基づき指導目標を設定し，指導計画を立てている。
③ 行動問題や要求行動の生起頻度などを記録し，PDCAサイクルにより指導の見直しを行っている。
　個別の指導計画はこれからの特別支援教育において重要なツールであるが，どんなに優れたツールでも，使い手次第である。このような実践が今後増加することが期待される。
　筆者は，大学の教員と共同研究といった形でこの実践を進めた訳でもなく，独学でアセスメント，PECSなどを活用している。その努力に敬意を表したい。今後もこのような実践を継続し，再びこの実践研究誌に論文を発表していただきたい。

読字困難をもつ小学生の「イラスト漢字」トレーシング練習の効果

佐竹　真次
山形県立保健医療大学

　漢字の読みに困難を訴えた小学生に対し，漢字に関連するイラストを重ねた「イラスト漢字」を考案し，漢字部分とイラスト部分を数回トレースさせてその漢字の読みを教え，復唱させるとともにその読みをひらがなで書かせる練習を繰り返した。結果は，漢字のみのトレーシング練習での8セッションに渡る読みの平均正答率が10.3％，「イラスト漢字」のトレーシング練習での読みの平均正答率が75.9％であった。このことは，「イラスト漢字」でトレーシング練習を行ったことのある漢字の形態を視覚的に知覚したときに，関連するイラスト部分をイメージし，対応する表象的意味が想起され，その意味に対応する音韻が喚起されやすくなる可能性を示唆した。
【キー・ワード】　読字障害，イラスト漢字，トレーシング練習，表象的意味，意味処理過程

はじめに

　従来の失読の研究から，左視野からの文字刺激の情報は右後頭葉に至ったあと，脳梁膨大を通り，左半球の後頭葉へ伝えられ，左角回へ伝達されると考えられている。また，右視野の文字刺激の情報は，左半球の後頭葉から左角回へ伝えられるとされている。文字刺激の情報がこの左角回に達しないことには読字は行われないと考えられている。このことから，発達性の読字障害の責任部位についても左角回に関連する部位であることが疑われている（Rumsey et al., 1999）。しかし，実際の症例においてはその症状はさまざまであり，各症例について詳細なアセスメントを行い，それに対応した適切な指導法を考案する必要がある。
　読字障害の子どもにおいては，読みができないことを十分に自己認知できるあまり，読むことを指示・強制される状況ではその場面を恐れ，回避するようになる。宇野・金子・春原（2003）によれば，試行錯誤の末，結局有効な治療教育ができなかった場合には，それまでも失敗経験の多い学習障害児はさらに失敗の経験が一つ増加し，心に傷を持たせることになり，自己評価が低くなり，学習面だけでなく人間全体としての自信も持てなくなっていくことにつながりかねないという。このような子どもに対しては，文字の読み書きの訓練を繰り返すなどして機能自体の改善を直接に目指すやり方ではなく，むしろ，十分ではない機能をカバーするために能力的に問題がない情報処理回路を積極的に活用し，結果的に学習を達成させるバイパス手法を用いることが重要とされる。
　ところで，漢字の失読では自分の示指で文字をなぞることや他者の空書を観察することが読字を促進することが知られており，視覚を経由して得られた書字の運動情報が文字中枢に送られて読みが実現されることが示唆されている（田中・片山・小澤・乾，2002）。宇野ほか（2003）は，読字障害の児童において，漢字書字練習の際に意識的に音読を併用した場合の書字成績は，書字のみの練習をした場合に比べて正答率が低いが，逆に音読正答率は高くなることを示した。しかし，症例によっては，書く練習が必ずしも音読力を上昇させるものではないことも示されている。春原・宇野・金子（2004）は，漢字の読字・書字に障害

をもつ生徒に対して視覚法と聴覚法を用いて漢字書字訓練を行った。その結果，口頭で読み方を言いながら繰り返して書く視覚法よりも，漢字の成り立ちを音声言語化して覚える聴覚法の方で，練習終了後も多くの漢字を覚えていることが可能であったとしている。

　表象文字の側面をもつ漢字においては，音韻を処理するプロセスのみならず意味を処理するプロセスでも情報が処理されるといわれる（Sasanuma, Sakuma, & Kitano, 1992；Fushimi, Ijuin, Patterson, & Tatsumi, 1999）。つまり，漢字の形態を知覚した場合，対応する音韻が直接想起されるだけでなく，その形態に関連する表象的意味も想起され，その意味に対応する音韻が喚起されるプロセスも並存しており，同様に，その漢字の音韻を聞いた場合，対応する形態が直接想起されるだけでなく，その音韻に関連する表象的意味も想起され，その意味に対応する形態情報が喚起されるプロセスも並存していると考えられるのである。漢字の象形部品について口述しながら漢字の意味を表現し，漢字の読み書きを促進する聴覚法は，このような意味処理プロセスを効果的に利用する方法であると考えられる。

　しかしながら，春原ほか（2004）は，聴覚法においては覚え方を漢字を見ながら本人と相談して決めるとしているが，実際のところ，おびただしい数の配当漢字のすべてをこのように言葉で意味表現することは困難であり，抽象的な意味の漢字になればなるほどその難度が増すことは否めない。一方，漢字の読みにおける意味を処理するプロセスには，聴覚法のように音声言語で処理する場合のみにとどまらず，漢字の象形的イメージを視覚的に処理する場合も含まれる。その際，象形的イメージに関連する意味が想起され，その意味に対応する音韻が喚起されることになる。これを可能にするためには，一つひとつの漢字の形態に対応した関連イラストを用意する必要がある。

　そこで，本研究では，漢字の読みに困難を訴えた小学生に対し，漢字に関連するイラストを重ねた「イラスト漢字」を考案し，漢字部分とイラスト部分を数回トレースする練習を繰り返した。練習の結果により，漢字の形態を見ただけでイラスト部分をイメージし，対応する表象的意味を想起して，その意味に対応する音韻が喚起される傾向を高めることができるのではないかと仮定した。

方　　法

1．対　象

　小学校5年生女児A。文章の読みがたどたどしく，とくに習った漢字を忘れやすい。当面の学習では，文章を大人に読んでもらって暗記し，なんとか学習場面を切り抜けているが，読み能力を改善することができないかという主訴で，両親とともに来談した。小学校1年生3学期レベルのドリルの文章題を読ませると，読めない漢字があったりひらがなの単語や文節の区切りを見出せなかったりして，途中で何度もつまってしまった。一文字ずつ指でなぞらせながら読ませると，ゆっくりとではあるが正確さは向上すると思われた。つまった箇所の読み方を教示しながら同じ文章を3回ほどリハーサルさせると読み方が幾分スムーズになるが，それは聴覚的記憶に依存している可能性が高いと考えられた。

　Y県教育センターが作成した「教科学習の特異な困難についての調査票（小学校4〜6年用）」を用いての調査結果では，算数，音楽，図工，体育には問題がなく，国語の聞く，話す，読む，書くのうち，読む，書くのみに重篤な問題が見られた。「読む」では，促音や拗音を読み間違える，助詞「は」「を」「へ」などを読み間違える，接続詞を読み間違える，文字の順序を読み間違える，一字一字は読めるがたどり読みである，文字を抜かしたり付け加えたりして読む，文章の内容がつかめない，などが指摘された。「書く」では，促音や拗音を間違えて書く，助詞「は」「を」「へ」などを混同して書く，漢字の細かい部分を間違え

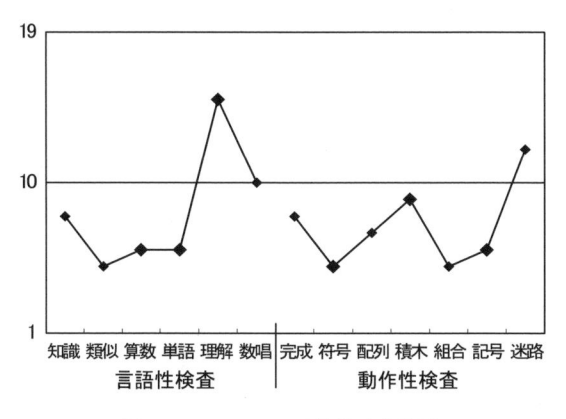

図1　WISC-Ⅲ　下位検査評価点

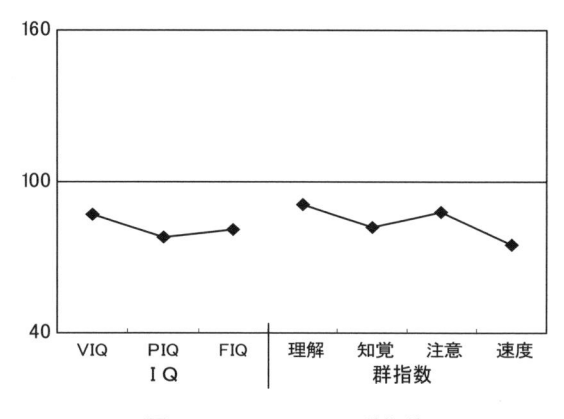

図2　WISC-Ⅲ　IQ・群指数

て書く，漢字の偏と旁を反対に書く，文字を省略したり転化させたりして書く，当て字を書く，などが指摘された。

WISC-Ⅲの結果は，全検査IQが81，言語性IQが87，動作性IQが78であり，理解，数唱，迷路が標準以上である一方で，類似，算数，単語，符号，組合せ，記号が非常に低い状態であった（図1，図2）。WISC-Ⅲの符号や記号の成績は低いが，田中ビネー知能検査の12歳台の図形の記憶はできているとともに，絵を描いたり図形を模写したり記憶した図形を描出したりすることは年齢相応に可能であった。また，自分の住所と名前を閉眼で書かせた後に開眼でも書かせたが，開眼時の字体に比べて閉眼時の字体にほとんど違いが見られなかった。

社会参加の側面では，スポーツ少年団のバスケットボール部に所属し，自発的に練習や競技に参加するとともに，仲間たちとも関わりを楽しむことができていた。しかし，文章の読み書きの度重なる失敗により，Aは学校での学習に意欲を感じなくなり，親に「（学校に）行きたくない。気持ち悪い」「なんでこんな身体に生んだんだ」などと言って不登校傾向を示すようになった。

以上のことから，Aの読みの困難については，視知覚レベルの問題よりも漢字・単語・文節レベルの文字の符号化に問題があるのではないかと考

えられた。筆者が，対象児は学習障害の中の読字障害であろうと指摘すると，母は「怠けていたからではないのですね」，父は「これまでドリルの量が少ないからではないかと思っていました」と言い，認識の変化を表現した。

2．手続き

1）読めない漢字の選択

小学校第3学年の配当漢字をAに一つずつ示して読めるかどうかを試し，読めない漢字を1セッションあたり6〜8個選択する。読み方は訓，音のいずれでも可とした。

2）トレーシング練習

①漢字のみのトレーシング練習：選択した6〜8個の漢字の半数（3〜4個）を1個ずつ8.5cm角の大きさでA4サイズの紙に記載し，その上に別のA4サイズの白紙1枚を重ね，筆順を指差しと口頭で指示しながら，1回目は黄のペン，2回目は赤の鉛筆，3回目は青の鉛筆を用いて3回トレースさせる。1回のトレーシングが終わるたびにその漢字の読みを教え，復唱させるとともにその読みを漢字の下にひらがなで書かせる。

②「イラスト漢字」のトレーシング練習：選択した6〜8個の漢字の残りの半数（3〜4個）を1個ずつ8.5cm角の大きさでA4サイズの紙に記載し，関連するイラストを重ねて「イラスト漢字」を作成した（図3）。その上に別のA4サイズ

図3 イラスト漢字の例

表1 各トレーシング条件における漢字読みの正誤

セッション	1	2	3	4	5	6	7	8
イラスト漢字のトレーシング訓練	㊁㊁集	㊁急送	㊁㊁起宮	㊁急曲㊁	向㊁持㊁	駅庫炭㊁	童波悲羊	㊁落笛
漢字のみのトレーシング訓練	商整息	落有㊁	決去港詩	㊁員荷取	軽研㊁	区章助住	進柱追談	役陽待

○は読み習得

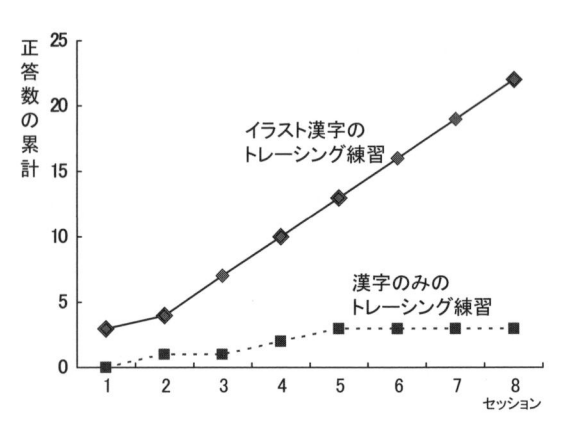

図4 各トレーシング条件における漢字読みの正答数の累計

結　果

の白紙1枚を重ね，筆順を指差しと口頭で指示しながら，1回目は黄のペン，2回目は赤の鉛筆，3回目は青の鉛筆を用いて漢字部分をトレースさせた後に，続いてイラスト部分をトレースさせる。1回のトレーシングが終わるたびにその漢字の読みを教え，復唱させるとともにその読みを漢字の下にひらがなで書かせる。このとき，イラストについて「さんずいが水滴になってる」などとAが自由にコメントしながら行うことを許した。

3）1カ月後のチェック

1カ月後の来談の前半で，トレーシング練習した6〜8個の漢字を一つずつ示して読めるかどうかを試した。

結　果

各セッションにおける条件ごとの正答漢字と誤答漢字を表1に，正答数の累計を図4に示した。漢字のみのトレーシング練習での8セッションに渡る平均正答率が10.3％，「イラスト漢字」のトレーシング練習での平均正答率が75.9％であった。

この練習方法により新たに読みを習得した漢字を含む短い文を視覚刺激として提示し，それを音読することができるかどうかを確認した。表2にその結果を示した。各文の読みの推定時間は，筆者が通常の速さで3回試読して見当をつけたおよその時間である。3文節（a）や5文節（b）の短文でも推定時間とあまり異ならずにスムーズに読むことができた。しかし，他の4文節の文においては，2文節や3文節目まで読むが途中で読み直しする例がみられた（c, d）。また，他の4文節の文においては，2文節まで読み，間を空けて読み継ぎする例（e）や2文節での読み誤りを修正して読み直す例（f）がみられた。また，読みの開始前に数秒の間を置いてスキャンを行い，その後スムーズに読む例もみられた（g, h）。さらに，文の読み始めに冒頭の漢字が読めない場合，時間をかけて文をスキャンし，文脈から漢字の読みを推定して文の読み直し・読み継ぎを行う

表2 漢字1字を含む短文の読みにかかった時間

a 視覚刺激 しあいに負けてくやしい。［3文節］（読みの推定時間3秒）
　提示→読み：0秒「しあいにまけてくやしい」2秒99

b 視覚刺激 あすのあさは5時に起きてください。［5文節］（読みの推定時間4秒）
　提示→読み：0秒「あすのあさは5じにおきてください」4秒94

c 視覚刺激 みんなにおやつを配ってください。［4文節］（読みの推定時間3.5秒）
　提示→読み：0秒「みんなにおやつをくばってくだ」4秒82「くばってください」5秒98

d 視覚刺激 おぼんにはかぞくがみんな集まった。［4文節］（読みの推定時間4.5秒）
　提示→読み：0秒「おぼんにはかぞくが」3秒89「かぞくがみんなあつまった」9秒03

e 視覚刺激 なつがおわるときゅうに寒くなる。［4文節］（読みの推定時間4秒）
　提示→読み：0秒「なつがおわると」2秒25 －間－ 7秒03「きゅうにさむくなる」10秒03

f 視覚刺激 ボールを持ってきてください。［4文節］（読みの推定時間3秒）
　提示→読み：0秒「ボールをとってくだ」1秒23「もってきてください」3秒24

g 視覚刺激 きょうのさらあらいの係はだれ？［4文節］（読みの推定時間3.5秒）
　提示→読み：0秒－間－1秒01「きょうのさらあらいのかかりはだれ」6秒11

h 視覚刺激 かりたほんはとしょ館にかえします。［4文節］（読みの推定時間4秒）
　提示→読み：0秒－間－8秒04「かりたほんはとしょかんにかえします」13秒20

i 視覚刺激 階だんをのぼったらいきがくるしい。［4文節］（読みの推定時間4秒）
　提示→読み：0秒－間「なんだっけこれ？」（対象児発言）2秒32 －間－ 12秒93「だん」13秒11 －間－ 18秒97「かい？」19秒97「かいだんをのぼっ」22秒02「のぼった」23秒97「ら」25秒97 －間－ 28秒86「いきがくるしい」29秒94

例もみられた（i）。

考　察

　表象文字である漢字は意味処理と音韻想起の両方で処理されるとされ（Fushimi et al., 1999），漢字に関する意味的説明を行い漢字の読み書きの学習を促進する聴覚法の効果も報告されているが（春原ほか，2004），高度に抽象化されて言語による意味的説明が難しい漢字も多く存在する。

　そこで，表象文字の利点を十分に活用できるよう，取り扱うすべての漢字について関連するイラストを用意して「イラスト漢字」を作成し，トレーシングと読みによる訓練を実施した。結果では，「イラスト漢字」でトレーシング練習を行った漢字の読み正答率が，漢字のみでトレーシング練習を行った正答率よりも7倍程度高くなった。このことは，「イラスト漢字」でトレーシング練習を行ったことのある漢字の形態を視覚的に知覚したときに，関連するイラスト部分をイメージし，対応する表象的意味が想起され，その意味に対応する音韻が喚起される可能性を示唆する。言い換えれば，漢字読みの過程において絵画的意味処理への依存性を強化し，文字中枢の機能の弱さを補うことができると考えられた（図5）。

　読みを習得した漢字を含む短文の音読については，スムーズに読めるときもあるが，ひらがなのみの文節であっても2～3文節まで読むとつかえることが度々あり，つかえた場合は間を置いて読み直しや読み継ぎを行うことが多くみられた。これは，WISC-Ⅲにおける符号，記号の低さから示唆される視覚的記号の処理速度の問題とも関連している可能性がある。一文字や単語の認知では問題がなくとも，複数の単語から構成された文の場合，当面の2文節程度を処理するのに手一杯とな

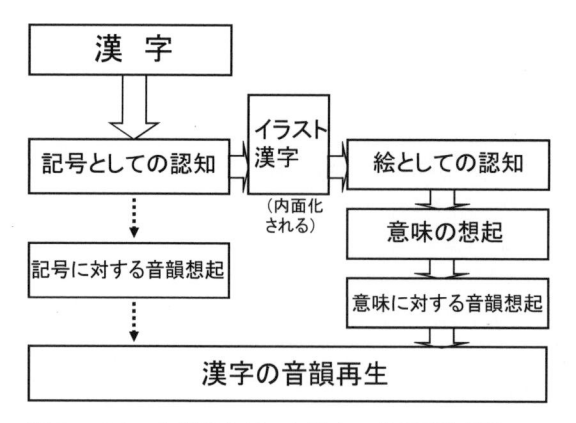

図5　イラスト漢字を用いた場合の音韻再生促進のモデル

り，後続の文節の処理がスムーズに始められないという問題が存在するように思われる。

　したがって，このような方法で漢字の読みを習得できたとしても，さまざまな文のスムーズな読みを保証するとはいえず，学年相応の国語等の学習進度には追いつけようがないことは事実である。しかし，当然のことながら，読めない漢字が文中に含まれていれば，文の読みはそこで中断してしまうのであり，漢字が読めないことは，文を読む際のつかえや読み直しや読み継ぎ等にみられる非流暢性の存在よりも重大な問題である。

　読字障害をもつ人の学校適応だけでなく，一生涯の社会適応を見渡した場合，たとえば運転免許を取得したり料理のレシピを読んだり公文書を読み書きしたりする能力は非常に重要であり，たとえ流暢でなくともそれらを曲がりなりにも実現するだけの読み書き能力を育てることは極めて望ましいと考える。また，漢字を読む能力を育てたとしても漢字を書くスキルが向上するとは限らない。しかし，ワープロを用いて文章を書く場合には，漢字の再認ができれば文章を校正することが可能であること等の補償手段もあることから，読字障害をもつ人の支援にあたっては，学校教育の枠組みに拘泥することなく，将来の職業生活を含め生涯をポジティブに展望する視点が重要であると思われる。

文　献

Fushimi, T., Ijuin, M., Patterson, K., & Tatsumi, I. F. (1999). Consistency, frequency, and lexicality effects in naming Japanese Kanji. *Journal of Experimental Psychology : Human Perception and Performance*, **25**, 382-407.

春原則子・宇野　彰・金子真人. (2004). 発達性読み書き障害児に対する障害構造に即した訓練について——その方法と適用. *発達障害研究*, **26** (2), 3-10.

Rumsey, J. M., Horwitz, B., Donohue, B. C., Nace, K. L., Maisog, J. M., & Andreason, P. (1999). A functional lesion in developmental dyslexia : Left angular gyral blood flow predicts severity. *Brain and Language*, **70**, 187-204.

Sasanuma, S., Sakuma, N., & Kitano, K. (1992). Reading kanji without semantics : Evidence from a longitudinal study of dementia. *Cognitive Neuropsychology*, **9**, 465-486.

田中茂樹・片山正寛・小澤智子・乾　敏郎. (2002). 他者の書字動作の観察による読字のメカニズム——純粋失読症例での検討. *神経心理学*, **18**, 68-75.

宇野　彰・金子真人・春原則子. (2003). 学習障害児に対するバイパス法の開発——機能障害に関するデータに基づいた治療教育. *発達障害研究*, **24** (4), 16-24.

謝辞

　対象児本人とそのご両親から，本実践研究への参加と研究成果の発表について了承をいただいた。記して感謝を申し上げたい。

　＊本実践研究で使用した「イラスト漢字」は筆者が発案し，漫画家の斎藤丈寛氏が作成したものである。なお，現在までに出来上がっている分の「イラスト漢字」を希望者にPDFファイルでお分けすることができます。以下のアドレスにメールでお申し込みください。
ssatake@yachts.ac.jp

Shinji, Satake, **Effect of tracing practice of the illustrated Kanji on a child with dyslexia.** Japanese Journal of Clinical Developmental Psychology 2009, Vol.4, 157-163.

The illustrated Kanji text was newly devised, in which Kanji (Chinese characters) are presented with related illustration, for an elementary school pupil having difficulties in reading Kanji. The child was taught the way of reading Kanji, tracing the part of the Kanji and that of the illustration several times. Then the training to write the reading of Kanji in Hiragana (the Japanese cursive syllabary) was given repeatedly along with the repetition of reading. As a result, the average percentage of correct answers in eight sessions of tracing practice only with Kanji was 10.3% and that of tracing practice with "illustrated Kanji" was 75.9%. The result suggests the possibility that, perceiving visually the form of Kanji already appeared in the tracing practice, the child imaged the part of related illustration, recollected its representative meaning which corresponded to the Kanji, and easily provoked syllables related to its meaning.

【Key Words】 Dyslexia, Illustrated Kanji, Tracing practice, Representative meaning, Meaning processing

■コメント

藤野　博
東京学芸大学

　知的な遅れがないにもかかわらず読み書きに困難を生じるディスレキシア（発達性読み書き障害）やその周辺の児童生徒は，米国・英国等の英語圏では児童の5～7%にみられると報告されているが，日本語圏においてはそれほど多く現れないとかつては思われていた。仮名文字はアルファベットに比べると表記のルールがシンプルであり，仮名に深刻な困難を抱える子どもだけをみるなら確かにそういう傾向はあるかもしれない。しかし，日本語圏で仮名とともに使われている漢字になると状況は一変し，漢字学習が求められる局面で困難が生じる頻度は著しく高まる。漢字の読み書きが日本語圏の子どもたちの学習にとって低からぬハードルとなり，その支援方法の開発が急務であることが認識されるようになったのは比較的最近のことである。

　漢字の読み書きの困難は学校で行われる教科の学習全般に影響を与えるとともに，自尊感情の低下にもつながる。読み書きに困難のある児童に対して，ただ文字を見せて憶えようとさせたり，視写させたりを反復練習するだけの指導を行っても効果がないことが多く，逆に一生懸命に何度も繰り返して練習しても読み書きできるようにならないことから学習性無力感に陥り，学習全般に対する意欲の低下を引き起こすことにもつながりかねない。発達的な視点からも漢字の読み書きへの支援は重要な意味をもつ。

　発達に課題がある子どもへの学習支援においては，認知的な強さや健常な機能を活用し通常のルートとは異なる情報処理ルートを通して学習するバイパス的な考え方が近年採られるようになった。そのようないわゆる"長所活用型"の指導方法として，漢字の構成を音声言語化して覚える聴覚法があり，トレーニングの効果が報告されている。漢字においては音韻につながるルートとともに意味につながるルートがあるが，聴覚法は意味につながるルートを通って音韻表象の喚起を実現する方法といえる。

　意味ルートを活用する方法として，聴覚法のような音声言語化でなく，漢字のもつ図像性に着目したのが佐竹の指導法のオリジナルな点である。漢字をそのままなぞる方法に比べ，イラストを重ねて行う佐竹が開発した方法では8倍もの高成績であったという。これは著明な効果であり漢字学習法に関する新知見を実証的に示した価値ある臨床研究といえよう。同じ意味ルートを活用する方法でも，聴覚法が継次処理活用型だとすると本研究のイラスト法は同時処理活用型であると考えることもできる。子どもの認知処理様式の特徴と最適な指導法の関係についての検討が今後の課題として期待されるところである。

知的障害児に対する文字を用いたコミュニケーション行動の形成とその般化促進
―― 行動問題の減少を中心に

関戸　秀子　　　　　　関戸　英紀
神奈川県立麻生養護学校　　横浜国立大学

　本研究では，施設に入所している知的障害児（養護学校中学部3年）の行動問題を減少させるために，対象児が受信できるとともに対象児からも発信できるコミュニケーション方法として，文字を用いたコミュニケーション行動を形成することを目指した指導を行った。さらに，学習場面で形成されたコミュニケーション行動が日常生活場面や家庭にも般化するように，施設職員・クラス担任や保護者に対しても支援を行った。その結果，それぞれの場面において文字を用いたコミュニケーション行動が成立するにしたがって，行動問題の減少が観察された。これらのことから，コミュニケーション行動と行動問題との関連性，コミュニケーション行動の般化促進の要件に関して検討がなされた。

【キー・ワード】　知的障害児，コミュニケーション行動，般化，行動問題，文字

問　題

　対象児は知的障害児施設に入所しており，構造化された環境の中で一見安定した生活を送っているようにみえた。しかし，よく観察してみると，対象児の思い込みと日課とが異なったり，意思がうまく伝わらなかったりした場合に，自傷・他害などの行動問題がみられた。普段，担任は，クラスの生徒に対して絵カードも用いて指示や説明を行っていた。しかし，対象児にとってその方法では理解が困難なことや対象児に発信のための方法がないことが行動問題の生起に関連していると推察された。一方，コミュニケーションの方法には音声言語や絵カードだけではなく，サイン，アイコン，文字など様々な方法がある（関戸，1996）。また，近年，周囲には問題と受けとめられる行動も，当該の人にとっては，何らかの意思表示を意図したコミュニケーション行動であると考えられている（松岡，2005）。したがって，行動問題の代替行動として，対象児にも周囲の人にも受け入れられるコミュニケーション行動を形成することによって，結果的に対象児の行動問題を減少させることが可能になるであろうと考えた。

　そこで，本研究では，知的障害を伴う対象児の行動問題を減少させるために，対象児が受信できるとともに対象児からも発信できるコミュニケーション方法として，「文字」を用いたコミュニケーション行動を獲得させることを目指した指導を行った。さらに，学習場面で形成されたコミュニケーション行動が日常生活場面や家庭にも般化するように，施設職員・担任や保護者に対しても支援を行った。そして，それらの結果から指導方法の妥当性について検討することを目的とした。

方　法

1．対象児

　指導開始時 CA14歳7か月（以下，14：7と表記）の男児（以下，A児とする）。精神遅滞と診断されていた。4歳時に通園センターに入所した。6歳時，知的障害養護学校小学部に入学直

後，知的障害児施設に入所した（現在に至る）。それに伴い，施設内に設置されている養護学校訪問教育課程に転校した。指導開始時中学部3年に在籍していた。施設では，障害特性や施設生活歴に基づいて生活グループを編成していた。A児は8～16歳の男子13名のグループに所属していた。日中は，別のメンバー（14～19歳の男女11名）で構成された日課クラスに登校し，簡単な作業を中心としたプログラムに取り組んでいた。日常的に直接A児とかかわるのは，施設の生活担当職員3名（三交代制），日課クラス担当職員（以下，クラス職員）1名，学校の日課クラス担当教員（以下，クラス担任）1名，学習担当教員（第一筆者。以下，筆者とする）1名であった。クラス職員と学校の教員との連携は比較的とりやすく，定期的にケース会議やミーティングが開かれていた。

乳幼児発達スケール（KIDS：スケール実施時14：7）の結果は，運動3：4，操作2：1，理解言語3：1，表出言語1：3，概念2：0，対子ども社会性1：6，対成人社会性0：10，しつけ4：1，食事1：8，総合発達年齢2：0であった。また，NCプログラム（プログラム実施時14：7）の結果は，視覚操作6：0～，言語理解3：0，言語表出1：6，視覚記銘3：0，聴覚記銘～0：6，文字読字6：0～，文字書字5：6～，数1：6，運動微細4：0，運動粗大3：4であった。

日常生活場面では，毎日同じ日課・活動であれば安定して過ごすことができた。したがって，状況理解には言葉や絵カードなどを必要とせず，毎日の流れで理解していた。しかし，A児の思い込みと日課とが異なったり，自分の意思がうまく伝わらなかったりした場合には，大きな声を出して自分の腕をかむ，額をこぶしで打つ，そばにいる人につかみかかるなどの行動問題がみられた。A児からの発信方法は，手差しと発声（「あ」「ん」）であった。A児は文字に関心が強く，簡単なひらがなの読み書きや漢字・アルファベットなどの模写ができたが，商標や番組名などの文字の配列や形・読みなどがこだわりになりやすく，コミュニケーションの方法になっていなかった。施設職員はA児の行動問題の原因を状況の変化やストレス耐性の弱さととらえており，ストレス要因の把握が課題であると考えていた。しかし，施設の構造化された生活の中ではそのつどコミュニケーションをとらなくても生活でき，A児を熟知している職員との間では明確な意思表示を伴ったコミュニケーションがないまま，職員がA児の要求等を先取りするかたちで対応していることも多いと考えられた。また，行動問題が起きた場面を観察すると，これまでのコミュニケーションの内容はほとんどがA児に受容を要求するものであり，A児から発信させるという観点での対応はなされてこなかった。したがって，A児の行動問題の生起は，A児が受信・発信の方法をもっていないことと大きく関連していると考えられた。

一方，A児が夏休み等に帰宅すると，日中は祖母が対応していた。しかし，高齢であることもあって，A児を制止しようとして顔をかまれたり，頭突きをされて転倒したりすることがあったため，祖母はA児の様々な要求を受け入れざるを得ない状況におかれていた。また，父親はA児に対して全面受容の方針で，かみつかれてもそのままかませておくという対応をしていた。なお，父親からは，個別学習に対して「発音は定着しなくても，言葉を使ってコミュニケーションをとれるようになって欲しい」という要望が出されていた。

2．指導期間・場所

200X年5月から200X＋1年2月まで，学校の学習室で，毎日30分間学習担当教員によって個別指導が行われた。指導回数は98回であった。

3．指導目標

A児に受信・発信の方法として文字の使用を獲得させることによって，行動問題を減少させることが可能になるであろうと考えた。そこで，日常生活場面で，A児が指導者と文字を用いてコミュ

ニケーションができるようになることを指導目標とした。

4．手続き
1）やりたい課題を文字で要求できるようにする
（1）課題を文字で理解できるようにする

①課題の実物と音声言語のマッチングを行う。次に，縦（上から下）に並べられた3つの課題を順に行う。②課題の実物と音声言語と課題名の書かれたカード（以下，文字カード）のマッチングを行う。次に，ボードに縦にはられた3枚の文字カードの順に課題を行う。

（2）やりたい課題を文字で要求できるようにする

①課題の実物と文字カードのマッチングを行う。次に，A児がやりたい課題の文字カードを3枚選択させ，1～3の数字がはられたスケジュールボードに縦にはる。そして，はられた順に課題を行う。指導者は課題が終わるたびに文字カードをはずし，課題終了後に『おしまい』と書かれたカードをはる。②もし，A児がやりたい課題が文字カードの中にない場合は，A児と指導者が一緒にカードに書いてボードにはる。③②と同様の場合，A児がカードに書いてボードにはる。

（3）学習場面で欲しい物品を文字で要求できるようにする

①切り紙工作の課題で使うはさみなど，A児にとって使用頻度の高い物品をしまっておく。②要求事態が生じてもA児が自発的な要求行動を示さない場合は，A児に5秒間注目する。③A児が要求行動を示した場合，「何か欲しいの？」と尋ねる。④「書いて」と言ってA児にペンとカードを渡し，『はさみ　ください』と書かせる。⑤カードをA児と一緒に読んで，「はさみね，はい，どうぞ」と言ってはさみを渡す。⑥この手続きを他の要求物にも拡大していき，ペンとカードも要求できるようにする。

2）日常生活場面で欲しい物品を文字で要求できるようにする

①作業場面で必ず着用することになっているエプロンをしまっておく。②要求事態が生じてもA児が自発的な要求行動を示さない場合は，A児に5秒間注目する。③A児が要求行動を示した場合，「何か欲しいの？」と尋ねる。④「書いて」と言ってA児にペンとカードを渡し，『えぷろん　ください』と書かせる。⑤カードをA児と一緒に読んで，「エプロンね，はい，どうぞ」と言ってエプロンを渡す。⑥おやつ場面のおかわりでも同様に行う。⑦日常生活場面で要求事態や混乱状態等が生じた時に，即座にペンとカードをA児に渡し，書字させる。

3）A児にかかわる人たちへの支援
（1）クラス職員・クラス担任

筆者が行ったA児のアセスメント結果および日課クラス職員・クラス担任を対象に行ったA児とのコミュニケーションに関するアンケートの結果を基に，これまでのA児の状況理解の方法，発信の方法，行動問題の要因の分析結果等についてケース会議で報告し，理解を得る。また，A児が獲得可能な受信・発信方法について提案する。さらに，これまでの学習場面での指導の成果に基づき，日課クラスでも同様の手続きでA児に対応してほしいことを要請する。

（2）保護者

A児のCAが14：7，言語表出が1：6以下，またA児からの発信方法が手差しと発声であったことから，A児に音声言語によるコミュニケーション行動を形成することは多大の困難を伴うと考えられる。そこで，A児の好きな文字をこだわり遊び的に使うのではなく，コミュニケーションの方法として用いることに理解を求める。また，家庭での過ごし方については，全面受容ではなく，A児とのやり取りの中で確認をしながら，A児に合ったルールのある過ごし方ができるようになることを目標として，可能な部分から文字を使ってコミュニケーションすることを提案する。

結　果

1．指導目標の獲得過程

1）課題の理解

【5月上旬】新たな課題は実物によって示し，それと文字カードをマッチングさせることを繰り返し行った。既習の課題であれば，文字カードを提示するだけで，どのような内容の課題であるかを理解できるようになった。

指導開始から2週間たつと，やりたい課題の文字カードを3枚選択し，それらのカードをスケジュールボードにはって，その順番で学習を行うことが可能となった。

2）やりたい課題の要求

【6月上旬】課題の文字カードを選択せず，手差しと発声を示す。すぐに対応しないでいると，大声をあげて自分の腕をかんだ。手差しを続けるので，「持ってきて」と促すと，トーキングカードを持ってきた。「これはトーキングカード。書いてはりましょう」と言ってカードに書かせ，スケジュールボードにはって確認をした。A児は大声を出すことをやめ，スケジュールにそって課題に取り組むことができた。この後，あらかじめ用意した，課題の文字カードの中にない活動をやりたい時に，ペンとカードを示すと，大声を出したり，自傷したりすることなく，指導者と一緒に書こうとするようになった。

【6月16日】正確に書いて伝えられるようにひらがなとカタカナの五十音表を用意し，新奇の単語を書字する時には五十音表の文字を指差して確認させるようにした。また，語いを増やすために『じのれんしゅう』と書いた課題カードを作り，学習の最後に書字練習を行うことにした。なお，混乱を避けるために，コミュニケーションに用いるカードは3cm×20cmに，書字練習用のカードはA4判にした。

要求物の名称およびその文字が分からない時にはその物品を手差し後書字することで，文字だけが分からない時には五十音表で確認してから書字することで，やりたい活動を指導者に伝えられるようになった。

【6月21日】決めたスケジュールにそって一つめの課題をやり終えた直後に，A児が二つめの課題のカードをはずし，別のカードにやりたい課題名を書いてボードにはった。「それをやりたいの？どうぞ」と言うと，二つめの課題に取り組んだ。一度決めたことでも自分で修正し，混乱することなく取り組むことができた。

【6月28日】教材棚で教材用の菓子袋の入ったファイルを見つけ，カードに『おやつ』と書いてきた。何度も「おやつはない，袋だけ」と言ったが納得せず，立ち上がると大声をあげ，自分の腕をかんだ。カードに『おやつは　ありません』と書いてみせると，静かになった。

【6月末】ペンとカードをかごに入れて机上に置くと，自らカードに課題名を書いてボードにはるようになった。

【7月4日】カードに『ほん』と書いてから，次のカードに『ひとりでできるもん』と書いた。これまでは，本は指導者が提示した数冊の中から選ばせたり，A児に本棚に取りに行かせたりしていたが，読みたい本の名称を書いて伝えるようになった。

【7月5日】クラス担任から，ぶらんこは好きな活動のため興奮しやすく，終わりにすることが難しい，という報告を受けていた。そこで，クラスに迎えに行ったその場で，『ぶらんこ』と書かれたカードを見せた。そしてぶらんこに乗る前に，カードに『ぶらんこは3かい』と書いてA児に見せ，1回分ずつ歌を歌って，数字カードでカウントダウンをし，最後に『おわり』と書かれたカードを見せた。A児は笑顔でぶらんこに乗った後，抵抗することなく切り上げることができた。

【8月4日】帰宅日の前日，日課クラスの自由時間に，筆者がA児のクラスに入った。A児が

文字盤にプラスチック製のひらがな文字で『あしたおうち』と並べて筆者に見せるので,「そう,明日はおうちに帰るよ」と答えた。するとA児が,『あしたにか』と文字を並べた。「日課はないよ」と応じると,『あしたがくし（「し」の文字がなかったのでペンで書き足した）』と並べて見せた。「学習したかったの？」と聞くと,A児は手を上げた。

3）欲しい物品の要求

【9月13日】切り紙工作の課題の時,いつもA児が使うはさみをあらかじめしまっておいたところ,A児は手を振り,声を出して,何かを伝えようとした。「何欲しいの？」と言ってペンとカードを渡すと,A児は『なにほし』と書いた。はさみを見せ,「これ,欲しいの？これは,はさみ。はさみ,ください,と書いて」と言うと,『はさみ　ください』と書いた。「はさみ,どうぞ」と言って渡すと,笑って切り紙工作を始めた。

4）日常生活場面で欲しい物品の要求

【10月27日】日課クラスの朝の自由時間。クラス担任が,A児にペンとカードの入ったかごを見せながら「ここに置くよ」と言って,棚の上に置くと,A児はすぐにかごをとって来て,自分の机の上に置いた。

自分のおやつを食べてしまった後,声を出して騒ぎ出した。クラス担任が「書いて」と言って,かごを持って来ると,A児は『ください』と書いた。クラス担任が『なにを』と書くと,A児は『えびしお（菓子名）』と書いて,おかわりをもらうことができた。

【11月】学習室に暖房を入れておくと,『あつい　とめて』と書いたり,傷を見せて『ばんど』と書いたりして要求するようになってきた。

2．A児にかかわる人たちへの支援の経過

1）クラス職員・クラス担任への支援

【9月28日】ケース会議で,前学期のまとめとして,これまでの指導の経過をクラス職員・クラス担任に報告した。また,腕かみは8月の下旬からみられないことや腕かみが生じた時の対応の仕方についても伝えた。さらに,アセスメントの結果およびA児とのコミュニケーションに関するアンケートの結果を基に,A児の指導の目標や方法について説明し,日課クラスでも文字を用いた要求ができるように場面を設定してもらうことで了解を得た。具体的には,学習室と同じペンとカードの入ったかごを,A児が使いやすい,一定の場所に置いてもらい,おやつ場面から指導を始めてもらうことにした。

【12月】クラス担任が長期の療養休暇に入ったため,代わりに筆者が日課クラスに入った。その間,学習の授業は行われなかった。A児は長年の経験から行事（12月には様々な行事が行われる）にある程度の見通しをもつことができるため,日に日に興奮が高まっていき,仲間とトラブルになったり,腕をかんだりすることが目立った。『ガブ（腕かみ）はだめ』『ちいさなこえで』などと書かれたカードを作り,比較的安定しているときに読ませるようにしたところ,興奮した時にカードを提示することによって落ち着くことができた。A児が興奮して指導者の言語指示が理解されにくい時にも,文字で伝えると理解されやすいことをクラス職員に確認してもらった。

【3月】ケース会議で,クラス職員・クラス担任がそれぞれ文字カードを持つことができるように同様のカードをもう一組作ったこと,『おしまい』などの文字カードも新たに作成し,A児ばかりでなくクラスの他の生徒とのコミュニケーションにもそれを使用していることが報告された。

2）保護者への支援

【11月11日】授業参観日。A児をクラスに迎えに行き,文字カードで『さんかんび』と伝え,学習室に移動を始めた。途中,A児は父親を見つけると,つないでいた指導者の手を振り払って父親に走りより,大声で何かを伝えようとした。父親は「やっぱり私が来るとわがままが出ますね」と言った。A児を説得して学習室に連れて行き,

ペンとカードを与えると『ジュース』と書いた。父親は，5日前に来所した折に，A児にジュースをせがまれて玄関の自販機で買い与えてしまったことを話し，「こうなると後に引かないので」と言って，買いに行こうとした。指導者が，「ジュースを買って欲しいんだね。だけど，今は学習」と言ってそのことをカードに書いてはった。そして，『ジュースは　あとで』と書き足し，文字を指差しながらゆっくりと読んだ。A児は静かになり，いつもと同様に文字でコミュニケーションをしながら学習を進めることができた。参観後の面談で，父親に，A児が興奮している時には，無視したり，無理やりやらせたり，逆に押し切られたりするのではなく，文字で伝え，了解して行動してもらうことが大切であることを説明し，納得してもらうことができた。

【12月】冬休みの帰宅では，家族がA児の表出したいことが分からない時にペンとカードを渡すと，A児が文字で書いて返してきた，という報告があった。

【3月】父親は，中学部卒業後学習の授業がなくなることを残念がり，今後のコミュニケーション方法について改めて教わりたい，と筆者に面談を求めてきたので，助言をした。

考　察

本研究では，知的障害を伴うA児の行動問題を減少させるために，A児が受信できるとともにA児からも発信できるコミュニケーションの方法として，文字を用いたコミュニケーション行動を形成することを目指した指導を行った。さらに，学習場面で形成されたコミュニケーション行動が日常生活場面や家庭にも般化するように，クラス職員・クラス担任や保護者に対しても支援を行った。その結果，それぞれの場面において文字を用いたコミュニケーション行動が成立するにしたがって，大声を出したり，自傷したりすることが減少した。以下，コミュニケーション行動の形成と行動問題の減少，コミュニケーション行動の般化の促進に関して検討を行う。

約4か月を要したが，A児は学習場面で，文字を用いて欲しい物品を要求することが可能になった。この要因として，こだわり遊び的に用いていたとはいえ，文字の使用というA児の行動レパートリーの中にある行動をコミュニケーション方法として選択したこと，またA児が文字を用いて要求した場合に指導者が即座に要求物を提供して強化したことが考えられる。さらに，A児にとっては，受信においても文字の使用が有効であった。一般的には，中・重度の知的障害児にはコミュニケーションの方法として，写真カードや絵カードの使用が有効であると考えられているが，本研究の結果は個の認知特性に応じたコミュニケーション方法を選択することの重要性を示唆していると言えよう。さらに，指導者とA児の間で文字によるコミュニケーションが成立するにしたがって，A児の行動問題の減少が観察された。松岡（2005）は，行動問題は当該の人にとってはコミュニケーション行動であり，それをより適切な代替行動に置き換えることの重要性を指摘しているが，本研究においてもそのことが再確認されたと言えよう。

一方，学習場面で形成された文字によるコミュニケーション行動は，日常生活場面や家庭においても般化がみられた。しかも，その社会的機能をみると，要求ばかりでなく，指導目標としなかった「質問」（【8月4日】の『あしたにか』）や「叙述」（【11月】の『あつい』）の機能をもつコミュニケーション行動も観察された。この要因として，指導者がクラス職員・クラス担任や保護者に対しても所定の指導方法を教示し，A児に要求事態が生じた時にはそれに基づいた対応を要請したこと，日課クラスに学習室と同じペンとカードの入ったかごを用意したこと，クラス職員とクラス担任が同様の文字カードを所持したことなどが考えられる。これらのことから，獲得された行動の

日常場面での般化を促進するためには，対象児ばかりでなく，対象児を受け入れる環境側の有効な働きかけも求められると言えよう（関戸，1996）。

以上のことから，本研究で用いられた指導方法は妥当であったと考えられる。

なお，本研究の今後の課題として次のことが残された。まず，それぞれの場面において文字を用いたコミュニケーション行動が表出されるにしたがって，A児の行動問題の減少が観察された。本研究は，主として施設内の養護学校の学習場面で行われたため，データの収集に制約があったことは否めないが，コミュニケーション行動や行動問題の生起頻度等を定量的に示すことによって指導方法の妥当性がより確かなものになったと考えられる。次に，A児に，要求以外にも質問や叙述の機能を有するコミュニケーション行動が観察された。このことから，本研究では，A児に物品や人に対する刺激般化ばかりでなく，社会的機能においても般化がみられたと考えられる。今後は，対象児に要求言語行動を形成することによって，その機能の般化がどこまで及ぶのか，また他の機能に般化がみられるための要件は何かについても明らかにしていく必要がある。

文　献

松岡勝彦. (2005). 問題行動の見方・問題行動への基礎的対応. 長澤正樹・関戸英紀・松岡勝彦（著），こうすればできる：*問題行動対応マニュアル*（pp. 30-40）. 東京：川島書店.

関戸英紀. (1996). 自閉症児における書字を用いた要求言語行動の形成とその般化促進——物品，人，および社会的機能の般化を中心に. *特殊教育学研究*, **34**(2), 1-10.

付記

本研究をまとめるにあたり，A児の保護者の承諾を得ております。

Hideko, Sekido & Hidenori, Sekido, **The formation of communicative behaviors in a youth with mental disabilities through writing, and the acceleration of its generalization: Focusing on reducing behavior problems.** Japanese Journal of Clinical Developmental Psychology 2009, Vol.4, 164-170.

With the purpose of reducing behavior problems by a youth with mental disabilities (a third- grader of Special Need Education junior high school for Mentally Handicapped) attached to the nursing institution, we guided the student to form communicative behavior by writing as a communication method with which the student in question can send and receive messages. Besides, we supported the staff in the institution, the teacher in charge of the student, and also the parents/caretakers, so that the communicative behavior formed in training sessions would be generalized to daily life routines in community and home. As a result, along with the formation of communicative behavior with writing in each situation, the reduction of behavior problems was observed. With this result, discussed here are the relation between communicative behavior and behavior problems, and the necessary requisites for accelerating the generalization of communicative behaviors.

【Key Words】　A child with mental disabilities, Communicative behaviors, Generalization, Behavior problems, Writing

■コメント

宮﨑　眞
岩手大学

　対象児の診断名は精神遅滞で，乳幼児発達スケールの結果は総合発達年齢2：00（範囲：対成人社会性0：10～運動発達3：4）と記載されていることから，知的障害の程度は重度であると考えられる。しかし，文字に関しては非常に興味を持ちこの指導を開始する前にある程度の読み書きのレベルに到達していたと考えられる。できれば，指導開始時の読み書きのプロフィールがもう少し詳しく書かれていると，今後の実践に対する示唆が増したかもしれない。

　言語の表出面では，11月にA児が「あつい　とめて」とカードに書いたり，言語の受容面で，「ジュースは　あとで」と書き足し文字を指さしながらゆっくり読んだら，静かになったなどのエピソードがあり，内言語はかなり育っていたとも考えられる。しかし，周囲の大人とのコミュニケーション手段を持たず，行動問題が生じていた。得意な技能に注目し指導方針を立て，A児の全体的な状態を改善したことを評価したい。

　この実践研究は，エピソード記録により結果をまとめている。例えば，2）やりたい課題の要求の6月上旬のエピソード記録から11月のエピソードまでを読んでいくと，書字による要求言語行動が自発されるようになっていった経過が具体的に示されている。予め観点を決めて記録をとることで，現場の指導が実践論文のデータになることを示していると考えられる。

　筆者も今後の課題で頻度などの量的記録の必要性を指摘している。「おしまい」と書かれたカードにより，以前なら癇癪を起こしていたところが，気持ちをコントロールできたといったエピソードがあるが，やはり一日，一週間，一ヶ月単位で行動問題の種類と頻度がどのように変化していったのか量的記録があると更に説得力を増したと考える。

　この実践研究の魅力としては，指導手続きが具体的に書かれている点で，この点は，今後実践研究を投稿しようとする場合，参考にして欲しい。

自閉性障害のある子どもに対する
コミュニケーションスキル習得の支援
―― 生活の中でのあいさつスキルの習得と集団適応を目指して

本田　正義
山形県南陽市ことばの相談・指導訓練教室

　他者とのコミュニケーションに困難を抱える自閉性障害のある子どもに対して，「あいさつスキル」の習得を中心とした支援をすることによって他者との関わりを改善する契機とし，集団適応を促進させることができるのかを検討した。また，あいさつスキル習得の基盤となる環境調整も同時に行った。ほぼ半年にわたる支援の結果，6つのあいさつことば（「おはようございます」「おやすみなさい」「さようなら」「ありがとう」「どうぞ」「ごめんなさい」）が日常生活の文脈の中に位置づけられ，自発できるようになった。あいさつスキルの習得と環境調整の両面の支援が，家族や園における対人関係に変化をもたらし，社会的フィードバックを増大させ，集団適応を促進させることが示された。
【キー・ワード】　自閉性障害，あいさつスキル，対人関係，環境調整，集団適応

問題および目的

　一人ひとりの子どもが他者とどのように関わっていくのか，また関わっていく能力を高めていくことができるのかということは最も重要な発達支援上の課題であり，特に他者とのコミュニケーションに困難を抱える自閉性障害のある子どもにとっては極めて切実な問題である。
　このような子どもたちに対してどのような支援をすることによって"コミュニケーション能力"を高め，さらに集団適応を促進させることができるのかという問題意識のもとに本テーマを設定した。自閉性障害のある子どもの社会性の特徴として，「心の理論」の障害，情緒の発達遅滞，他者認知の障害などがあり，社会的刺激に対する認知能力の問題が自閉性障害の子どもが示すコミュニケーションの困難さの一要因になっていると考えられる（小林・園山・野口，2003）。
　一方で自閉性障害の子どもたちにも社会適応を要求される場面が年齢を重ねるにつれて増加してくる（井澤，2002）。それを受け，ターゲットをしぼった社会的スキルやコミュニケーションスキルの発達臨床的または行動分析学的指導の必要性が高まり，多くの実践がなされてきている（長崎・佐竹・宮﨑・関戸，1998；佐竹，2002）。それらが示しているように，社会的スキルやコミュニケーションスキルを習得するためには日常生活に近い文脈を設定し，その中にターゲット行動を自然に埋め込む形で指導することがふさわしい。その際，子どもの発達段階を考慮し，発達の最近接領域を狙うことが重要である（長崎，2006）。
　本研究では以上の考えに立ち，あいさつスキルの習得を促進し，それらのスキルの活用の機会を拡大することが，集団適応を促進させることができるのかを明らかにすることを目的とした。

方　　法

1．対象児

　A児は第1子，男児で保育園年長組（本研究開始時点で）。本人・父・母・弟・祖父の5人家族。

生下時体重は2,150gで標準より小さく生まれたが特に大きな病気もなく生育した。しかし，ことばの遅れが気になり，地元の保健所に相談したところ，Bことばの教室を紹介されて通室することになった。主訴は①ことばの数が少なく，発音もはっきりしない，②強いこだわりがある（特定の音・道路の信号・食べ物などに対して）であった。

2．アセスメント

6歳4ヵ月時に①乳幼児精神発達診断法（津守・稲毛）による検査，②遠城寺式・乳幼児分析的発達検査，③K-ABC心理・教育アセスメントバッテリーを実施した。①，②の結果では言語および社会性は3歳6カ月〜4歳前後だが，友だちとの相互交渉を通しての遊びには加わらず，また，「かして」，「入れて」などの他の子どもと関わりを持つことばは発しなかった。運動と基本的生活習慣（「信号を見て正しく道路をわたる」以外）についてはすべて通過した。③の結果では，継時処理：70±8　同時処理：68±9　認知処理：68±7　習得度：68±6であった。以上の結果から軽度の知的障害であると考えられた。また，絵を見ていろいろな物の名前を答えることができ，さらに絵の部分を見て全体を推定する力があった。反面，耳で聞いて物事を関係づけるのは困難であった。

遊びを通しての観察では，体を動かすことは好きだが，遊び方の種類と遊び方が限られていた。機嫌よく遊べるときがあるが，母や指導者に注意されたり思い通りにならなかったりすると癇癪を起こした。機嫌の良いときは自分から話をするときもあるが，機嫌が悪いとほとんど話をしなくなった。文章は2〜3語文程度で，構音の不明瞭さもあった。否定的なことば（「ダメ」など）を言われると「クサイ」などと言い，独特の言い回しを用いて反抗した。

家庭では母親と二人でいる時は情動が安定しているが，祖父からは疎まれることが多く，弟とはトラブルを起こすことが多かった。食べ物の匂いに対して過敏に反応し，好き嫌いが激しかった。寝るときは必ずくつ下をはいて寝た。はかないように言うとパニックになってしまった。保育園では，友だちとの関わりが少なく，楽しみや興味を他人と共有しなかった。視線が合わず，また，課題や活動を順序立てて行うことが難しかった。トイレの水の流れる音が怖くて一人でトイレに行けなかった。カエルや虫などを踏み潰したり手足を取ったりすることもあった。自分より弱い子を執拗に追い回したり，突然押したりするなどの行動があった。反面，特定の安心できる子を遊びに誘ったり，いっしょに布団を並べて昼寝をしたりすることもあった。

専門機関（大学の教育相談室および医療機関）から，いずれも自閉性スペクトラムまたは自閉性障害と診断された。また，今後の養育には特別な配慮や支援が必要であり，集団の中では友だちなどの仲介を通して孤立しないような配慮が必要であるとの助言を受けた。

3．所　見

Aには他者と関わりたいという態度が観察されるが，どのように関わって良いかわからないようならだちが見られた。また，特定の刺激に対して過敏に反応し，情動がさらに不安定になった。家庭では両親（特に母親）はことばの教室や園とも連携を取って養育に努めているがどのように育てたら良いか悩んでいた。また，園でもAへの対応に悩むことが多かった。

言語能力や認知能力はほぼ4歳前後のレベルにあることから模倣や強化を用いた基本的コミュニケーションスキルの獲得は可能であろうと考えられた。Aの対人関係の発達を促し集団適応を促進するために，Aの基本的コミュニケーションスキルの獲得支援を通して，本人，家族，園に対する総合的な支援を行う必要がある。

4．発達支援

（1）支援目標

支援目標を，①Aの発達に即したコミュニケー

表1 あいさつ語 記録用紙（『おはよう』における例）

( )月

ステップ	『 お は よ う 』	達成 (該当する欄に○印)
5	待っていると自分から言える。(5秒間)	
4	5秒間待っていても反応がないときは，ことばによる促し（何て言うんだっけ？）などをすると言える。	
3	また5秒待ち，それでも反応がないときは，「おはようは？」のように言い方のモデルを示すと言える。	
2	モデルとともに動作も示すと言える。	
1	まったく言わない。	
その他全体的に気づいたこと		

ションスキル（あいさつ語を中心として）を習得することにより，他者との関わりを増やし関係を改善すること，②Aを取り巻く大人がAの発達の特徴を理解しそれに基づいた適切な保育をすることにより，不安を軽減し情動を安定させること，またそのことによってあいさつことばの習得・般化および集団適応を促進させることとした。

（2）支援対象と発達支援を行った機関・場所・内容

支援対象をAと母親および園の保育士とした。また，発達支援を行った機関・内容などは以下のとおりである。

①ことばの教室：行動観察・発達検査・母親へのコンサルテーション（指導技法のデモンストレーション，支援計画の進捗状況の確認および評価等も含めて）

②家庭：母親によるA児のあいさつスキルの習得の指導に対する支援

③保育園：園の保育士に対するコンサルテーション

（3）実施期間：200X年8月より200X+1年3月までの8ヵ月間で17回の通室

（4）あいさつ語習得支援の実際

①標的行動：6つのあいさつ語（「おはようございます」「おやすみなさい」「さようなら」「ありがとう」「どうぞ」「ごめんなさい」）を日常生活の中で言えるようになること。

②標的行動選定の理由

a）6つのあいさつ語は日常生活（家庭，園，地域）の中で，共通して最も使われる頻度が高いと考えられる。

b）Aの発達段階から，本目標は充分達成可能と考えられる（発達的妥当性）。

c）あいさつ語は現在または将来の社会生活において役立ち，かつ必要である（社会的妥当性）。

d）Aには他者と関わりたいという意欲的な態度が観察されるがどのように関わってよいかわからないようないらだちを見せる。そこで最も基本的な6つのあいさつことばを習得することが他者との好ましい関係を作る促進要因になることが期待できる。

③支援計画・手続き

a）親と担任保育士に，あいさつ語の習得の意

味（Aの発達にとってどのような意味を持つのか）を理解してもらった上で，家庭と園で指導してもらうように依頼した。生活場面における実際の指導は母親にお願いし，園では母親と連携し，あいさつができた時に大いにほめてもらうなどをしてあいさつ行動の強化と般化を図った。

b）6つのあいさつ語が自然に生起するような文脈を事前に確認しておき，それを無駄なく活用することを母親と打ち合わせた。例えば「ありがとう」が生起しやすい場面として，おやつをもらった時や手の届かないところにあるおもちゃなどを取ってもらった時などを見逃さずに活用することにした。その他のあいさつ語についても具体的な場面を想定しておくことにした。

c）6つのあいさつ語ごとに表1のような記録用紙を渡して1カ月ごとにその変化を追い，スキルのステップアップを図った。現在のステップより一段階上のプロンプトを与え，最終的な到達点（ターゲット行動）を目指した（表1のステップ5が到達点）。

d）言語行動の応用行動分析学的指導法（佐竹，2002）の考え方に基づく機会利用型指導法の手続きを参考にして実施した。

（註）
イ）その月の中で約80％以上の割合で正反応を示した項目をその月のステップとして認定する。

ロ）母親には1週間に1回程度，電話でコンタクトを取り，Aの変化を聞いたりコンサルテーションを行ったりする。

（5）保育園側の配慮事項
園の担任保育士からの生活実態票および「気になる子どものチェックリスト」（本郷，2005），ならびにアセスメントの結果などを総合して作成した以下の配慮事項を提示し，実践してもらった。

a）母親と連携し，あいさつ語の習得状況を確認し合い，強化する。

b）指示の言葉はできるだけ短く，また絵や板書なども活用して視覚に訴える。

c）活躍できる役割と場を与え，ほめられる機会をできるだけ多く作る。

d）ほめ方，認め方の工夫（上下に手を振りながらの握手など，感覚刺激も活用してほめる）。

e）不安要因を軽減するための具体策（例：安心できる友だちをいっしょのグループにしたり，トイレの流水音に対する不安に対応するためにトイレに同行する）を実行する。保育園には2週間に1回程度電話でコンタクトを取ったり，また1カ月に1回程度保育園に出向いてAの変化を確認したり，保育士に対するコンサルテーションを行ったりした。

結　果

1．あいさつ語習得支援の経過および結果

6つのあいさつ語の中，「ありがとう」・「ごめんなさい」・「おやすみなさい」・「どうぞ」の4つについては指導開始の2カ月後（200X年12月）より顕著な変化（「ありがとう」，「ごめんなさい」についてはステップ3からステップ5へ，「どうぞ」についてはステップ3からステップ4へ，「おやすみなさい」については200X＋1年1月にステップ3からステップ5への変化）が見られた。

「ありがとう」については，200X年12月に保育園のお楽しみ会があり，クラスで発表する劇で役を与えられ，がんばってその役を演じてみんなにほめられた。それが楽しかったのも影響したのか（母の話），それ以来，お店の人にシールなどを貼って貰ったときなど，いろいろな場で自ら言えるようになった（言語プロンプト・時間遅延なしに）。以下，6つのあいさつ語の月ごとの変化および経過は図1に示すとおりである。

「ごめんなさい」については，保育園で本棚の

図1 「あいさつ語」の習得経過

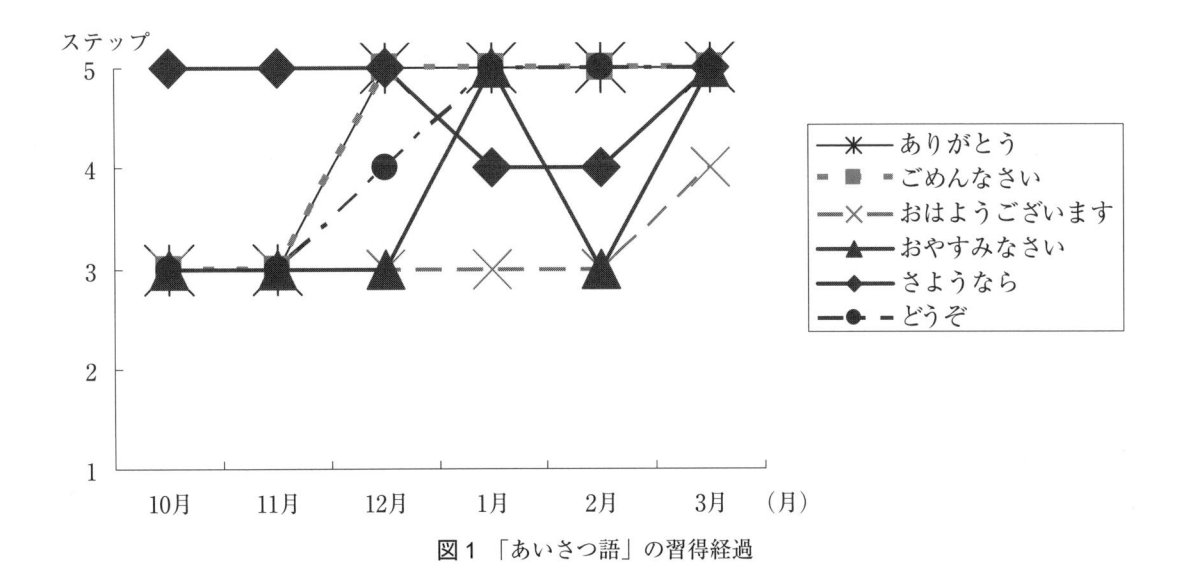

本を倒してしまい，「ごめんなさい」と言いながら必死に片づけるなど，プロンプトなしに言えるようになった（200X＋1年2月17日担任の記録）。

「どうぞ」については，当初はことばのモデル提示なしには言えなかったが，200X年の大晦日以後は（嬉しかったのか）プロンプトなしに言えるようになった。お菓子などを母親や弟に「はい」または「どうぞ」と言って渡してくれるようになった（200X＋1年1月母親の記録）。

「おやすみなさい」については，当初は言語プロンプトを与えないと言えなかったが1月頃から祖父を含む家族に自分から言えるようになった。祖父から「このごろAは聞き分けが良くなってきたな」とほめられたと母が喜んでいた（200X＋1年1月母親の記録）。

「おはようございます」については，言語プロンプトを与えると言うことができるが，朝眠いこともあってなかなか自分から言えなかった。そこで200X＋1年2月から起床時間を少し早くするようにしたところ同年3月に3から4へのステップアップが見られた。保育園の先生にも朝，自分から言えるようになった（200X＋1年3月2日担任の記録）。

「さようなら」については，指導開始の200X年10月当初から，いつも家に来る顔見知りのお客さんには弟といっしょに「バイバイ」と（プロンプトなし）に言っていた（200X年12月母親の記録）。しかし，たまに来るお客さんにはプロンプトを与えられないと言えなくなってしまうことが多かった。その後200X＋1年3月には家に来るほぼすべてのお客さんにプロンプトなしで言えるようになった。この頃会話のやりとりが少しできるようになってきた（母200X＋1年3月母親の記録）。

2．保育園におけるAの変化

前述の「あいさつ語支援の経過および結果」で示した通り，「あいさつ語の習得」という目標（標的行動）は家庭，園，地域での日常生活の中で達成されつつある。また，園の先生方による指示や提示の工夫や配慮によって，200X年11月以降，ことばによる全体指示だけで行動できるようになった。さらに，Aの保育園における様々な行動の変化を確認するため，支援開始時の6歳3カ月と支援終了時の6歳9カ月時点の2回に渡り，「気になる子どものチェックリスト」（本郷ほか，2005）に記入してもらった。その結果，担任保育士がAの行動に対して気になる度合いが，「特定の子どもに対し，理由もなく叩いたり引っ張った

表2 「気になる子どものチェックリスト」に見るAの行動の変化（抜粋）

下記の項目について　1＝まったく気にならない　2＝気にならない　3＝少し気になる　4＝気になる　5＝大変気になる

NO		気になる行動特徴	200X年9月 (6歳3月時)					200X＋1年3月 (6歳9月時)				
			1	2	3	4	5	1	2	3	4	5
		b. 他児との関係で見られる様子										
1	①	ちょっとしたことで意地悪されたと思ってしまう。	○					○				
2	①	他児の行動に対して怒る。	○					○				
3	②	クラス以外の子どもや大人の出入り，状況に敏感である。		○						○		
4	②	遊びの途中で別の遊びに移る。				○			○			
5	③	他児が怒っていることをうまく理解できない。					○			○		
6	④	他児とともに一定時間待っていることができない。		○							○	
7	⑤	他児にちょっかいをだす。					○			○		
8		順番を譲れない。	○					○				
9		他児にちょっかいをだす。身体接触を求める。		○					○			
10		特定の子どもに対し，理由もなく突然叩いたり，引っ張ったりする。					○		○			
11		泣いている子を見て笑ったり楽しんでいる様子がある。				○			○			
12		他児の製作物を壊したり遊びを妨害する。			○				○			

りする。」で5（大変気になる）から2（ほとんど気にならない）へ，「他児が怒っていることをうまく理解できない。」，「他児にちょっかいを出す。」で5（大変気になる）から3（少し気になる）へなどの変化が確認された。（表2）。また，徐々に偏食もなくなり，特別なもの（酢めしなど）を除いてはほとんど食べられるようになった（200X＋1年2月15日担任の記録より）こともAの行動の安定に寄与したものと考えられた。しかし，「新しい場面ではなかなか慣れない」，「課題や活動を順序立てて行うことが難しい。」などの自閉性障害のある子どもにとって困難とされる項目については200X＋1年3月時点でも顕著な変化は認められなかった。

考　察

1．あいさつスキルの習得について

あいさつスキルの習得については200X年12月から変化（ステップアップ）が表れてきたものが多い。変化の要因としては，①母親による適切なモデル提示やプロンプト，②保育園との連携によってあいさつができたときに適切な強化刺激を

受けたこと，③保育園でのお楽しみ会や年末年始の家庭行事などがあり，本児はそれを通してほめられたり認められたりしたことで意欲が高まったことなどが考えられる。

2．般化の手立てについて

あいさつスキルの習得の基盤となる情動の安定を図るため，保育園に配慮事項を提示して実践してもらったこともスキルの般化に繋がった要因になったと考えている。また，日常生活の様々な場面であいさつをすること（スキルの活用）によって，ほめられたり，声をかけられたりすることが増えたことや周囲の大人が意図的にそのような対応を増やしたことも般化を促進した要因になったと考えられる。そしてそのことが，他者との関りを増やしたり，対人関係の改善の契機になったとも考える。

3．般化したあいさつスキルが人的環境に及ぼした効力

あいさつスキルの表出が周囲の人たちにも様々な影響を与えている考えられた。祖父に就寝のあいさつをしたことによって誉められたこと，お風呂場で弟に桶をぶつけて「ごめん」と言うと弟が「いいよ」と言うなど（200X＋1年1月母記録），弟との関係にも変化が表れてきていること，買い物に行ったときに店員さんにあいさつをして誉められたことなどが母親の大きな励みとなって，母親自身の意欲をも引き出すことに繋がったと考えられる。また園においても，先生方に「おはようございます」や「さようなら」などのあいさつをすることによって，あいさつを返されたり，ことばをかけられたりすることが増えるなど，担任保育士だけではなく担任以外の保育士との繋がりも作っていく契機になったと考えられる。あいさつスキルの活用による対人関係の改善と情動の安定がAの家族（両親，祖父，弟）に安心と安定をもたらしつつあるだけでなく，担任保育士をはじめとする園の先生方にとっても安心感をもたらしつつある思われた。

4．残された課題

あいさつスキルの習得と般化は対大人との関係に大きい変化をもたらしたが，対友だちの関係では課題が残った。表2にも示した通り，園における行動の変化に伴って，友だちから敬遠されたり孤立したりすることは減り，改善されつつあるものの，指導終了の時点（200X＋1年3月）では，まだ友だちから充分に受け入れられているとは言えない段階であった（担任保育士の話）。このように集団場面における行動には不安定な部分も残されており，今後もA自身の適応性の向上と環境調整の両面からアプローチする必要があると考えられる。

5．今後の展望

4月から地元の小学校の通常学級に入学した。今後の課題としては社会的スキルの継続指導と教科の個別指導などがある。特に健常児集団の中で他の子どもとどう関わっていくのか，そして学級集団・学校集団の中でどう適応していくのか，さらには将来の自立へとどう繋いでいくのかという大きな課題がある。小学校の担任の教師を中心とする本児に関わっていく教師に，本児の今までの支援の経過と今後の課題や支援について話し合い，引き継いだ。

本研究から得られた知見として，①あいさつスキルの支援は子どもの他者との関わり，集団適応の促進要因となる。②親・保育士へのコンサルテーションによって指導目標と手続きが共有されたために，あいさつ行動や対人的行動の改善が促されたと考える。

文　献

本郷一夫（研究代表者）．(2005)．*保育の場における「気になる」子どもの保育支援に関する研究プロジェクト―報告書I*．仙台：東北大学．

井澤信三．(2002)．社会的行動．氏森英亜（編），*自閉性障害の臨床と教育*（p.45）．東京：田研出版．

小林重雄・園山繁樹・野口幸弘（編著）．(2003)．*自閉性障害の理解と援助*．東京：コレール社．

長崎　勤. (2006). 生活の中でのコミュニケーション・社会的スキルのアセスメントと支援. 本郷一夫・長崎　勤（編）, 特別支援教育における臨床発達心理学的アプローチ（別冊発達28）(pp.39-40). 京都：ミネルヴァ書房.

長崎　勤・佐竹真次・宮﨑　眞・関戸英紀（編著）. (1998). スクリプトによるコミュニケーション指導——障害児との豊なかかわりづくりを目指して. 東京：川島書店.

佐竹真次（研究代表者）. (2002). スクリプト理論に基づく発達障害児のコミュニケーション機能に関する体系的実用的研究. 山形：山形県立保健医療大学.

付記

本研究は日本臨床発達心理士会第3回全国大会で発表した論文を加筆・修正したものである。

論文掲載を快く承諾していただいた保護者に深く感謝いたします。

Masayoshi, Honda, **Instruction in the acquisition of communication skills by a child with autistic disorder : Acquisition of greeting skills in daily life and adjustment to the group.** Japanese Journal of Clinical Developmental Psychology 2008, Vol.3, 51-58.

Through assistance focusing on the acquisition of "greeting skills" by a autistic child who has difficulty communicating with others, we took this opportunity to improve his interrelations with others and considered whether it was possible to promote his group adjustment ability. We also instructed his environmental accommodation ability which is the basis for greeting skill acquisition. As a result of continued instruction over a roughly 6 month period, six greeting words ("good morning," "good night," "goodbye," "thank you," "please," and "I'm sorry") were situated within the everyday living context and the autistic child became able to express them spontaneously. This study showed that instruction in the acquisition of greeting skills and adjustment to the environment produced changes in their interpersonal relations with family and stuffs in institution, promoted social feedback, and promoted his adjustment to the group.

【Key Words】 Autistic disorder, Greeting skills, Interpersonal relations, Environmental accommodation, Adjustment to the group

■コメント

宮﨑　眞
岩手大学

　著者はことばの教室（通級指導教室）担当の教員であり，この論文は日々の実践の中から生まれた。まず，このことを高く評価したい。
　この実践研究では，著者がコンサルタントとなり，母親や保育士が「ありがとう」「ごめんなさい」「（おはよう）ございます」など6つのあいさつのことばを自宅や保育園で指導した。その結果，家庭や保育園で6つのあいさつのことばの般化が見られただけでなく，更に大人との関係に好ましい変化が見られた。自閉性障害のある子どもにとって，社会性の育成は大きな課題となっており，この種の実践研究が更に蓄積されることが期待される。
　支援方法の中心はコンサルテーションであり，著者がことばの教室の指導と家庭・保育園の指導を連動させ，成果を上げている。子どもを中心として，関連する機関・人の連携の必要性は誰しも分かっているが，なかなか困難なのも事実である。連携の手立てとしては，最初に指導目標と支援方法を示したこと，保護者に記録用紙を渡し1ヶ月ごとに記録してもらったこと，保護者への定期的な電話，保育園への定期的な電話や訪問などがあろう。このような手立てが連携にとって重要な介入手段となるのか，連携の成果を安定してあげることができるのか，追試の研究が期待される。
　『臨床発達心理実践研究』が目指している実践研究は，事実に基づいた実践である（evidence-based practice）。学校などでの指導者支援者は，すばらしい実践を行い成果を上げているが，その実践と成果を実践論文にまとめることに悪戦苦闘しているように思う。その原因は，指導目標を絞り切れていないことや，折角すばらしい実践や成果を上げても，記録によって裏づけることができないことなどが考えられる。この論文は，指導目標が非常に具体的であり，また表1のような記録用紙を使い経過・成果を実践の場で記録することに成功している。読者の大多数は，広く社会に公表したい実践と意欲を持っていると考えられる。この論文などを参考にして，埋もれているすばらしい実践をまとめ，投稿して頂きたい。

第 5 章

思春期・青年期・成人期分野における臨床発達心理士の実践

　特別支援教育が進展しつつあるものの，その成果の評価を待つ間もなく，生徒たちは思春期・青年期に到達している。高校や大学を卒業したら就職し，社会生活を営むことになる。しかし，発達障害者たちには思春期・青年期になって孤立しはじめたり就労困難に直面したりする事例が少なからず見受けられる。

　現代における青年・成人を取り巻く状況の厳しさは，自身の発達的問題と社会構造・産業構造の問題との相互作用の結果として起こっているという現実がある。そのような現実の中で，発達障害者が自身の障害を否定したまま，またはそれに気づかないままに歩み続けてしまった結果，ある時期に重大な不調や不自由や不利な状況に陥ってしまう事例も多いと考えられる。

　そうした困難事例と直面するたびに，ほとんどの専門家は，早期診断による早期からの自己理解・障害受容の促進，他者からの援助を適切に求めまた援助を受けることを拒まない姿勢の育成，療育手帳の取得や各種の社会保障に関連する支援，周囲のサポート体制と具体的なプログラムの確立，就労や地域生活に向けた教育，発達障害者の雇用に積極的な会社・事業所の育成，さらには親亡き後の備えの重要性を指摘する。

　長いスパンにわたる個別の教育支援計画の作成や発達障害者支援法の施行は，まさに発達障害者が学校教育終了後の人生の諸局面において，臨床発達心理学的支援を含む各種の支援を必要とすることを物語っている。また，思春期・青年期・成人期の医療，教育，就労支援，非行・犯罪，社会生活支援などの現場には様々な支援ニーズがあり，臨床発達心理学的にも多様な対応や支援が求められる。そのことを踏まえて，この章では，思春期・青年期・成人期の臨床発達心理学的支援の実践研究の具体例を数例紹介する。

　　　　　　　　　　　　　　　　　　　　　　　　　　　　　　　　　　（佐竹　真次）

アスペルガー障害をもつ高校生と母親への支援

野口　昌宏
作新学院高校

　本研究は，高等学校における「アスペルガー障害」と診断された生徒への対応とその母親に対する支援のあり方について明らかにするために，学級担任としての著者が1年間にわたって実践した内容と結果を考察したものである。当初，対人関係におけるトラブルや学習障害による自信の喪失，さらに二次的障害としての不登校も心配されたが，本人・母親・クラス集団への支援，校内指導体制・物的環境の整備という5つの支援の柱をもとに支援計画を立案してこれらを同時的に実践したところ，教室内での問題行動は抑えられ，欠席も極めて少なかった。また今後の課題として，将来の就労も考慮した高校における個別適応支援教育の必要性が示唆された。

【キー・ワード】　アスペルガー障害，高校における対応，問題行動の抑制，個別適応支援教育

問題と目的

　近年，軽度発達障害との診断を受けた子どもたちの高等学校への入学は，学力に支障がない限り普通に受け入れられ，保護者の要望もあって通常学級に配されることが一般的となっている。しかし，学校内外の生活にあって，何らかの問題行動を起こした場合などには，健常な生徒と同様の訓育的指導がなされることが普通であり，個々の障害の特性を考慮した，社会生活を促進するような適応支援としての対応や指導は，まだ十分なものとはいえないのが現状である。本実践研究は，全日制高校の普通課程に通学するアスペルガー障害と医師によって診断された高校生およびその母親に対して実施した，担任（著者）のとった支援の経過を通して，高校における軽度発達障害児への適応支援の方法論について探ることを目的とする。

方　法

対象者　A君（16歳），高校1年生男子（なお，以下の対象者の属性や対象者を取り巻く環境については，事例の特徴を損なわない範囲で，一部変更している。）

主訴　対人関係の障害に伴う，授業やクラス集団での対人トラブル。数学等の特定の教科における興味のなさや学力の低下。高校卒業時における進路決定にむけての準備不足。

支援の実施者および所属　対象生徒の通う高等学校の担任。

実施期間　200X年4月〜翌年3月

アセスメント

＜生活状況の情報――現在の行動状態および過去からの発達の過程＞

①対象者の属性

・障害についての自覚：A君は自分に障害があることは知っているが，自覚は不十分である。友人ができにくいこと，特定の教科が不得手であることに強い劣等感を抱いている。

・生活上の問題点：強いストレス（強い指示や注意，複雑な質問等）を受けるとパニックを起こす。また，興味がなかったり，ストレスを受けるような場面では，緩慢な動作――手を揉んだり，周りを落ち着きなく見回す――

を繰り返す。
・学習，身体上の問題点：数学と美術にはまったく関心を持てない。数学は小学校高学年程度。運動機能でも問題があり，体育ではぎこちない動きをする。
・中学入学までの状況と対応：A君は小学校に入学する前後に専門病院で「アスペルガー障害」の診断を受けている。小学校では通常学級に在籍している。
・中学校での状況と対応：ほとんど中学校へは登校していない。学校側の勧めで「言葉の教室」などの個別対応学級に週1～2日通っている。
・学校環境：小学校から中学校まで，同じ地域の子どもたちを主とした集団の中で通学している。A君の障害については学校側の理解と協力を得られている。
・家庭環境：両親とA君の3人家族。学校との話し合い等には母親が出向くことが多い。

②相談機関の利用状況
・定期的に専門機関に通い，信頼できる専門家の面接を受けている。また，2年毎に計3回の知能検査（WISC-Ⅲ）を受けている。この機関を通して，同じ障害を抱える母親を支援するグループを知り，母親は積極的に研修会や会合にも参加している。

＜発達状態の情報＞
・WISC-Ⅲの検査結果より
FIQは3回の検査を通して72から79の間であり，知能は境界線レベルにあるといえる。また，VIQとPIQの差は，11歳時に9で有意（有意水準15%）であるが，13歳・15歳時では有意な差は認められない。

群指数間でみると，言語理解（VC）と知覚統合（PO）の差は，11歳時に17，13歳時に15であり，ともに有意（有意水準5%）である。15歳時では有意差は認められない。

下位検査項目では，知識・単語および符号が，類似・算数および完成・配列・積木・組合せよりも常に高い数値を示していた。

プロフィール分析より，言語性下位検査では「知識の蓄え」（知識・単語）が3回の検査を通して常に高い数値を示し，動作性下位検査では「試行錯誤的学習」（積木模様・組合せ）が2回の検査（13歳と15歳）で低い数値を示した。また，すべての下位検査では，「流動性能力・推理」（類似・算数・組合せ）が2回の検査（11歳と13歳）で低い数値を示し，「視覚的系列化」（符号）・「学習能力」（単語・符号）が2回の検査（13歳と15歳）で高い数値を示した。影響因では「知的環境の豊かさ・知的好奇心と努力」（知識・単語）が常に高い数値を示した。

＜A君に関する情報の整理・統合＞
①個体能力・特性について
・母親からの聞き取りによって，対人関係における障害，学習障害をもっていると判断できる。
・WISC-Ⅲの検査結果から，文脈を伴わない暗記などは得意であり，空間的な配置や処理，文脈を伴う意味理解・類推などは苦手とする傾向があると判断できる。また，本人の努力に伴った期待される結果が，算数・数学・美術・国語や英語での読み取り・作文などで思うように出ないことから，これらの教科に対する苦手意識・劣等感が存在すると思われる。

②物的・人的環境について
母親はA君の障害に関して，受け入れようと努力する姿勢がみられる。また，母親は複数の支

表1　WISC-Ⅲプロフィール

	VIQ	PIQ	FIQ	VC	PO	FD	PS
11歳	82	73	76	86	69	―	―
13歳	84	78	79	89	74	79	89
15歳	74	76	72	76	74	―	―

注．WISC-Ⅲの検査者は毎回異なる．表中の―は未実施であることを示す．

A君をとりまく環境

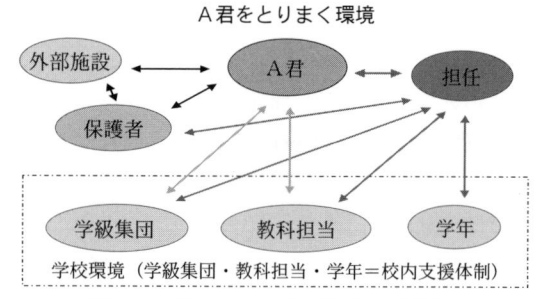

図1 A君をとりまく環境と対応関係

援機関とのネットワークを持っている。

高校への入学に伴う中学までの学校環境との著しい違い（遠距離通学・他集団との生活）については，A君が抵抗なく通学できるような配慮や支援が家庭のみではなく高校側にも必要になると思われる。

支援計画 担任としての1年間の関わりとなることから短・中期的目標を主とし，以下の5つの項目を支援の柱（本郷，2002）として介入計画をたてる。また，この柱をもとに実際にA君をとりまく環境（図1）を想定し，A君との関係性に対する環境支援を同時に行う。

①当該生徒への支援：クラス内での対人トラブルの軽減化。パニックの予防。学習上の問題（特定教科）から起こる劣等感等への心理的支援。

②クラス集団に対する支援：当人にパニックを起こさせないための落ち着いたクラス集団の形成。肯定的・受容的なクラスの雰囲気を作る。一般生徒への注意の仕方の工夫。

③保護者への支援：母親への心理的支援。何か問題があったときの即時の連絡と面談。

（長期的目標として，進路選択にむけての情報交換と支援）

④校内指導体制の整備：各教科担当者への障害の連絡，および授業中における対象者の特徴的な姿勢や態度についての連絡。評価に関する配慮のお願い。別室の確保。

⑤物的環境の調整：クラス内での座席の配慮（位置・隣席者）。当番等への配慮。

結　果

1．当該生徒への支援

1）クラス内における対人トラブルの軽減化，パニックの予防

（問題行動）比較的話しやすい生徒とは一緒に行動することができる。しかし，クラスの生徒からの他愛のないからかいなどを受けると，馬鹿にされたと感じて即座に母親に「学校を辞めたくなった」などとメールで訴えたり，相手への悪口をメールで送るなどの極端な行動に出ることがあった。

（介入）基本的な対応姿勢として，抽象的な表現は避け，一つ一つ丁寧かつ具体的に話すように努めた。また，何かあればすぐに担任のもとに来るよう伝え，母親にも協力を求めた。

（経過）この1年間，教室でパニックを起こしたことは一度もなかった。ストレスを感じた時は，その程度に応じて母親や担任に訴えることが多かった。1年間の欠席は家事都合での2日のみで，遅刻は遠距離通学にもかかわらず0回であった。また，クラス内に友人が3名でき，級友宅に宿泊もできた。部活動はパソコン部に入部し，資格として日本語ワープロ検定3級を取得している。また，部活動で対人トラブルを起こしたことが1回あったが，級友の助けによって解決している。その際，母親と担任が直接仲裁に入ることはなかった。

2）学習上の心理的支援

（問題行動）数学ができないということはある程度自覚しているが，強い劣等感をもち，障害についてクラスの生徒に打ち明けるべきか否かについて，何度も執拗に担任に相談に来る時期があった。

（介入）担任に相談に来るたびに，「打ち明けなくてもよい」と繰り返し伝えた。また，数学ができない生徒は他にもたくさんいること，世界史や

漢字検定では，他の生徒よりも抜きん出た成績を取ることから，成績優秀者としてクラスで発表した。
（経過）障害を打ち明けるかどうかについての相談は，ある時期を境にしなくなった。自分以外にも数学が苦手な生徒がいることに驚き，劣等感を表す態度の回数は著しく減少した。

2．クラス集団に対する支援

（介入）落ちついたクラス集団の形成を目指し，全員に担任のEメールアドレスを伝え，何か心配なことがあればすぐに連絡するように伝えておいた。また，元気のない生徒や問題を抱えた生徒には，個別に面談等を行い，誰にもすぐに対応するという担任側の姿勢を明確にした。また，教師として生徒から信頼を受けるよう，わかりやすい授業の工夫や，子どもの立場を尊重するような生活指導の工夫に努めた。

（経過）1年間を通し，生徒たちの証言によってA君へのイジメ・嫌がらせはなかったといえる。また，クラスでの問題行動は1件（校外での校則違反）であった。

3．保護者への支援

1）母親への心理的支援

（介入）母親独自の対応をも含め，担任との頻繁な情報交換によって，問題理解の共有をはかり，本人の対人トラブルに対する不安の軽減をはかった。

（経過）母親の不安が減少することはなかったと考えられるが，その都度連絡を取り合って情報の共有と対応を話し合った。また，母親は独自のネットワークを用いて自ら支援を求め，解決を図ろうとする姿勢がみられた。

2）進路の問題

（現状）母親は，将来の就労をふまえ障害者手帳の取得を考えている。また，学校で対人トラブル等の深刻な問題があれば，他県の高等養護施設への転校も考えている。

（介入）安易な適性判断にもとづいて上級学校を勧めるのではなく，将来どのように生きていかせたいかを考慮に入れた進路相談を行う。

（経過）進級に伴って文系大学進学コースを選んだが，明確な進路の支援はできていない。

4．校内指導体制の整備

（介入）各授業担当の先生方には，アスペルガー障害についての概略と当該生徒の問題となる行動について簡単な文書にまとめたものを作成し，4月の段階で配布して協力を求めた。また，本人が何か不安を抱えたときは，すぐに別室での自習ができるよう学年主任の了解を得た。

（経過）各教科担当の協力を得られ，問題なく進級できた。体育の授業等では，担当教員の協力により，授業での運動メニュー等で配慮をいただいた。また，別室で自習することはなかった。

5．物的環境の調整

（介入）座席の配置では，人に囲まれるという閉塞感を与えないため，最前列の廊下側に座席を指定した。当番等への配慮では，ペアを組む際にA君に肯定的な態度をとれる生徒にお願いした。

（結果）授業中は離席することなく，当番も級友の助けを借りて問題なく行っていた。

考　察

以上の実践から，A君は当初心配されたような問題行動は起こすことなく，無事に進級が果たされた。進路に関する心配は尽きないが，特定教科に対する劣等感を抱えつつ，それを補う形で別の科目（世界史・情報等）や資格取得に励むなど前向きな姿勢がみられた。また，自らの意思で級友宅に宿泊したこと等は良好な結果と言える。しかし，対人関係や教科の問題で執拗に担任に問題を訴えたり，級友の手助けを受けた時などに感謝の言葉を言えず，その生徒からA君への不満が出るなど，発達障害に関しての問題は改善が難しかったといえる。このことから，本人の抱える障害と問題行動の頻度との関係は別なものとしてとらえることも可能ではないかと考えられる。支援

にあたっては，当該生徒に対する支援だけでなく，クラス集団への支援，保護者への支援，校内の支援体制の整備などが同時的に行われることが重要だと考えられる。これは，学級担任にとって有効な対応オプションの一つになると思われる。また，社会での生活を目前にした高校においては，本人の適性の問題や卒業後の進路選択・就労を視野にいれた適応指導も保護者は待ち望んでいると思われる。今後の課題としては，本人および本人をとりまく環境への同時的な支援と，本人の社会的な適応を目標とした具体的な個別適応支援を共にかつ同時に行っていくことの必要性があげられる。そのためには，学級担任を超えた支援立案者および実践者としての独立した立場（専門職）が，高校においても必要となることが示唆されよう。

文　献

参考文献

本郷一夫．(2002)．現場での支援のための方法の基礎．藤﨑眞知代・本郷一夫・金田利子・無藤　隆（編著），育児・保育現場での発達とその支援（pp.63-77）．京都：ミネルヴァ書房．

Noguchi, Masahiro, **Support to a high school student with Asperger's syndrome and his mother.**
Japanese Journal of Clinical Developmental Psychology 2006, Vol.1, 98-102.

This is a case study report on the support activities for "Adolescent male high school student with Asperger's Syndrome". The support techniques were applied both for student and mother. The author is the class teacher in this case. His relationship-forming ability with classmates, his learning disability and his withdrawal from school life were early indications that drew attention the deeper problem. The author has formulated a school lifestyle management program (student, mother, classroom, school and physical environment) in order to support his development. These treatment were effective in controlling Asperger's Syndrome.

【Key Words】 Asperger's syndrome, Supportive system in high school, To control of problem behavior, Individualized adaptation supportive education

■コメント

三宅　篤子
中央大学

　全体的に，学校教育の場で障害を持った生徒にたいして教師が行う支援の基本を把握して実践した，貴重な報告となっていると思われる。当該生徒本人の個人的能力・特性と物的・人的環境の評価を行ったあと，①当該生徒への支援，②クラス集団に対する支援，③保護者への支援，④校内指導体制の整備，⑤物的環境の調整という各柱に基づいて支援を行った。本人に対する評価，問題行動の洗い出しを行い，この柱に沿って，必要な支援を分析的に整理し，有効な支援を検証した点は評価される。学校の現場での支援のモデルケースとして位置付けられる報告と考えられる。

　しかしながら，支援の全体を分析すると，前述の5つの支援の柱がどのように組み合わされて本人へ影響したかの考察については更なる検討を求めたい。5つの柱の中での，時々の優先順位や支援の強弱などが，具体的取り組みを含め明らかにされるとより有用な実践研究になると思われる。特にクラス集団への支援のどの側面が，直接的・間接的に本人支援と結びついたかを分析することは，今後同様な支援を行っている実践にとって重要な視点を提供すると考えられる。

　また，本人の発達支援や心理発達機序の解明に新しい知識を提供し，十分な展開が行われたかという点に関しても更なる分析が期待される。特に，本人の障害特性，認知の特徴，劣等感等の性格傾向をより具体的に分析し，支援の課題を設定し，支援の結果と関係付ける作業は，臨床発達支援には欠かせないものである。本研究で，この点に関する更なる分析が行われたならば，本人の抱える劣等感への対応の方法，障害告知欲求への適切な対処など，より本人の内的世界に踏み込んだ支援が可能になると思われる。

　臨床発達支援の視点から，以上の問題意識をより整理することでこの報告の目的がより鮮明になると思われる。今後は，この点に配慮して，支援と研究に邁進していかれることを期待したい。

性同一性障害（男→女）の思春期男子と人格障害を持つその母親の症例
―― 治療者の情動に動揺を与える患者について

梅宮　れいか
福島学院大学福祉学部

　情動に動揺を与える患者に遭遇する場合がある。性同一性障害は，治療者の性の概念を動揺させる。また人格障害は，相手を動揺させる対人関係のパターンを持っている。母親が人格障害で彼女の息子が性同一性障害（男→女）という症例を経験したので，症例の解釈を報告しつつ，想定される治療者側の動揺とその対応策を示す。

【キー・ワード】　性同一性障害，人格障害，親子関係，思春期，社会適応

はじめに

　性同一性障害（Gender Identity Disorder：GID）は，通常の性自認を持っている者には理解しがたい。凶暴性を伴うでもなく，また知的な問題を抱えているわけでもなく，妄想をきたしているわけでもない。ただ，自己の身体性に見合った性役割行動ができず，異性になりたいと訴えてくるだけである。このような症例を前にすると，治療者はどこから手をつけてよいか途方に暮れる。患者の「女性に（男性に）なって生きたい」という訴えを治療者は想定も納得も理解もできず，「なぜ？」と考え込んでしまう。

　本症例も性同一性障害（男→女）（Gender Identity Disorder Male to Female: GIDMtF）の患者である。

性同一性障害への関わり方

　性同一性障害（GID）の精神力動の中心は，自己の性自認と身体的性別が異なることすなわち性別違和感による自己の抑圧と自己信頼感の矮小化である。臨床的特徴としては，個々の文化的背景や生育環境，価値観やスキルの状態と絡み合い，複合的様相からなる生活障害の散見である（梅宮，2001）。GID治療の到達点はこれら生活障害の解消につきる。精神療法的対応については，塚田（2005）がのべる基本的コンセプトが参考になる。だが思春期のGID症例への接し方について論じた先行研究は見かけない。

　GIDの第一症状は性別違和感である。これは「閉じられた感触」で，その大きさや内容を客観的に把握することは難しい。思春期前の子どもの場合は性別違和感を理解できない漠然としたものと感じている場合もある。自分が壊れて行く前兆のように感じ，恐怖していることもある。いかなる場合でも，その苦しみを積極的に理解しようとするところから治療は開始されねばならない。本質的理解に届かなくとも，訴えに耳を傾け，理解しようとする治療者の態度が患者を安定させる。なお，状態を正確に記述するスキルが未熟な患者もいるので，エピソードは患者と生活を共にしている家族，特に若年患者の場合は親からの収集も併せて行うことが望ましい（日本精神神経学会，2006）。

　家族に対する対応は，初期段階での心理教育の徹底である。GIDが思いこみや逃避でなく，また異常性行動でもないことを家族に理解させると共に，患者の精神的および社会的苦痛に十分な理解

と共感を持たせることが目的となる。患者への批判や身体性での"それらしさ"を強制することで経過を悪くすることも伝える必要があろう。大部分の親は、わが子の行動に動揺している。"異常"な言動に自分の子育ての失敗を感じ、罪業感に苛まれている場合も少なくない。治療者は患者の思いだけに目を向けるのではなく、患者を支える家族の疲労度も把握し、手当することを念頭に対応しなければならない。

精神療法的面接の形態は、同席面接か平行面接かだが、これは治療者の技量次第でどちらをとってもかまわない。患者が気分障害やストレス障害を併発していないのなら同席面接でよい。親に対する病態説明が患者同席で行われる場合、親の不安を解消するだけでなく、両者が抱える問題を明確にする機会ともなる。

症例による検討

本症例の表記は、人権尊重に十分配慮し、若干内容を変えた部分を含む。

【症例】17歳の男性（2004.6：最終面接時）。
初回面接時年齢16歳（2003.10）。

初診時主訴 性別違和（男→女）

精神科受診歴 有り（不登校、うつ、性別違和）。特筆すべき既往歴無し。

家族歴 父親は50歳、家族のことには口出しをしないタイプで、世間体を気にする。母親は53歳、看護職パート。夫婦関係は冷え切っており、10年前から家庭内別居状態。同袋3子中の末子（上男20歳、通信制大学生、上女17歳、高校生）。親子5人の同居。父親は定職を持たず経済的に不安定なため母親の収入が主な収入源。東北の地方都市に住む経済的に貧しい家庭である。精神科家族歴を認める。母方に統合失調症の遺伝負荷有り（祖母、型に関しては不明）。

生育歴および現病歴 1987年東北の地方都市で出生。出生時特記事項はないものの、母親は妊娠中に経済的なストレスの多い生活をしていたとのこと。性籍決定に問題はなし。幼稚園時には女の子と遊ぶことが多く、折り紙を好んだ。小学校時には普通に通学していた。中学1年（13歳）の夏休み明けから休みがちになり、中学2年時から不登校となったが中学除籍にはならずに卒業。高校には進学せず、ニート状態で現在に至る。

中学時代から携帯電話の出会い系サイトに出入り[①]し、男性との援助交際[②]を頻繁に行っていた。時に、数人の男性と同時に性的関係を持つ[③]こともあり、性的な玩具[④]として扱われたこともあったとのこと。STD既往歴はない。喫煙習慣を持ち、一日30本ほどを吸う。飲酒癖は無し。薬物の経験はない[⑤]とのこと。補導歴もない。携帯電話は、母親が買い与え、通話料も母親が払っている。

初診時の印象 身長は170センチ程度で痩せている。髪型はショートボブでボーイッシュな女の子を思わせるものの、髪の手入れは悪い。容貌は女性的だが、表情に弱々しさ[⑥]がある。上目遣いでのぞき込むような目つき、はにかむような笑い。髭は自家脱毛（毛抜きで毎日抜いている[⑦]という）の結果ほとんど目立たない。上歯左1番が齲歯で大きく欠けている[⑧]。化粧はアイライナーをきつく引き、アイシャドウは濃い空色、薄い口紅をつけているがアンバランス[⑨]。服装は白のワイシャツ（男物）にデニム地のロングのスカート[⑩]。スニーカーを履いているが、清潔感はない[⑪]。声はハスキーでユニセックスな印象。歩き方は内股で猫背。外見から見当識の障害を疑うほどの違和感や感情の平板化は認めない。

臨床診断 自己の身体性を明確に認識しており、思路の乱れも見られない。表情は平板であるが、統合失調症による陰性症状ではなく、自信のなさからくるものと思われる。性染色体や外性器の状態は不明だが、思春期前から所属場所を異性集団にもとめ、性自認も一貫して女性であり、性器違和があるところから、性同一性障害の診断項

目に合致する。

診断 性同一性障害（男→女）。

母親に関する臨床診断 53歳という年齢よりはかなり若く見える。ブランドもののシャツを身につけ，くっきりとした化粧。頭髪は明るめのブラウンに染色。少々子どもじみた感がある携帯ストラップ。懐疑的な目つき。面接初期において，母親は非常に慎重に言葉を選び⑫患者の生活歴を述べた。夫に関するエピソードは生活像が一定せず，存在が感じられない。

母親の言動には過度の受容欲求⑬が随所に見られた。患者の性別違和に関してGIDの可能性があること，治療の援助ができることを告げると，治療者への陽性転移が急激に発生⑭した。治療者の著名さや丁寧さを褒め⑮，自分の相談も求めるほどの信頼⑯をしめした。一方，過去の受診エピソードを憎悪に満ちた表現⑰で話した。今までの治療者の評価⑱に関して患者に同意を求め，子ども（患者）が言葉を濁すと如実に不快感を示した。職場の人間関係にも不全が見られ，その原因を相手にだけ見出すエピソード⑲が多く，自分は嫌われている⑳と繰り返した。治療者がこれに対し同情を口にすると，涙を流して感謝㉑。「自分を理解してくれる㉒すばらしい治療者」と褒め称えた。

母親の言動をICD-10「成人の人格および行動の障害」の項に照らし合わせると，人格障害の特徴である"根深い，持続する行動パターンとして他人に関わる仕方に平均的な人々と際だった偏り"の存在が垣間見える（World Health Organization, 1992）。亜型である演技性人格障害のガイドラインを用いると，(a)自己の劇化，演技的傾向，感情の誇張された表出，(b)他者に容易に影響を受ける被暗示性，(c)浅薄で不安定な感情性，(d)興奮，および自分が注目の的になるような行動を持続的に追い求めること，(e)不適当に扇情的な外見や行動をとること，(f)身体的魅力に必要以上に熱中する，のうち(a)(b)(c)(f)が

認められた。加えて，①自己中心性，②自分勝手，③理解されたいという熱望の持続，④傷つきやすい感情，および⑤自分の欲求達成のためには他人を絶えず操作する行動（World Health Organization, 1992）の①②③④⑤すべてが関連病像として認められる。

診断 ICD-10　F60.4　演技性人格障害。
（DSM-Ⅳ TRに照らした場合の診断名は，(1)自分が注目の的となっていない状況では楽しくない，(2)他者との交流は，しばしば不適切なほど性的に魅力的な，または挑発的な行動によって特徴づけられる，(3)浅薄で素早く変化する感情表出を示す，(4)自分への関心を引くために絶えず身体的外見を用いる，(5)過度に印象的だが内容がない話し方をする，(6)自己演劇化，芝居がかった態度，誇張した情緒表現を示す，(7)被暗示的，つまり他人または環境の影響を受けやすい，(8)対人関係を実際以上に親密なものとみなす，のうち，(1)(3)(5)(6)(7)(8)があてはまることから，人格障害，クラスターB，301.50演技性人格障害〔American Psychiatric Association, 2004〕と診断される。対人関係における理想とこき下ろしなど境界性人格障害に共通する所見もあるが，嗜癖や自傷を認めないので当てはまらない。）

考　察

1．分　析
1）患者のエピソードの分析

患者のエピソードの中に述べられた下線①～④は，患者男子が男性の性的な対象となっているという点で，同性愛や性非行を示す。現代社会における未成年者の性非行（異性関係）とは異なった非常に闇の気配がする内容に初心者は驚く。同性愛自体は異常な性指向ではない（澤田・山内，1999）。だが男性同性愛者の中には，性のエネルギーに翻弄されている者もおり，一概に問題がないとは言いきれない。症例にみられるようなエピ

ソードには，性非行への対応が必要である．異性愛でも同性愛でも，早すぎる性行為は人格の成長をゆがめる．

⑧上歯左1番の齲歯は，トルエンなどを缶で吸引している慢性有機溶剤中毒者によく見られる齲歯かもしれない．「シンナーをやったことがあるか？」の問いに表情を濁さず無いと答えている⑤ところから行為の重大さを認識していないことも考えられる．有機溶剤吸入を経験していても物質依存単独ではなく関係性嗜癖と重複して起こっていることと判断した．福島市でGIDに理解のある歯科への受診を勧めたところ受診を承諾．しかし母親は，強固に仙台市内で近医を受診すると言い張った．母親の反応から，患者の有機溶剤中毒がより疑われた．GIDであっても，有機溶剤中毒が実際にあるとすれば，警察，医療と共同で対応する一般的な方略でよい．毎回の面接時に念を押すように「シンナーは吸ってないよね？吸ってはいけない！」と繰り返せばよい．シンナー臭を漂わせて受診するなど，決定的な状況にならなければ対応の手だてはない．またする必要もない．

⑦，⑪に共通する清潔さのなさは，身だしなみを整えるスキルがないと一概に見ることはできない．家庭環境や親子関係の問題，または注意欠陥性障害の遺伝負荷や後天的形成エピソードがあるか確定診断が必要である．

2）母親のエピソードの分析

母親のエピソードは，作為に満ちている．その目的は，治療者が「自分の味方になってくれること」の一言に尽きる．これは，人格障害の一般症状である見捨てられ感の裏返しからくる．人格障害圏の患者は，自分が否定されないためにはどのような態度をとるべきかを経験と対象の観察から割り出す（⑫）．⑯，㉒は，助ける存在の治療者と助けられる存在の自分という力学関係を構築するために発せられた言葉であろう．さらに，⑭，⑮，㉑にみられるように，治療者のプライドをくすぐり，自分に好感を持つよう操作する言葉も発せられている．ほめられて悪い気がする人間はいない．しかし，短時間の面接で治療者の力量を評価できるほど，患者は専門家ではない．今までの治療者をけなすエピソードも（⑰，⑱）治療者のプライドをくすぐる方法として用いている．だが，ただの悪口でしかなく，いかに自分を受け入れてくれない治療者だったかを述べているにすぎない．母親の受け入れられたい欲求（⑬）は，健康な人間関係からは満たされることが無く，これまでに何度も破綻をきたしていることが，⑲，⑳にみられる．今回も，その断片を示していることに気づいておらず，治療者を操作するべく腐心している．

2．治療計画

本症例は，一見すると男児側の性別違和に起因する生活障害やうつ状態，さらには問題行動の散見と見える．だが本質的問題は，母親にこそある．母親の人格障害が患者をして社会性の問題を引き起こしているのである．GIDと言う派手な障害に目がいってしまうと性別違和感の改善を主目的に治療計画を立ててしまい，治療のトリガー点を見誤る．患者がGIDであることは間違いないだろうが，母子癒着による患者の心の成長や社会的スキルの獲得不全の方が今は重篤である．GIDの治療など急ぐ必要はない．患者が自分の人生を生きぬいて行くために必要な力の獲得が優先されねば，性の移行のような過度のストレスを伴う治療に耐えることは難しい．本症例の場合，母親の病性の範疇にあっては，患者のGID治療も嗜癖行為からの脱却も失敗することが予想に容易い．

1）治療的対応（計画を含む）

a）患者の性別違和感を受容することをつげ，喫煙と嗜癖行為をやめることを治療の条件として提示した．

b）母親による操作から患者を切り離し，治療を行う必要があると判断．

来室時は，患者一人で来ることが望ましい

旨，両者に告げた。
c) 患者の嗜癖行為をなくすために親子で取り組むべきであることを教育した。
d) 時期を見て，母親の人格障害について精神科の受診を勧めることにした。なお，d) は治療中断のため実現しなかった。

2）経　過

初回は同席面接。現病歴の通り。2回目は患者単独で来室。患者の家庭環境や親子関係について単独面接を行い，母子関係の癒着度を把握した。母親の操作を患者は実感しているが，昼間は家に一人でいる（母親が述べた家庭内環境と相違）のであまり気にならないとのこと。母親の感情爆発や他者への酷評などのエピソードがあらわれ，患者側からの母子関係は希薄であることが伺えた。3回目面接は，患者が人目が怖いと言うとのことで母親が同伴。同席面接にて，患者の嗜癖行為（援助交際に関するもの）の状態を患者の口から話させ，母親にその内容を知らせて反応を見た。母親は殆どの内容に無関心で紋切り型の反応であった。患者の昼間の生活との関係から，母親の勤務内容や職場の人間関係に話を進めたところ，急に表情が硬直。初回面接時の悩みが心配だから聞いてみたと告げると一変して嗚咽。「うれしい，すばらしい」と治療者を褒めちぎった。これらの経過から，患者はGIDに特徴的な生活障害をあまり感じておらず，むしろ社会的経験の不足からくる自己同一性の不全と低落した自尊感情が援助交際などの性非行に発展していると解釈した。その原因は，母親の患者に対する操作や患者の意志をないがしろにする傾向に起因すると思われ，当初の治療計画で間違いないことが確認できた。

2004年6月，患者からのメールアドレス変更の連絡を最後に連絡がとぎれ治療中断。面接回数3回（初回：同席面接，2回目：患者単独面接，3回目：同席面接）各2時間，総面接時間は6時間である。

3．症例が示す問題と対処の方向性

1）性同一性障害が治療者にあたえる動揺と対処

症例の⑦自家脱毛，⑨度を超した化粧，⑩中途半端な女性装はGIDの初期段階ではよく見かけるもので珍しいものではない。しかし不慣れな治療者は，自分の中で沸き起こる患者に対する嫌悪感に動揺し，患者を傷つけないようにと必死になる。「自然に見える」と嘘をつく場合すらある。だが，無理にそのようなことはしないでよい。GIDは，望む性の"それらしさ"を身につけないと生活障害が解決しない（梅宮，2001）。医療的な治療よりも"それらしさ"を身につけることが難しく，後の社会適合の分水嶺とも言われる（梅宮・丹羽，2004）。当然，治療初期の患者には"それらしさ"はない。アンバランスさは治療過程に見られる自然な姿なのだから，それにより嫌悪感を持っても気にすることはない。治療者は自らが内に持った嫌悪感を患者に悟られないようにしていればよいだけである。ただし治療者側の良心として，自分自身の性のステレオタイプの存在や偏見について考察しておくことは望ましい。

2）人格障害が治療者に与える動揺と対処

症例のような人格障害圏の問題を持つ親は，理想的な親を演じることで他者（社会）との関係性を安定させている可能性がある。子どもの問題に積極的に関わる優しい親を演じているが，本当の意味で子どもの問題を理解していないし興味もない。人格障害は，対人関係のパターンの障害で，器質的な問題をあわせ持っている場合が多い（World Health Organization, 1992）。患者は，対人関係の不全が自己に起因することとは認識できずに，問題の所以を他者に帰属させる（野口，1995）。治療関係においても患者の言動に治療側が翻弄されたり，動揺させられたり，痛めつけられる場合があるので注意が必要である。初心者は操作される可能性もある。しかし，人格障害圏の患者が情動を揺さぶろうと腐心するときは，その患者の一般的な対人関係のパターンを読み取る好

機でもある．人格障害は治療に抵抗性があり，難渋する場合が多い．少量の抗うつ剤や抗精神病薬で改善する場合もある．要は心理療法領域で抱えずに薬理療法も選択肢に入れた医療対応の必要があることを念頭におき，専門診療科の受診を勧めることが望ましい．

結 語

本症例は，本格的な治療に至ることなく中断された．原因は，母親の心理抵抗によると思われる．このように親が人格障害圏の問題を持っている思春期，小児期の症例の場合，どのように「親の」治療コンプライアンスを保つかは難しい．親に人格障害としての病識を持たせ，投薬を含めた医療対応を受けるように納得させることが子どもの治療環境を整えることにつながる．遺伝負荷も考えれば，子ども自体も思春期後期には人格障害が発症する可能性が高い．より重篤な社会関係不全に陥るかもしれない．ひとえに，早期の対応が必至である．

特に，本症例のような性的な対象となることで自己の不全感を充足している例は非常に危険である．若いGIDMtFは，女性ホルモンの投与で劇的に女性化がおこる．女性の外見に男性器を持った姿は，性的に歪んだ好事家の慰みものになる危険性を大いにはらむ．その意味で，治療を中断させたことは大きな失敗である．症例の患者が，奇異に満ちるGIDエピソードに目を奪われることなく，治療点の所在を見抜ける臨床家に出会っていることを祈ることしかできないのは非常につらい．

文 献

American Psychiatric Association. (2004). *Diagnosticand statistical manual of mental disorders* (4th Edition Text Revision). Washington, DC: APA

日本精神神経学会. (2006). 性同一性障害に関する診断と治療のガイドライン（第3版）. http://www.jspn.or.jp/04opinion/2006_02_20pdf/guideline-no3.pdf

野口雄二. (1995). 共依存の社会学. こころの科学, **59**, 28-32. 東京：日本評論社.

澤田新一郎・山内俊雄. (1999). 性同一性障害：その概念と歴史的展望. 臨床精神医学, **28**, 367-372.

梅宮れいか. (2001). 性同一性障害治療におけるリアル・ライフ・テストの意義と困難点. 福島学院短期大学研究紀要第32号, 23-27.

梅宮れいか・丹羽真一. (2004). 輪状-甲状軟骨接近術——色法Ⅳ型による声の女性化に伴い顕著なSDSの低下を認めた性同一性障害（男→女）の1症例. 福島医学会雑誌, **54**, 304-305.

塚田 攻. (2005). 性同一性障害の治療と予後：精神療法の実際. モダンフィジシャン, **25** (4), 379-383.

World Health Organization. (1992). *The ICD-10 classification of mental and behavioural disorders: Clinical descriptions and diagnostic guidelines.* WHO.

Umenomiya, Reika, **A case involving a gender identity disorder (male to female) young adolescent boy and his mother who possesses a personality disorder : A patient who affects the emotions of a therapist.** Japanese Journal of Clinical Developmental Psychology 2007, Vol.2, 58-63.

There are cases in which patients can affect the emotions of the persons who come into contact with them. Gender Identity Disorders (GID) can stagger the gender conceptions of therapists. In addition, Personality Disorders possess interpersonal relationship patterns which are capable of staggering the emotions of other persons. I experienced a case in which a mother possessed a Personality Disorder and her son was GID (male to female). Below, I report on my interpretations of this case and describe the assumed emotional affects from the therapist's side, as well as countermeasures.

【Key Words】 Gender identity disorder, Personality disorder, Parent-child relationship, Adolescence, Social adaptation

■コメント

三宅　篤子
中央大学

　本論文は，性的非行を含む性同一性障害と人格障害を持つ母親の問題が重なる非常に稀少で複雑な事例である。本論文から学ぶものの第1は，その稀少性に目を奪われることなく，このような複合的問題を考察する際の分析的手法であるといえる。

　診断及び治療計画作成にあたって著者は，性同一性障害，人格障害の症状の把握，DSM-Ⅳ等の診断項目との照合による臨床診断を，両者の同席面接と平行面接を使い分けながら行っている。この経過は，ケース事例の症状エピソードの読み取り方，判定の技法の理解のためには示唆に富んでいる。実際の治療は，来所意思の把握，治療継続のニードの確認，診断予定・治療計画の説明と合意形成等の経過の中で弾力的に行われており，この臨床的経過も学ぶに値するものが多くある。

　第2に，治療計画作成に当たっての，諸問題の優先順位の付け方，それに基づくアプローチは適切で，このような複合的問題へのアプローチの参考資料となる。にもかかわらず，治療が中断した事実を考えると，治療計画の適切さを超えた，複合ケースの対応の難しさを考えさせられる。

　著者は第3の視点として，性同一性障害・人格障害が治療者に与える心理的動揺とそれへの対処について言及している。一つの論文に，この点をも含めることは，やや内容過多のきらいがあるが，経験困難な事例として支援者には参考となると思われる。

　本事例は，稀少ケースということを除くと，いくつかの今後の課題がある。筆者の治療計画にもあったように，状況把握，治療の実行共に，他機関，他の支援者との連携で重要であり，この経過の把握が必要である。また，困難事例として治療は中断したものの，今後，治療が再開された場合に備え，今までの経過を整理して可能な支援体制を用意しておくことは引き続き求められる課題と思われる。

大学におけるチームアプローチ的支援
―― 自傷・他害性のある困難事例への対応

遠藤　美行
同志社大学

　本稿は，従来の学生支援の枠組みを超えた「チームアプローチ」的手法を取り入れた支援によって緊急事態が回避された二つの事例を扱ったものである。考察の結果，①自傷，他害の危険性が高い困難事例においては従来の学生支援システムでは十分な対応ができず，限界があること，②それゆえ，こうしたケースでは，「チームアプローチ」的支援による危機介入が必要かつ有効であることが確認された。③そのために「チームアプローチ」的支援の支柱となるコーディネーターは，それぞれの専門家による複数のアセスメントを，より包括的な視点から統合する必要があり，また④危機回避のために拡大守秘義務の運用も考慮に入れるべきであることが明らかになった。

【キー・ワード】　チームアプローチ，困難事例，危機介入，コーディネーター，拡大守秘義務

問題と目的

1．大学における支援制度の現状

　大学における学生支援は，①学生全体への支援システム（各所属学部の学生主任者等：教員が1年交代で担当），②支援の必要性が生じるリスクのある学生への支援システム（学生支援課の「何でも相談窓口」：常勤職員が担当），③支援が必要な学生個々への支援システム（カウンセリングセンター：臨床心理士［2，3名が週2〜3日］非常勤勤務，厚生保健センター：内科医［週4日］，精神科医［週1日］いずれも非常勤勤務）があるが，本来この三つに加え，学生や周囲の人間が，生命や安全を脅かされる事態に備え④従来の支援の枠を越えた危機管理システムが必要である。しかしながら，現在，大学では④に当たるシステムが機能していない。また，これら①から③のシステムがそれぞれ個々別々に存在しており，互いの連携がなされていないというのが現状である。

　さらに，精神的疾病や発達障害などの問題を抱えながらも入学可能な学力を有する学生に対し，入学時に，学生生活への適応をスクリーニングをするシステムがないことも問題の背景としてあげられる。上述のような事情から，最終的に，危機管理システムによる支援が必要になってしまうような困難事例の場合，学生に病識がないことが多く，①から③のいずれにかに「精神的な悩み」として自らの問題を事前に相談することは極めて稀である。また，それらのケースは成績不良者や不登校学生として潜在していることが多く，所属学部の教職員が対応困難に陥り，本人や家族にとって適切な支援が行われないまま，不本意なかたちで休学あるいは退学に追い込まれるような事態も起こっている。現在の大学の支援制度の中では，このように学生の疾病や障害は大学側には見えないまま支援されずに終わってしまうか，本事例のように，自傷，他害の危険性が高い困難事例として，事件事故につながり得る緊急事態のかたちをとって，顕在化してしまうのが現状である。

2．チームアプローチとは

　「チームアプローチ」とは，ひとつの作業目標の解決に向けて，専門性をもった様々な人の視点

と知恵をあわせて協働的に取り組む手法を指す。現在，教育学，福祉学，医学，心理学等，様々な分野から，その必要性が問われ，その試みの中でチームアプローチ的手法が導入され始めている（成田，2001；斎藤・松下 2000；石隈，1999）。

本稿で取り上げるのは，いずれも大学の学生支援課が全学に向けて開いている「何でも相談窓口」への来談をきっかけとして問題が表面化し，結果的に「チームアプローチ」的手法を取り入れた支援法によって緊急事態が回避された二つの事例である。これらの事例をもとに，本稿では，大学における支援制度の現状と限界を見据え，改善策としての「チームアプローチ」的支援の可能性と課題を探ることを目的とする。

「チームアプローチ」においてはチーム全体のスーパーバイズと連携を図るコーディネーターが必要となる。現状では，ほとんどの大学に，この役割を担う職員は存在しない。筆者は臨床発達心理士として，大学の「何でも相談窓口」の相談員を務めている。しかし，ここで取り上げた二つのケースにおいては，事態の緊急性から臨時的にコーディネーターの役割をも兼ねる必要が生じた。なぜなら，危機介入に際して，教職員，保護者に対するコンサルテーション，関係諸機関へのリファー業務が必要となったからである。結果的には「チームアプローチ」を導入した全学的支援を目指したコーディネーター役を担ったことになる。

事例の概要

【事例A】
1．対象者
　三年生（学年は当時），A子（20）。
2．インテーク
　極度の痩せ。「骨と皮」状態。表情や体に過度の緊張。手足が極度に冷え，夏日に真冬の服装。「家族は私のことをわかってくれない」「お腹が張って苦しくて痛い」等訴える。話している内容はクリアだが，時々舌が回らない様子。カウンセリングセンターで，二ヶ月前から心理面接を継続して行ったが，体重は減少し続けていた。
3．アセスメント
　【医学的側面】極度に偏った摂食行動。5年前から体重減少で期待される体重の49％未満。貧血，肝機能低下，甲状腺ホルモン異常［学内の保険センター内科医の診断］。
　【心理的側面】成績に対する激しい執着［所属学部教員からの聞き取り］。
　強迫性。親子関係の不和［カウンセリングセンター，臨床心理士の面談記録］。
　【生態学的側面】教員への迎合した言動（成績評価のため）。自己中心的行動（友人の出席カードを出してあげる振りをしてこっそり破棄する等）。反道徳的行為（学生食堂での無銭飲食等）［教員，家族，学友からの聞き取り］。
4．支援方針
　身体機能の低下が進行しており，経口での栄養摂取が困難な状態が慢性化していた。重篤な摂食障害（神経性無食欲症：anorexia nervosa，以下ANと略記）が疑われ，現状での大学内支援は限界であり，早期の専門医療機関へのリファーが急務と判断した。故に，思春期専門病棟への任意入院を短期支援計画とした。
5．支援の実施（コーディネートの流れ）
　【医学的側面，心理的側面への対応】
　本人に対し，当初拒絶していた入院加療への同意を目的に継続的にカウンセリングを行った（筆者担当）。学内の厚生保健センター内科医に支援協力を要請（診察と血液検査を依頼）した。結果，極度の栄養失調状態ゆえ，近日中の入院が必要との診断結果であった。入院可能な病院を検索し，ANの受け入れが可能な思春期専門病棟があるS病院に緊急受け入れを要請した。
　【環境的側面への対応】
　成績に対する執着が激しく，医師や親からの安静が必要との指示を一切聞き入れず，連日の通学

（往復五時間）をやめないため，所属学部長，担当教員，所属学部事務長と学生支援課で緊急会議を開いた。試験はすべて入院加療しながらでも可能な形の課題に変更，または提出期限を延長することなどを決議。入院前の講義受講や試験の受験は成績に反映されないと本人に通達を行い，安静に導いた。

6．結果

本事例は重篤な AN を伴う女子学生に対する危機介入であった。AN は自傷行為のひとつとも言える重篤な障害であり，支援の難しさが報告されている（永田，2007）。

インテーク当初，筆者は，本人へのカウンセリングと家族へのコンサルテーションを行った上での，任意入院を短期支援目標に設定していた。しかしその過程で得られた血液検査等の結果と数日後の身体症状の悪化をみて，早期入院から緊急入院へと支援目標を再設定した。緊急入院へ向け，急遽，所属学部への支援協力の要請を行った。そして，「チーム」として支援を実施した結果，コーディネーター，所属学部教職員，臨床心理士，学生課職員，校医，学外専門病院専門医などの連携による，大学関係者総意の元で緊急入院に導き，さらにしばらく休学させるという形での支援活動を行うことが可能となった。すなわち全学的なチームアプローチ的支援が行われた結果，危機管理システムが機能し，結果として，本人家族へのインフォームドコンセントが可能となり，当初拒んでいた緊急かつ任意での入院が可能になったのである。

緊急入院の後，専門医の元での入院治療が功を奏し，現在自宅から通院出来るまでに順調に回復している。それに伴い，自己内省力の高まり，親子関係の改善がみられ始めている。

【事例B】

1．対象者

一年生，B君（19）。

2．インテーク

「大学を辞めたい。楽しそうにしている学生を見ると，イライラし，ダイナマイトで爆発させてやろうかと思う」「大学の中で友人がいない」などと訴える。私立高校（偏差値48）を卒業後，一浪で一般入試入学。次第に精神状態が悪化，大学に行けなくなり，授業内容も分からず，友人も出来ず，春期試験はほとんど落としてしまった。

3．アセスメント

【医学的側面】興奮気味で顔色は紅潮，目線が合わない。「他害の危険性あり。緊急入院の必要はないが，煮詰まると暴発する可能性があり，目が離せない状態」［学内の保健センター精神科医の診断］。

【心理的側面】「大学に来るとおかしくなる！耐えられない！」「絶対卒業して一流企業に就職したい！」というアンビバレントな心理状態。集中力の欠如から授業に出られない状態［カウンセリングセンター臨床心理士の所見］。

【生態学的側面】成績不良者として所属学部から呼び出されていた。周囲に対しての，アグレッシブな言動行動から教職員を巻き込んでいた［所属学部教職員からの聞き取り］。

4．支援方針

学内外の精神科医の診断名はまちまちであり，はっきりした診断名はでない状態であった。しかし，「他害の危険性」があり，自宅安静のもと「投薬治療の必要性」あり，という所見は一致していた。そのため，大学内での支援は困難と判断。学生支援としての危機管理の観点から，他害の回避と本人の保護を目的に，専門医受診を学生本人と家族に勧め，同意を得ること，さらに修学を継続する場合は必ず主治医の同意に基づいて行わせることを支援計画とした。

5．支援の実施（コーディネートの流れ）

【医学的側面，心理的側面への対応】

・本人に対して，かたくなに拒絶していた家族への連絡についての同意を目的にカウンセリ

ングを行う（筆者担当）。
・本人同意のもとでの家族コンサルテーションを計画。
・カウンセリングセンターへの支援要請。
・家族面接の実施。「専門医での治療を受けさせること」、「当面大学を休ませ、実家で休息させること」に同意を得た。

【生態学的側面への対応】
・所属学部への状況報告と協力要請。
・半年後，家族からの復学要請を受け，本人，両親，所属学部の学生主任，カウンセリングセンターの臨床心理士，コーディネーターを交え，学生支援課にて面談。「復学する場合は，専門医の許可を得ていること」「その場合も，学内カウンセリングセンターでの面接を継続すること」を条件として伝えた。

6．結果

本事例は，「他害の危険性あり」と診断された男子学生のケースである。初期対応で，本人へのカウンセリングを行い，これによって，当初本人が拒絶していた家族への連絡が可能となった。その結果，母親が大学に来校し，家族面接を行うことができた。家族へは，専門医への受診を勧め，同意を得られた。同時に必要な範囲での情報開示を行い，所属学部，学内カウンセリングセンターに支援の要請を行うことができた。そして大学関係者と家族との話し合いを実施し，本人を当分通学させず，自宅へ戻し，そこから通院させるという措置をとることができた。このように「チームアプローチ的支援」によって，危機管理システムが機能し，他害の危険回避と本人の保護を迅速に行うことが可能となった。

以上が，単独では対応困難な学生に，チームアプローチの視点から，危機介入を行った二つの事例である。いずれの場合においても，関係機関の連携が得られ，危機管理システムが機能し，緊急事態が回避された。

考　察

1．大学における支援制度の限界と課題

まず，本事例に危機介入の必要性が生じてしまった背景，すなわち，大学における従来の支援制度のどこに限界があったのかを考察し，チームアプローチ的介入が必要となった経緯について考えてみたい。

1）事例Aの場合

筆者がアセスメントの際，着目したのは，「5年間も体重減少が続き，医学的に危険度が極めて高い状態でありながら，なぜ一度も適切な介入（専門医療施設への入院）が行われずにいたのだろうか？」という点であった。

ANは病識が乏しく，介入が困難だからだ，と言ってしまえばそれまでである。しかし，彼女は大学入学後も，学外の専門科医や胃腸科の診察を受け，学内のカウンセリングセンターにて心理面接を継続していた。つまり，彼女はずっと支援を求め続けていたわけである。

とすれば，ここに欠落していたものは，「大学という場で生活している彼女」の困難性を生活文脈の中で捉えなおす視点だったのではないだろうか。つまり，医学的側面と心理的側面，生態学的側面を総合した視点から，生活文脈の中での困難性を捉え直す試みが，従来の学生支援ではできていなかったわけである。

彼女に対し，家族はひきこもる娘を扱いかねており，教員は厄介な学生ととらえていた。学内カウンセリングセンターの臨床心理士は家族関係の改善が必要という認識で心理面接を継続していた。学内の厚生保健センターはこの時点の彼女の状態を把握しておらず（入学時にしか健康診断がないため），学外の専門医師のうち内科医は栄養失調という診断であり，心理クリニックの医師は摂食障害と診断していたが，投薬のみで，極度の栄養失調に対する治療は行っていなかった。すなわち，それぞれの所見がまったくばらばらになさ

れたままであり、それらを統合する視点がなかったのである。

つまり、チームアプローチ的視点にたって、こうしたさまざまな所見を統合する視点を取り入れたときに初めて、支援者―被支援者共にコントロール不全状態にあることが明らかになったわけである。そして、危機管理の視点から、大学内で支援を継続すべきではないという判断を下すことができたのであった。

2）事例Bの場合

この学生が学生支援課「何でも相談」と、関わりを持ったのは、所属学部における成績不良者対象の呼び出しがきっかけであった。面談中に「友達がいない」と発言したので、担当教員から「サークルでも探しなさい」と紹介されて学生支援課に来談。話がよく飛び、興奮しており、目が充血していた。「学友を殺したい」と発言したことから、コーディネーター（筆者）に引継ぎがなされたのであった。

本人には病識はなく、保護者も診断結果を否認していた。「絶対に、この大学を卒業したい！」と、無理に登校するたびに血走った目で教務課の担当者にアグレッシブな言葉をぶつけ、学生課、カウンセリングセンター、保健センターの間を徘徊した。「他の学生が楽しそうにしているのをみると殺したくなる！」との発言を繰り返し、それを耳にした教職員を不安がらせていた。

大学内の教職員は「この学生が何か事件を起こしたらどうしよう！」という強い不安を感じていた。と、同時に何かあった場合誰がどう責任を負うことになるのかという懸念も抱いていた。危機管理の視点から大学としての責任問題が問われたケースであった。

コーディネーター（筆者）は、この事例に関し、第一に医学的側面から専門医の診断と介入を軸にすべきであり、第二に生態学（環境）的側面つまり周囲への影響度を見極めることが重要であると判断した。

第一の点に関しては、まず迅速に校医（精神科医）との連携を行った。支援の過程で3人の精神科医がそれぞれの診断を下したが、いずれの医師からも投薬治療と当面の自宅安静の指示がでた。つまり、現状での学内支援の継続は限界と判断された点では共通していたわけである。第二の点に関しては、彼が大学に登校してきている以上、本人の苦しさに加え、不本意に周囲を巻き込んでしまっている困難性を考慮すべきだと考えた。そして、医学的側面と心理的側面、生態学的側面を総合した視点から、個人への支援（医学的、心理的視点）と危機管理（環境的視点）の接点を探るというチームアプローチ的な手法が必要となったわけである。また、それぞれの側面の統合を試みたとき、どこまで情報を伝えるべきかという守秘義務と情報開示の接点を見極めることも重要な問題となった。

この約半年後に学内関係者で行った中期支援目標のポイントは「どの時点で誰が復学を判断するか？」という点に絞られた。けれども、復学委員会などが設置されていない大学の現状の危機管理体制の中で、これは難しい問題であった。これも、従来の支援制度の限界が露呈した問題だったといえよう。

今回の介入により当面の緊急性は回避され現在は落ち着いた様子を見せている。だが、学業の継続に関しては、現在も困難性が残されたままである。長期支援目標としては、学生のこれまでの成育歴（過去）と今後の生活（未来）を見定めた時、現時点において、"大学という場"が支援のフィールドとして適切に働くのだろうか？という視点も必要となってくる。

3）まとめ

二つの事例を振り返ると、初期支援計画はともに「現状での学内支援は困難」であった。

心理的援助を行おうとするとき、支援者は、今この時点の被支援者の問題解決を二者関係の中で扱うことを優先しがちである。しかし、リファー

や連携を行い「チーム」として支援を行う視点は，臨床的に非常に重要であり，この点でコーディネーターの役割は大きい。

本事例においても，その判断とチームアプローチが結果として，後の学内支援に有効的に働いたといえる。

包括的に個人をアセスメントすること，単独ではなく「チーム」として支援計画をたて遂行することが，困難事例や様々な問題解決に寄与する一つの方向性ではないだろうか。それをもって，学生支援としての危機管理システムの構築が可能となるのではないだろうか。

まずは，対応困難かつ緊急対応を要する学生に対する支援協力と連携のあり方を，学内関係者で検討する機会が必要であろう。また，本人家族と学校といった単純な繋がりを越えて，複数の医療機関とのスムースな連携が行える体制づくり（松崎, 2007）が今後の課題となるであろう。

2．チームアプローチ的支援の可能性と課題

自傷・他害の危険性があった二つの事例の緊急性の回避に，チームアプローチ的支援は必須であったといえる。ゆえに，今後大学内での支援活動の中で臨床発達心理士に求められる役割は，古典的な心理面接のような枠が定まった環境での臨床活動とは異なったモデル（東條, 2002）を，新たに構築していくことにあるのではないだろうか。

1）初期介入について（包括的視点の必要性）

青年期にある大学生は自らの行動や状態を言語化できる場合が多いため，本人からの情報収集の意義は大きい（金谷, 2002）。したがってチームアプローチにおいても，出発点はやはりクライエントへのカウンセリングから始めることが望ましい。なぜなら，危機介入においてさえ，本人の意思が最重要視されるという心理的援助の基本は変わらないからである。

しかし，自分の置かれている状況に対して，客観的な認識が持てないでいる学生である場合もあ る。その場合には，家族や学部教職員など，日常的に対象者に関わっている家族や周囲からの情報収集が必要となる（金谷, 2002）。

また，学内外の医師，心理士の評価結果と併せて，総合所見を立て，支援目標を設定し，関係機関に支援目標と支援協力をフィードバックすることが必要となる。この点で，コーディネーターには協調性と倫理観が必要とされる。

2）危機介入について（拡大守秘義務）

本稿で取り上げた二つの事例はともに，危機介入が必要であり，従来の学生相談の枠を超えたチームアプローチ的支援が必要かつ有効な事例であった。

クライエントが拒食症で痩せがひどく身体的に危険な場合，自殺の恐れが極めて高い場合，支援者を含む他人に害を与える可能性が高い場合など緊急の対応が必要な場合に危機介入がなされる。それは，可能な限り早く専門の医療機関を受診させ，その上で保護者への連絡を行うことなどを指す（福田, 2007）。このような緊急性のあるケースに対し，支援網を迅速に構築する必要がある場合，古典的な守秘義務の概念のみに拘泥することは困難である。それゆえ，今後，チームアプローチ的支援には情報開示の必要性の明言化つまり，「拡大守秘義務 extended confidence」の概念の導入が課題となるであろう。拡大守秘義務とは，緊急を要する事態における倫理基準を考察する際に生み出された概念であり，守秘義務の主体を個々の支援者から，当該支援集団全体に拡大して考えようとするものである（飛鳥井, 2000）。

「守秘義務」は，従来からカウンセリングにおいて最も重要視されてきたものの一つである。昨今，人権尊重や個人情報保護などが重視されるようになったため，この守秘義務がより重んじられるようになってきている。これに対し，他方では，事件・事故の被害者側から加害者に関する情報の開示を求める動きが強まり，加害者を生まないための予防的介入としての「情報開示の義務」

という視点も重要視されはじめている。そのため，チームアプローチ的支援に臨むにあたっては，守秘義務と情報開示義務とのバランスをいかに図るか，つまり危機管理と個人支援の両立をいかに図るかが，今後の最重要課題となると考えるのである。

本稿の事例のように事故回避を目的に支援網を構築する場合，被害者学生と加害者学生のどちらもうまないということが支援目標となるため，コーディネーターは，守秘義務を尊重しつつも，必要な限りでの情報開示をどこまで行うかを慎重に見極める必要がある。上記の「拡大守秘義務 extended confidence」の概念がより重要性を帯びてくる所以である。

3．まとめ

従来の大学における学生支援システムは，青年期後期にあたる学生は，適切な自己評価能力と自己責任能力を持っていることを前提として構築されてきた。けれども，現実には様々な形でそうした能力が喪失されたり，障害によって阻まれるという事態が存在する。そのような場合には，臨機応変な形で，それぞれの学生が抱える問題のタイプに合わせた複合的支援が必要となる。本稿ではそうした事例の中から，本人に自己責任能力がなく，自傷・他害の危険性が生じた場合を取り上げた。そして，そのような事例においては，包括的視点を取り入れ，拡大守秘義務の概念を重視するチームアプローチによる危機管理支援が有効であることが確認された。

文　献

飛鳥井望. (2000). 多職種チームアプローチにおける守秘義務問題と個人情報保護. 松下正明（総編集），*精神医療におけるチームアプローチ*（pp.69-73）. 東京：中山書店.

福田真也. (2007). *大学教職員のための大学生のこころのケア ガイドブック*. 東京：金剛出版.

石隈利紀. (1999). *学校心理学：教師・スクールカウンセラー・保護者のチームによる心理教育的援助サービス*. 東京：誠信書房.

金谷京子. (2002). 対象理解のためのアプローチ（2）問題の把握1 評価の手続き. 長崎　勤・藤田継道・古澤頼雄（編著），*臨床発達心理学概論：発達支援の理論と実際*（p.178）. 京都：ミネルヴァ書房.

松崎淳人. (2007). 心身医療と教育との連携についての検討：摂食障害との関係. *心身医学,* **47**（4），51.

成田善弘（監修）. (2001). *医療のなかの心理臨床：こころのケアとチーム医療*. 東京：新曜社.

斎藤正彦・松下正明（責任編集）. (2000). *臨床精神医学 S5 精神医療におけるチームアプローチ*. 東京：中山書店.

東條吉邦. (2002). 臨床発達心理学の基礎研究法：6 チームアプローチ. 長崎　勤・藤田継道・古澤頼雄（編著），*臨床発達心理学概論：発達支援の理論と実際*（pp.127-129）. 京都：ミネルヴァ書房.

永田利彦. (2007). 摂食障害における社会不安障害. *精神医学,* **49**（2）. 東京：医学書院.

Miyuki, Endo, **Supporting activities with "Team Approach" on university campus: Two approaches for the difficult cases accompanied by deliberate self-injury and aggressive behavior.** Japanese Journal of Clinical Developmental Psychology 2009, Vol.4, 51-58.

Discussed in this paper are two cases in which emergency were avoided by the supporting activities with "Team Approach".

After the examination, the followings four points were made clear:

(1) In the difficult cases accompanied by a high risk of self-injury and aggressive behavior, sufficient support cannot be done by the present student-support system and there is also a limit in support.

(2) Therefore, in such cases, the intervention in emergencies by the "Team Approach" is confirmed as necessary and effective.

(3) The coordinators, who serve as the main supports of the "Team Approach" system, need to unify various assessments by specialists from more comprehensive point of view.

(4) The introduction and practice of expanded confidentiality should be considered to avoid emergency cases.

【Key Words】 Team approach, Difficult cases, Intervention in emergency cases, Coordinator, Expanded confidentiality

■コメント

三宅　篤子
帝京平成大学

　大学における学生の危機的状況に対する，従来の学生支援の枠組みを超えたチームアプローチとそこにおけるコーディネーターの役割の重要性を明らかにした論文である。
　大学における学生支援の現状と問題（支援の対象，形態，担当者）及び，システムの中でのそれぞれの役割が整理されて記述されている。したがって，大学における支援の限界とそれに対する今回の実践の重要性と独自性が明らかになった。またその中から，著者の果たしたコーディネーターの重要性と，チームアプローチで行う危機管理の課題が整理された点も高く評価される。
　青年期における社会的にも自立している学生への支援システムは，すべての学生が適切な自己評価力と自己責任能力を持っていることを前提にしがちである。しかし，現実にはそうではなく，様々な形での自己責任能力の喪失，または障害が存在し，それぞれの学生の問題のタイプに合わせた複合的支援が必要なのである。その中で今回は，本人に自己責任能力がなく，自傷・他害の可能性が生じた場合には，危機管理的支援をチームアプローチで行うことが，有効であることが証明された。
　以上のことを前提に今後検討が必要な点をいくつかあげる。
　①本人および親への告知，インフォームド・コンセントを，いつの時点でどのように行うかということである。近年，医療や福祉の領域でも，治療計画または支援計画を作成する時点で，本人（または親）とのやり取り，同意は当然の前提になって来た。今回のような困難事例では，支援の開始時点では無理としても，どこかの時点で説明と同意は必ず必要であろう。どのようなタイミングで，どのような条件をクリアする必要があるか，等々を整理することが課題と思われる。その上で，「拡大守秘義務」の検討が必要になるのであり，その逆であってはならないであろう。
　②各ケースへのチームで行った様々なアプローチと並行して筆者が本人に対して行ったカウンセリングにおける本人とのやり取りのより詳しい記述や分析があると，これらのアプローチに対する本人からの視点が追加され，考察がより多面的になると思われる。

就労を希望する自閉症者の職場定着に向けた
セルフ・マネジメントの形成
——雇用を前提とした実習支援を通して

松田　光一郎
社会福祉法人　北摂杉の子会

　本研究は，就労を希望する自閉症者の雇用前実習において，筆者がジョブコーチという立場で，対象者の障害特性に応じた介入を行った実践報告である。具体的には，職場の環境調整と作業チェック表を用いた介入を行った結果，課題達成率がベースライン期よりも上昇した。さらに，職場で求められる達成基準と作業評価の一致が図られた。したがって，作業チェック表を用いることで他者からの指示や評価を受けるのではなく，自律して作業を遂行するセルフ・マネジメントの形成に有効であったという結果とともに，作業チェック表を使用した般化手続きを検討することが，今後の課題として提示された。

【キー・ワード】　自閉性障害，セルフ・マネジメント，ジョブコーチ，実習支援，ABC分析

問題と目的

　我が国において，ジョブコーチ支援が国の施策として本格的にスタートしたのは，2002年の障害者雇用促進法改正により職場適応援助者制度が設けられたときからであり，障害者の就職及び職場定着に高い効果がある支援策として，これまで以上に期待が高まっている（佐藤，2006）。しかし，実際には地域障害者職業センターに配置されているジョブコーチの数が少なく，職場への派遣がスムーズにいかない場合が多く，現状としては委託された就労移行支援事業所の就労支援員等が，ジョブコーチとして職場へ赴いて支援を実施するケースが増えてきている。

　就労支援員等が，雇用定着に向け企業に対しナチュラルサポートの要請とフェイディングを念頭においた支援を実施する場合，対象者の障害特性を踏まえ，環境との相互作用に着目した援助設定により自律に繋がるよう支援する必要がある。そこで，自分で自分の行動を積極的にモニターし，かつコントロールするセルフ・マネジメントの形成を目的とした支援が必要になると考えられる。セルフ・マネジメントの構成要素には，自己観察記録，自己評価，自己強化の3つの段階があり，自己評価は自己観察記録ができていることが前提で，自己強化は自己評価ができていることが前提であるとされている（King-Sears & Carpenter, 1997/2005）。

　セルフ・マネジメントによる先行研究として，山本・國枝・角谷（1999）は，セルフ・マネジメント・スキルを自己教示，課題遂行，次課題選択，完了報告の4個の行動要素に分けてそれぞれを学習することで，第三者からの指示を最小限にした状況で複数の課題をひとりで遂行する行動が獲得され，課題間，課題量，場面間，聞き手間，家庭場面において般化したことを示している。また，Hughes & Rush（1997）は，重度の発達障害を持つ成人2名に自己教示と複数の見本による訓練を合わせて行うことで，仕事に関連した問題行動の解消と自己教示の行動形成に効果があり，仕

事の独立性が高まったと報告している。このように就労現場で障害を持つ個人がセルフ・マネジメントを獲得することは家族や支援者の負担を軽減し，自律的に社会生活を営むための重要な手段になりうることを示唆している。

このような背景を基に本研究では，スーパーでの雇用前実習において，職場で求められる達成基準と対象者の完了報告が一致しないという経過報告から，対象者が作業完了前に確認行動ができていないという自己制御機能の特徴に着目した。そこで，完了報告に確認行動を随伴させることを目的に，視覚的手がかりにより他者の評価を次の作業の弁別刺激にするのではなく，自律的な行動で作業を遂行し，自らの行動を強化するといった，セルフ・マネジメントの形成を目的に支援を行った。

方　法

1．対象者

対象者（以下A）は中度の知的障害（療育手帳B1）をともなう自閉症と診断された男子であった。特別支援学校卒業後，スーパーにパートとして採用されるが，周囲とコミュニケーションがとれず精神的に不安定となり3カ月で離職となった。その後，19歳の時にもスーパーにパート採用されるが，職場のストレスから自傷・他害などの行動問題が頻発し2カ月で離職となった。

Aが就労移行支援事業の利用を開始したのは20歳からで，これまでの職場体験実習では質問や指示に対して「はい」，「わかりました」等の返答はするが行動結果が伴わないために，実際に指示を理解しているかどうかは明らかでなかった。また，清掃作業で「できました」という報告はするがゴミや汚れを取り除くことが難しく，やり残しの見られる状態であった。Aは普段，作業説明をノートに自発的に書写することはせず，ノートに絵を書いたり，別の作業をしたりする行動が見られた。ただし，筆者から板書を書写することや，説明したことをノートに書くように指示があった場合，単語や文章を書写すること，また分からない単語については筆者に質問することもできた。日常的なコミュニケーションについても，筆者からの声かけや質問に対して適切に答えることができていた。

以上の観察結果やWAISの結果（後述）から類推するに，指示の内容は理解しているにもかかわらず，指示内容を行動に移せないことから行動に影響を与えている刺激性制御に課題があると推察された。

2．アセスメント

20XX年にハローワークの協力を得て，地域障害者職業センターに職業評価を依頼した。

一般職業適性検査等の結果は以下の通りであった。

① 身体的側面
- 握力　右　22.5kg
- 握力　左　26.0kg
- 視力　右　0.1
- 視力　左　0.1

［所見］
- 幼少期に左眼の白内障の手術を受け，左眼は見えにくい。眼鏡使用で視力を測定した結果，眼鏡使用で左右0.1であった。検査場面では細かな作業は眼を近づけて行っており，視力が作業に影響する可能性もある。

②精神的側面—知能検査（WAIS-R）
- 全IQ　40未満
- 言語性IQ　46
- 動作性IQ　46未満

［所見］
- 職業評価では，当初遊び感覚の面も見られたが，最後まで真面目に取り組むことが出来た。

③社会的側面—社会生活能力調査
- 意思の表示と交換能力　15点（中）
- 移動能力　5点（中）

・日常生活能力　13点（上）
［所見］
・意思交換：言語はやや不明瞭であるが，日常な会話は可能。
・移動能力：慣れた経路であれば公共交通機関の利用は可能。
・日常生活：家庭では食器洗い，洗濯物干し・取り込み等の手伝いを行っている。買い物は，お金を出して買い物をすることは可能。

④職業的側面（器具検査）
＜検査名／結果（ミス）／一般比＞
・検査1（棒のさし込み）／34／43％
・検査2（棒を上下逆にさし替え）／45／51％
・検査3（丸びょうと座金の組合わせ）／9／34％
・検査4（丸びょうと座金の分解）／10／36％
・蛇口組立／195秒（0）／33％
・蛇口分解／99秒（0）／40％

［所見］
・指示理解：口頭のみの指示で行動に移すことは難しく，具体的に例示して分かり易く説明する必要がある。
・作業遂行：検査1，2の作業スピードは全般的にゆっくりであり，大まかな手腕作業が一般。平均の4〜5割，細かな指作業，工程数の多い作業（7工程）が3〜4割である。検査3，4の細かな指先作業は視力の影響もあるためか，ピンとワッシャーを同時に両手で分解することは難しく，ピンを戻した後ワッシャーを戻していた。また，部品を置く順番を1つ飛ばしていても気付かなかった。手先はあまり器用ではなく，小さなネジを締めるのに何度か持ち直して時間が掛かっていた。
・計数：数えずに反射的に適当な数を数える場面があったが，数え直しの指示には素直に従い，10前後の数は正確に数えられた。
・意思疎通：返事，報告，質問は習慣化されていない。
・職業意識：就労体験がないことから，就職活動や職場実習を経験することで，就労イメージを持つことが必要である。
・その他：検査課題に対し，テスターの表情や反応を待って行動する傾向が見られる。

［総合所見］
　理解力，作業スピード等に制限があるため，スピードを要求されない単純な身体作業が適切と思われる。手先が器用ではなく，視力の影響もあるため，細かな作業は適しておらず，技能の未熟などから，不安感，抵抗感を抱きやすい。
　Aがこれまで就労体験がないこと，課題時に他者の表情や反応を見て行動する傾向があることから，作業の仕方や関わり方のモデルとして，他の従業員とペアで行う作業の方が持続しやすく，ミスも少ないと思われる。また，社会性の観点から雇用前実習を豊富に実施することにより，就労のイメージや仕事に対する興味を持たせ，作業を通じて自己の役割や対人関係を意識できるよう支援することが重要である。

［支援計画］
　総合所見の結果，Aが作業への不安や抵抗感を抱きやすいことから，成功感や達成感を体験させ，自己肯定感を高められるよう，環境との相互作用に着目した支援が必要である。具体的には，雇用前実習においてB障害者職業支援センターのジョブコーチ派遣が適正と思われたが，現状では難しいため，就労移行支援事業所の支援員である筆者がジョブコーチとして支援に入ることとした。雇用前実習では，Aの障害特性や発達段階を踏まえ，仕事に対する主体性や自律性が育てられるよう，Aの作業能力に応じた環境調整と視覚的手がかりにより，認知機能を意図的に高めることで作業の見通しがもてるよう支援を計画した。

3．実習場所
　ハローワークの求職紹介でC市内にあるDスー

パーにおいて雇用前実習を行った。男女トイレ及び障害者用トイレを9時から12時までに清掃することが実習で求められる職務内容であった。Dスーパーが選択された理由として，他の実習先と比較して実習時間が短いこと，職務内容が複雑でないことなどから，Aにとって適切な実習先であると考えられたからである。Dスーパーでは以前から，障害者の実習受け入れがあり，障害に対する従業員の理解は高いと思われた。

4．作業内容

トイレ清掃の具体的な作業内容は，①モップ，バケツ，洗剤，スポンジ，クリーナー，雑巾を6枚用意する。②ゴム手袋と長靴を着装する。③「清掃中」の標識をトイレ前に置く。④ゴミ箱と消臭機を棚に移動する。⑤スポンジにクレンザーをつけ，洗面台とシンクの汚れを取る。⑥スポンジにクリーナーをつけ，便器の汚れを取る。⑦洗面台，便器，床をホースで洗い流す。⑧雑巾で鏡，洗面台，シンクを拭く。⑨モップで床の汚れと水を拭き取る。⑩雑巾で床と便器を拭く。⑪ゴミ箱と消臭機を元に戻す。⑫道具類を道具置き場に片付ける。⑬使用したモップ，雑巾，ゴム手袋を洗って干す。⑭「清掃中」の標識を片付ける。⑮ゴム手袋と長靴をぬいで片付ける。これらを時間内に終了させることが主な業務であった（表1）。

5．実習期間

雇用前実習は，20XX年9月14日から10月14日の午前9時から午前12時までの期間内に週3回（土日を除く），あわせて14日間行われた。

6．実習担当者

実習担当者からAにインストラクションがあった初日を除いて，15日間のうち13日間，筆者が観察記録と直接支援を行った。また，清掃作業終了後にDスーパーの実習担当者からAに対して清掃作業の評価が与えられた。直接支援におけるプロンプトレベルは，介入度の低い順から「言語指示」「モデリング」「手添え」とした。

7．手続き

1）支援を決定するまでの経緯

Aが実習を開始した1週目に課題として挙がったことは，指定された時間内に男女トイレ及び障

表1　作業行動の経過（9/14～10/14）

	課題項目	14	17	20	21	24	27	28	31	3	4	7	10	11	14
①	モップ，バケツ，洗剤，スポンジ，クリーナー，雑巾を6枚用意する。	○	○	○	○	○	○	○	○	○	○	○	○	○	○
②	ゴム手袋と長靴を着装する。	○	○	○	○	○	○	○	○	○	○	○	○	○	○
③	「清掃中」の標識をトイレ前に置く。	○	○	○	○	○	○	○	○	○	○	○	○	○	○
④	ゴミ箱と消臭機を棚に移動する。	○	V	V	○	○	○	○	○	○	○	○	○	○	○
⑤	スポンジにクレンザーをつけ，洗面台とシンクの汚れを取る。	P	P	M	V	V	V	V	M	V	○	V	○	○	V
⑥	スポンジにクリーナーをつけ，便器の汚れを取る。	V	○	V	○	○	○	○	○	○	○	V	○	○	○
⑦	洗面台，便器，床をホースで洗い流す。	M	V	V	V	V	V	V	V	V	V	V	V	○	○
⑧	雑巾で鏡，洗面台，シンクを拭く。	M	V	○	○	○	○	○	○	○	○	○	○	○	○
⑨	モップで床の汚れと水を拭き取る。	V	○	○	○	○	○	○	○	○	○	○	○	○	○
⑩	雑巾で床と便器を拭く。	V	M	M	V	○	○	○	○	○	○	V	○	V	○
⑪	ゴミ箱と消臭機を元に戻す。	V	○	V	○	○	○	○	○	○	○	○	○	○	○
⑫	道具類を道具置き場に片付ける。	○	○	○	○	○	○	○	○	○	○	○	○	○	○
⑬	使用したモップ，雑巾，ゴム手袋を洗って干す。	V	V	V	○	○	○	○	○	○	○	○	○	○	○
⑭	「清掃中」の標識を片付ける。	○	○	○	○	○	○	○	○	○	○	○	○	○	○
⑮	ゴム手袋と長靴をぬいで片付ける。	V	○	○	○	○	○	○	○	○	○	○	○	○	○

※プロンプト：○＝自立，V＝言語指示，M＝モデリング，P＝手添え

害者用トイレの清掃を終了することができないということであった。理由として，作業の順序や方法が理解できていないために，作業毎にプロンプトが入るということ，Ａの作業スピードが遅いことなどが考えられた。この課題に対しては，Ａや実習担当者と話し合った結果，先ずはひとつのトイレを確実に自立して行うということを目標にし，翌週から男子トイレだけを清掃させていただくようにＤスーパーに依頼した。

実習開始から２週目に明らかになってきた課題は，一つの作業終了毎にＡから筆者に対して，「できました」「終わりました」などの報告行動が頻回になされたことであった。それに加えて，Ａが「できました」という完了報告をするにもかかわらず，トイレの便器等に汚れが残っている状態であったために，ゴミや汚れを取り除いた状態に対して，「できました」という完了報告を随伴させる必要があった。ABC分析の結果，Ａの報告行動が頻回する理由は，自らの作業結果を確認し，それを弁別刺激として次の作業に進むという自律的な随伴性ではなく，仕事の仕上がりとは無関係に，他者からの評価と指示を確立操作として次の作業に移るという随伴性が定着しているためであると推察された（図１）。

以上の点を踏まえて，一つの作業が終わった後にＡ自身の弁別刺激で次の作業に移ることができること，Ａがゴミや汚れを取り除いた状態に対して，「できました」という完了報告を随伴させ

ることを目的とした作業チェック表が考案された。

２）ターゲット行動

職場適応による直接支援と環境設定によるＡの作業能力の向上，他者の評価を弁別刺激として次の作業に移るのではなく，Ａ自身の自己観察記録・自己評価・自己強化によって次の作業に移るセルフ・マネジメントの形成をターゲット行動とした。

３）ベースライン（BL）

実習初日は，実習担当者からＡに対して全課題プロンプト付きインストラクションが行われた。筆者からＡに対しての直接支援が始まった14日，17日，20日の３日間をベースライン期として，自立反応，プロンプトの記録等を行った。

４）介入１

ベースライン期では，男女トイレ及び障害者用トイレを清掃することが求められたが，介入１では環境設定の変更として，男女トイレのどちらか一つのみ清掃させていただけるように店長に依頼した結果，男子トイレのみを行うこととした。

５）介入２

作業チェック表を導入する前の２日間を完了報告に対しての言行一致のベースライン期として記録を行った。ベースライン期では，Ａからの報告行動に対して，筆者が報告しないように指示を行った。

介入２では，Ａ自身の作業評価と弁別刺激で次

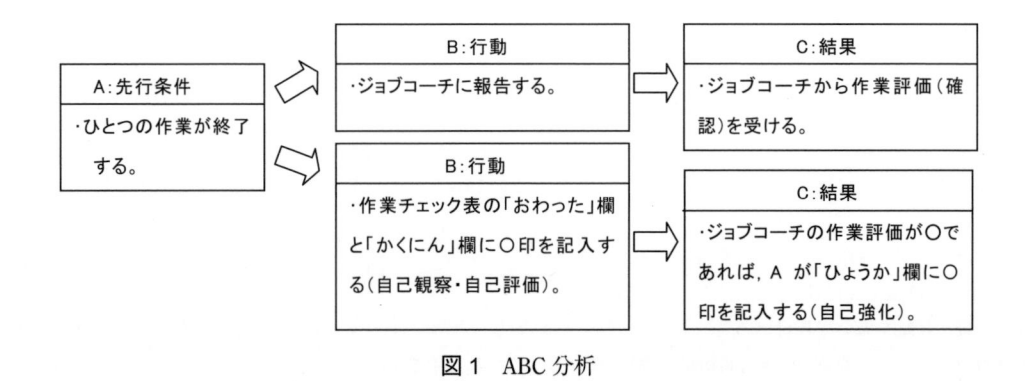

```
A:先行条件          B:行動                          C:結果
・ひとつの作業が終了   ・ジョブコーチに報告する。       ・ジョブコーチから作業評価（確
  する。                                              認）を受ける。

                    B:行動                          C:結果
                    ・作業チェック表の「おわった」欄  ・ジョブコーチの作業評価が○で
                      と「かくにん」欄に○印を記入す    あれば，Ａが「ひょうか」欄に○
                      る（自己観察・自己評価）。        印を記入する（自己強化）。
```

図１　ABC分析

の作業に移ることができること，Aがゴミや汚れを取り除いた状態に対して，「できました」という完了報告を随伴させることを目的として作業チェック表を導入した。具体的な手続きとして，一つの作業が終わった後に，Aが作業チェック表の「おわった」欄に○印を付け（自己観察記録），自分でゴミや髪の毛が落ちていないかを確認した後に，当該の作業が完了していると判断すれば「かくにん」欄に○印を付けるように教示をした（自己評価）。次にジョブコーチ（筆者）が確認してゴミや汚れがなければ「JCのかくにん」欄に○印（ゴミが落ちていた時には△印）を記入した。「JCのかくにん」が○であれば，Aに「ひょうか」欄に○印を記入するよう教示をした（自己強化）。「JCのかくにん」が△であった場合は，「ひょうか」欄に△印を記入するよう教示をした。また，作業チェック表は，一つの作業終了後に「おわった」「かくにん」「ひょうか」欄に記入することとした。

　6）従属変数

　Aの清掃作業に対する課題達成率と，「できました」「終わりました」「次いっていいですか」という報告・確認行動の回数と，「できました」という完了報告に対しての言行一致率（Aと筆者の作業評価一致率）を従属変数とした。各作業遂行における達成基準として，鏡を拭く作業は，「洗面台に設置されている鏡のほこりや指紋，洗剤などの汚れを全て拭き取ること」，洗面台を拭く作業は，「ゴミや水の飛び散り，水滴跡などの汚れを拭き取る，蛇口の水滴を拭き取り磨くこと」，小便器を拭く作業は，「便器の外側から内側へと拭き取り磨くこと」，便座便器を拭く作業は，「便座の蓋を開けて雑巾で蓋を拭き，それから便座の外側から内側の汚れを拭き取り磨くこと」，床掃除は「ホースを使い大便器から小便器へと奥の方から床全体に水をかけた後，水の飛び散り，水滴跡などの汚れを拭き取ること」とした。

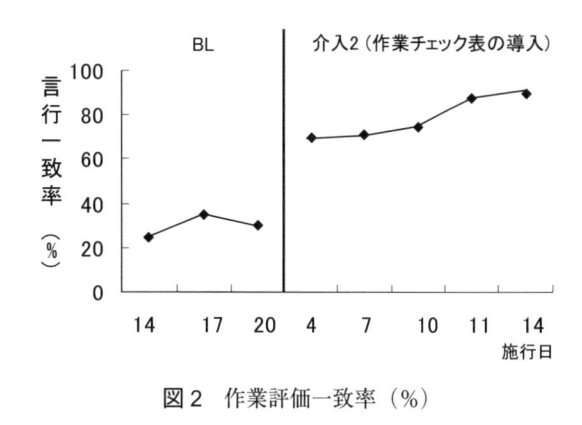

図2　作業評価一致率（％）

結　果

　表1に示す自律反応とプロンプトの割合の経過として，ベースライン期である14日には言語指示が40％，モデリングが13％，手添えが7％であった。17日には言語指示が40％，モデリング，手添えが7％となった。20日においては言語指示54％，モデリングが13％とプロンプトが70％近くに達した。男子トイレのみの清掃業務に変更された介入1になると，21日のプロンプトは言語指示のみで20％，24日は言語指示13％となった。27日には言語指示27％，28日は言語指示33％，31日は言語指示27％，モデリング6％，10月3日は言語指示40％となった。自律的な作業遂行を促す作業チェック表を導入した介入2では，4日には言語指示が13％，7日には20％，10日には13％，11日，14日には7％まで減少した。

　図2に示すBL（ベースライン期）の言行一致率は，14日には25％，17日には35％を示し，言行一致率の平均は30％だった。Aの自律的な行動を促す作業チェック表を導入した介入2の言行一致率は，4日には70％，7日には71％，10日には75％と介入3日目まで，徐々に上昇するという結果となった。しかし，11日には88％，14日には90％の言行一致率を示した。これは，作業チェック表を導入した当初，一致していなかったAとジョブコーチの作業評価の基準が，介入3

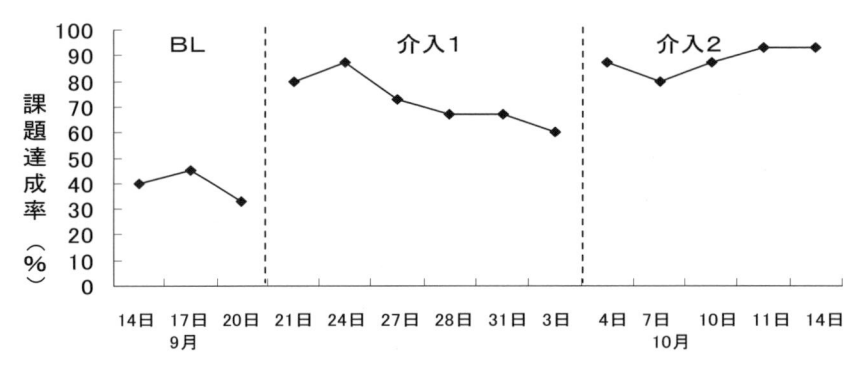

図3 作業行動の課題達成率の推移

日目以降に高い一致率を示すようになった。

図3に示すトイレ清掃における課題達成率は，ベースライン期が始まった14日で40%，17日には47%となったが，20日には33%に低下した。また，14日から20日までのベースライン期の達成率の平均は40%であった。環境設定として，男女トイレの清掃から男子トイレの清掃業務に変更した介入1では，21日に80%と上昇した。ベースライン期と比較して達成率は高い傾向を示し，介入1における達成率の平均は72%まで上昇した。しかしながら，24日に達成率が87%を記録してから，27日が73%，28日，31日が67%，10月3日が60%と達成率は低下し続けており，自律的な作業パフォーマンスができているとは言えない状況であった。

作業チェック表を導入した介入2では，4日の達成率は87%，7日には80%，10日には87%，11日，14日には93%を示し，達成率の平均は88%まで上昇した。介入1と比較しても安定して高い達成率を示し，作業チェック表がAの自律的な作業遂行を促した。

考　察

本研究では，Dスーパーでの雇用前実習に職場適応として支援する中で，Aに必要とされる支援方法や環境設定を明らかにし，作業における作業遂行の向上を図ることを検討した。

具体的には，Aが他者からの評価を次の作業の弁別刺激にするのではなく，自律的な行動で作業を遂行し，確認し，評価し，自らの行動を強化するといった，セルフ・マネジメントの形成と，作業後の「できました」という完了報告を随伴させることをターゲット行動として支援を行った。上記をターゲット行動とした理由として，実習が進行する中で明らかになったAの「できました」という完了報告は，ABC分析（図1）の結果，自律的な作業遂行ではなく他者からの作業評価を次の作業の弁別刺激にするといった他律的自己制御の発達レベルであることが推定されたからである。そこで，Aの報告行動の代替となる機能的に等価な適応的行動を形成するために作業チェック表を導入し，自律的な作業遂行を可能にするセルフ・マネジメントの形成を目標とした。

支援結果として，Aの課題達成率はベースライン期において平均40%であったが，介入1では72%，介入2では88%まで上昇した。図3によれば，男女のトイレ清掃作業から，男女のどちらかのみの清掃作業に変更する環境設定を導入した介入1，作業チェック表を導入した介入2の効果はあったといえよう。また，表1によれば，プロンプトの割合についてもベースライン期までは大半を占めていたが介入2ではなくなった。これは，作業チェック表が次の作業の弁別刺激になり，Aの認知機能に働きかけた結果，他者の評価

を介さず自己観察記録を行い，それを自己評価することで自己強化するといった自律した作業遂行を促したと考えられる。(図2)。

本研究において示された，課題達成率の安定した高い水準の維持，作業評価一致率の上昇，確認・報告行動数の減少という結果から，作業チェック表を用いて作業を行うことで，Aが他者からの指示や評価を次の作業の弁別刺激とするのではなく，作業チェック表により自律して作業を遂行することができ，より効果的に環境を変えることができるという経験を得たのではないかと考えられる。このような環境との相互作用を繰り返しながら積極的に支援することは，生涯発達の中で変化し続ける途上の存在へのアプローチのための重要な視点である。

また，Aの認知発達にとって作業チェック表の導入に当たっては，作業チェック表を使用しながら作業することができるという環境設定と実習先に環境設定が定着するように要請する援護が重要であると考えられる。その意味では完全な自己制御機能を形成したとはいいにくい。また，自己強化によって維持されている行動も，必ず第三者による外的な社会的強化によって支えられていることから，筆者または実習先の従業員による作業評価が，自律した行動の維持に依然として不可欠なものであると思われる。

作業チェック表における効果として，Aの「できました」という完了報告（言語行動）と作業チェック表の「おわった」「かくにん」欄への書字行動は，言語と書字という異なるモードであるが，確認行動を強化するうえで，機能的に等価な役割を果たしたといえる。さらに，筆者とAの作業評価が一致した時には「ひょうか」欄に○印を記入し，一致しなかった時は△印を記入すると

いう弁別作業により，Aの確認行動を強化する随伴性が確立されたのではないかと考察する。

今後の発達的課題として，「今，ここで」を生きる社会的存在として，援助付きであっても成功感や達成感を体験できるよう支援内容を検討することが重要である。それには，セルフ・マネジメントの般化手続き，つまり，別の実習先においても作業チェック表を用いた自律的な作業遂行が可能であるか，また，同じ実習先であれば，作業チェック表がなくても自己観察，自己評価，自己強化に基づく作業が可能であるのかについても検討していく必要があるだろう。

文　献

Hughes, C., & Rusch, F.R. (1997). Teaching supported employees with severe mental retardation to solve provlems. *The Japanese Association for Behavior Analysis*, **22**, 365-372.

King-Sears, M.E., & Carpenter, S.L. (2005). ステップ式で考えるセルフ・マネージメントの指導 (三田地真実, 訳). 東京: 学苑社. (King-Sears, M.E., & Carpenter, S.L. (1997). *Teaching self-management to elementary student with developmental disabilities*. United States : American Association on Mental Retardation.)

佐藤　宏. (2006). ジョブコーチ支援の現状と今後の展望. *第14回職業リハビリテーション研究発表会論文集*, パネルディスカッション.

山本淳一・國枝ゆきよ・角谷敦子. (1999). 発達障害児におけるセルフ・マネージメント・スキルの獲得と般化. *障害児教育実践研究*, **6**, 29-36.

謝辞

今回，研究の事例とさせていただくことを快く承諾していただき，ご協力いただいた保護者及び関係者の皆様，そして，ご指導を頂きました先生方に感謝申し上げます。

Koichiro, Matsuda, **The formation of self-management for workplace fixation of the person with autism in hopes of working: Through training support assuming employment.** Japanese Journal of Clinical Developmental Psychology 2009, Vol.4, 171-179.

This is a case report in which the author, as a job coach, supported the person in hopes of working, responding to each of his disorder characteristics of autism in the pre-employment training. To be more concrete, as a result of intervention in environmental adjustment at the workplace using work checklists, the percentage of task achievement increased higher than that seen in the baseline period. Moreover, the coincidence of achievement standards required at the workplace and the work evaluation was attempted. Therefore, the use of work checklists proved to be effective on forming self-management to carry out work independently without having instruction or evaluation from others. The examination of generalization procedures using work checklists remains to be solved.

【Key Words】 Autistic disorders, Self-management, Job coach, Training support, ABC analysis

■コメント

佐竹　真次
山形県立保健医療大学

　本研究は，応用行動分析に基づくジョブコーチングにより自閉症の人に作業行動を形成することに加えて，作業チェック表を導入することによりセルフ・マネジメントを形成したことに特徴がある。自閉症の人は自分の作業結果を見直すことに慣れない場合があり，そのままでは他者が認める作業水準に到達しないことがある。その点について，作業チェック表を用いて丁寧な言行一致訓練（自己観察記録→自己評価→他者評価→自己強化）を行うことにより，自他共に認める作業水準を安定的に維持するというセルフ・マネジメントを確立したことが見事であると思われる。

　しかし，「自己強化によって維持されている行動も，必ず第三者による外的な社会的強化によって支えられていることから，筆者または実習先の従業員による作業評価が，自律した行動の維持に依然として不可欠なものであると思われる」と筆者が言うように，せっかく獲得したセルフ・マネジメントをいつまでも維持するために，必要最小限のどのような支援を設定すればよいのかを明確化しておくことも重要と考えられる。

　本研究は研究デザインがしっかりとしており，実践研究をまとめる際の参考となると思われる。

思春期自閉症児の「問題行動」
——発達的理解と教育的対応

今泉　祥子
京都府立桃山養護学校

　　攻撃行動を中心とする「問題行動」を頻発していた中学部の一事例をとりあげ，1年間（2003.4〜2004.3）に出現した「問題行動」の分析を行い，「問題行動」の発達的な理解と教育的対応について検討した。①「問題行動」は，機能的にみると，a. 攻撃行動，b. からかい行動・ふざけ，c. 性的行動，d. 強迫的・儀式的行動，e. 閉じこもり，f. その他　に分類された。②「問題行動」の中に，自分なりの見通しやつもり，自己主張や自我要求，不安な時の他者へのからかいなど，通常の年齢で3歳〜3歳後半にみられる社会性と自我の発達の姿を確かめることができた。③「問題行動」への実際的な対処とともに，文脈理解の力や他者の「こころを読む能力」を育てるための長期的な展望をもつ教育指導が重要である。

【キー・ワード】　思春期自閉症，「問題行動」，自閉症児の発達，教育的対応

研究の目的

　発達障害児の在籍する知的障害養護学校においては，自閉症児や広汎性発達障害の児童・生徒の占める比率が高くなっている。特に養護学校中学部には，思春期年齢であることとも関わって，いわゆる「問題行動」のある生徒が多く在籍している。中学部においては，思春期にある自閉症児の教育について，これまでの障害児教育の成果を学び引き継ぐとともに，思春期教育の課題を意識した自閉症児に対する教育内容と方法の創造と確立が大きな課題になってきている。

　本研究では，攻撃行動を中心とする「問題行動」を頻発していた養護学校中学部生徒の事例を取り上げ，1年間（2003.4〜2004.3）に出現した「問題行動」の分析を行い，「問題行動」の持つ機能を明らかにすると同時に，「問題行動」の発達的な理解をすすめ，思春期自閉症児の教育的対応の問題を考察する。

研究方法

　養護学校での観察や行動記録に基づいて「問題行動」を抽出し，その行動の分析を行う。あわせて発達検査や実験を実施し，発達段階の把握を行う。

1．対象事例

　一例Aとする。観察時はB養護学校中学部1年生。現在は高等部1年生（2006年7月時）。男子。

　1歳半健診では特に問題は指摘されなかった。2歳頃，「言葉がでるのが遅い。言葉がでてもすぐ消えてまた違う言葉がでる。耳が悪いのではないか」と母親が心配を始めている。

　2歳10か月時点でNクリニックを受診し自閉症と診断される。このころ多動も目立った。

　以後3か月に一度の通院を4歳まで続けた。4歳からY市の療育教室に3か月通うが，転居のため隣県の幼稚園に8か月間通園する。5歳の時にY市に戻り市立幼稚園と療育教室に並行通園

の形で1年間通い就学をむかえる。幼稚園では加配教諭と1対1の関わりで1日を過ごすことが多かった。この時期に1語文で要求を伝えられるようになった。

小学校の情緒障害児学級に小学校2年生まで在籍する。週1回は同校に設置されていたことばの教室に通級している。

小学校低学年で，人に石を投げる，本を破るなどの「問題行動」がめだちはじめ，小学校のアドバイスもあって，小学校3年生（8歳）でB養護学校へ転校する。健康上の問題では，アトピー性皮膚炎・気管支喘息の既往歴がある。

「問題行動」の経緯について概括する。小学部3年生（8歳）の転入時は，学校では比較的落ち着いて過ごし，飲めなかった牛乳も飲むようになる。が，家では原因不明のパニックで泣くことが度々あった。小学部4年生（9歳）では，行事の後に学校でも泣くようになり，注意されると怒るなどの行動が見られる。女児のパンツを覗く行動が初めて記録されている。小学部5年生（10歳）で，人を蹴る・モノを投げるなどのパニックが頻発する。イライラした状態が続き，「ダメ」などの禁止の言葉に過敏に反応するようになる。学校では性器を見せる，女児のパンツを触る行動があり，同時期に，家庭では眉や体毛をカミソリで剃る行動がみられはじめた。小学部6年生（11歳）では，クラスの子ども集団の人数や構成が変わり少し落ち着いた状態になる。授業で学習したことをきっかけに毛糸の「織物」を始めるが，学校にいる間は常に織物をしており，学習への参加は織物を少しだけ中断して手早く課題だけをするという状況になる。しかし，織物を家庭ですることはなかった。

発達の経緯をみると，運動機能・手指操作・認知機能などでは，通常の年齢で4歳ごろに獲得されるケンケンやハサミの操作・四角形模写などが，不十分さを持ちつつ小学校中学年でできはじめ，パターン化した人物画で自分や家族なども描けるようになる。言語機能の発達は，通常2歳半ころ獲得される大小などの関係概念の獲得が遅れ，了解問題では違うところを向いて答えないという状況が数年続いていた。

教育指導の経過については，家庭では幼児期から，身辺自立の課題とともに，数字・文字を中心にカードを用いた学習が始められ，小学校入学時には，数字カードを見て数字を模写し10までの加算がカードを使ってできるようになっていた。小学校では，指導者が1対1で対応できる体制がとられた。しかし，得意とする数字や文字のプリント学習には参加するが，授業をしている教室や体育館に入らないことが多く，他の児童と共に学習できることはまれであった。養護学校小学部でも1対1で関わる体制がとられ，個別カードで日課や手順を知らせながら，身体や手指を使って行う具体的な活動を中心にとりくまれた。高学年では調理，紙漉，編み物など生活に有用な内容が加えられる。その他，ことばや数の認識に視点をあてた学習が週2時間設定されていた。

2．期　間

2003年4月〜2004年3月。Aは当時中学部1年生。

3．分析方法

（1）「問題行動」の分析

授業の逐次記録・日誌法による生活行動記録から239場面を抽出し，ABC分析を行う。

（2）発達の分析

新版K式2001発達検査の記録，ふり遊びなどの実験記録，その他の補助検査項目などを用いて分析する。

結果と考察

（1）「問題行動」の分析結果は以下の通りである。

①「問題行動」は，機能的にみてa．攻撃行動，b．からかい行動・ふざけ，c．性的行動，d．強迫的・儀式的行動，e．閉じこもり，f．その他

（門を越えて外にでようとする，うろうろ行動など）に分類された（図1参照）。

図1でとりあげた「問題行動」の回数は，ある場面で起こした行為の一つ一つをカウントしたのではなく，一連の行動の起こっている問題行動事態を1回としてカウントしたものである。その場面が，年間239場面記録され，それを100％として分析している。以下の分析についても同様である。

②なかでも，攻撃行動の比率が「問題行動」の40％と一番高い。攻撃行動は人に対する攻撃行動と物に対する破壊行動に分けられ，うち人に対する行動が68％を占めた。

③これらの行動の出現形態を学期毎にまとめる（図2参照）。

攻撃行動には顕著な減少が見られ，3学期には1学期の半数以下になる。「問題行動」の形態が対人的な攻撃や暴力から，軽い性的な接触行動やからかい行動に移行していく傾向がうかがわれる。後述するが，3学期には投薬が開始され，その直後にはケットをかぶるなどのとじこもり行動がしばらく見られたが，すぐに解消した。

④人への攻撃行動の目的は，自分のしたいことを止められたことに対する抵抗や抗議，苦手なこ

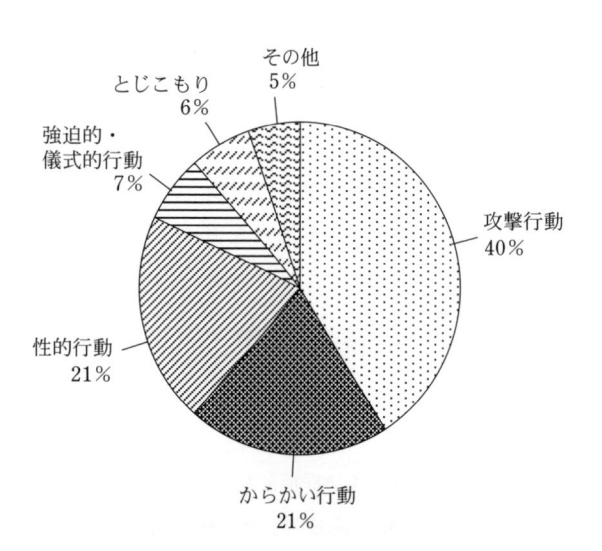

図1 「問題行動」の出現形態

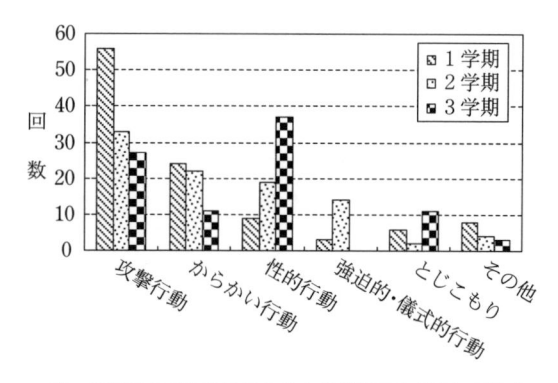

注．学期毎の変化を見るため1学期80日と仮定して比率を計算した。

図2 「問題行動」の学期別変化

とを指示されたときの拒否，自分を認めてほしいという自我の要求，人への拒否・恐怖・不安，友だちへの行動修正要求，物への要求や「〜してほしい」等の要求であった。

物に対する破壊行動は，直前の諸条件によるものは比較的少なく，アトピー性皮膚炎による体調不良などに影響されたイライラした気分・興奮状態の持続状態が要因としてあった。

⑤次に多いのは，からかい行動・ふざけである。からかい行動の意味をそれの起こった行動の文脈から判断すると，指導者や友だちに対して遊び感覚で関わり人間関係をつくっている積極的側面と，これらの行為をすることで課題や緊張状況を避け，不安な気分や緊張を解消するための調整的な行動，もしくは拒否や抵抗を示している行動という2つの側面があった。不安な時は，人をからかうことで，または織物に集中することで状況から一時的に避難をし，気持ちの立て直しを図っていた。

「問題行動」を起こしたときのAの気分と感情を，分析した（図3参照）。

ここでも，一連の問題行動事態を1回とカウントしている。A児の気分・感情については，その行動事態をひきおこした前後の行動の文脈に基づいて筆者を含む複数の担任で判断した。

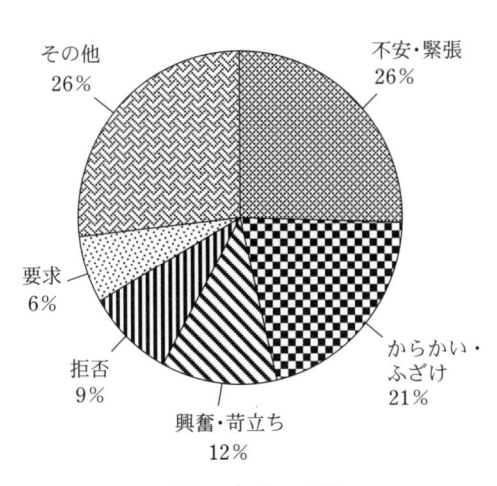

図3　気分・感情

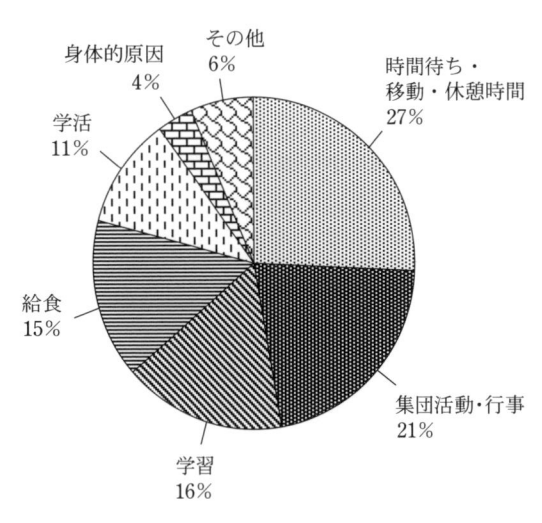

図4　出現時間帯

　「不安・緊張」「からかい・ふざけ」が合わせて50％弱を占めた。ここからAの環境や人への過敏性や不安傾向の高さを見てとることができる。不安や緊張は，大きな集団での活動で緊張が高まる時の不安，特定の人に対するおびえなどの表現である。さらに提示された課題に対して果たしてできるかという心配や戸惑い，自信のなさ，それらの課題をすることへの心理的抵抗，拒否感，人が自分をどう評価するのかに対する懸念なども含んでいる。「からかい・ふざけ」も，先述のように不安や緊張を解消するための気分調整や緊張場面からの一時的な逃避という役割をもっていると考えられる。

　⑥ Aの場合，性的行動は体育祭や交流，マラソン大会などの行事とも関係が深い。行事の練習や事前指導が始まると女性指導者に対する軽い接触が増える傾向にあった。不安な状況を乗りこえるために援助を求めている姿ともとらえられる。このように性的行動には身体的な理由だけでなく，気分の変動や情緒的不安を解消するための機能もあると考えられた。

　⑦「問題行動」が最も出現しやすいのは，時間待ちや移動・休憩時間である（図4参照）。

　時間待ち・移動・休憩の時間が27％と多い。

内容を見ると，授業中の時間待ちでパニックになることは少なく，休憩時間と移動時間に「問題行動」を起こすことが大半である。しかし，休憩や移動時に起こったことに直接の原因があることはまれで，その直前の時間帯に何にどうとりくんだのか，その時間をどう過ごしたのか，どのような気分で終了したのかということに大きく左右されていた。

　「できなかった」など前の時間からひきついだ気分の切り替えがうまくいかずに，人が周りにいない時間帯にそのストレスや苛立ちを様々な「問題行動」で解消している姿がある。そうした時に友だちとの関係でトラブルになることも多くあった。

　⑧担任を含む数名の対象者に対して，「この人には～する」というような特定の相手に対応した特定の「問題行動」の機能と様式を持っていることがわかった（詳細・図は省略）。

　人に対して「問題行動」を起こしたときには，直接の指導を他の指導者に変わることで落ち着いた状態に戻れることが度々あった。Aの場合には，多様な人間関係や人的環境がまわりにあることは，密着的で固着的になりやすい関係を調整し，精神的安定を保障するために有効に働いたと

いえる。

（2）次に，発達診断の結果と「問題行動」の発達的把握の問題をまとめる。

言語社会領域において3～4歳の課題が不通過で，認知・適応領域においては7歳の課題を通過するという発達のアンバランスを持っている。姿勢・運動領域では4～5歳の課題を通過している。

①全身運動の発達は2次元可逆操作獲得期，動作的操作の発達は2次元可逆操作期，言語的操作においては2次元形成期後期，情動や社会性の発達においても2次元形成期後期にあると診断した。発達の段階区分は，田中（1987）の「可逆操作の高次化における階層─段階理論」による。

②言語の発達では，大小・長短などの2次元の対比的な関係概念が育ってきており，「大きい～」「赤い～」という2次元のことばの表現が生活の中では使える。重さなど目では直接観察されない2次元の単位も認識している。「中」「中くらい」という言語での表現はないが，視覚的には3つの丸の系列化ができる段階である。

③荒木（2000）は，発達との関連で自閉症児の「マインドリーディング」の問題を論じているが，記憶にもとづく記号的ことばによる2次元可逆操作ができるようになると，文節や文意を一つの単位として可逆操作でき，文脈構成力や文脈理解力を飛躍的にすすめることにつながり，そのことによって相手の「こころを読む」能力が育ってくるとしている。Aの場合，模写課題，色の名称，数の認識などの他の2次元操作が通過しているにもかかわらず，2次元の記憶の保持（4数復唱，積木叩き）や構文理解（了解問題，短文復唱，性の区別）に特徴的な弱さを持っている。これらの事実から，Aの対人関係上の諸問題や相手の気持ちや考えがわかりにくいということが発達的な問題としても理解できる。

④情動や社会性の問題では，「～シタラアカン」と言いながらしてしまう段階で，抑制的な行動調整機能は十分でないと考えられた。全体として，場所や人，課題に対してパターン的な行動や思考を形成しやすい特徴を持っている。

⑤ブラシで梳かす，電話をかける，歯ブラシをするなどの日常の簡単なふりをイメージし形態的によく似た半具体物を操作して再現する力はみられた。しかし自発的なふり活動は，小学部時代を含めて観察されていない。人形に対するふり遊びは，モデルがあれば理解し再現できるが，人形の動きを主体の活動として理解し人として操り，その体験や感情を共感的に理解するという点では困難がある。これらは，生活の場面では，身近な他者の行為の背景にある意味やつもりを理解することができないという他者認識を表すものである（小山・神土，2004）。

⑥攻撃行動に見られる「反抗」などの自己主張の表現や自我要求の存在は，自─他の分化がはじまり自己と他者の関係が成立していることを示しており，自分の意図やつもりを持ち自分を周囲の人たちから区別しようという意志の表れであると考えられる。不安や緊張は，障害の特徴である環境や人に対する過敏性の表現であるとともに，発達的には，自分の置かれている環境や自分の能力に対する自己評価ができはじめ課題ができるのだろうかという心配や，他者が自分をどのように評価しているのかに対する不安などがその内容であると考えられた。これらの内容からAの「問題行動」は，発達的には，通常の年齢で3歳～3歳後半児にみられる社会性と自我の発達の表れと考えることができる。

まとめ：教育的対応

「問題行動」に対する指導については，文脈理解の力や他者の「こころを読む能力」を育てるための長期的な展望をもつ教育指導とともに，実際的な対処としては，子どもの気持ちを察して行動を予測し行動を事前に防止すること，起こしてしまった場合は，叱責・叱正ではなく本人にわかる

ような具体的な方法で行動の意味を知らせていく指導が大切である。Aの場合は，その行動の激しさや衝動性と同時に，自己信頼の低さや自分に対する自信のなさがめだち，他者の気持ちが読めないことが重なって，さまざまな行動を引きおこしているものと判断でき，そうした人格発達における問題や困難に配慮した長期的な指導が必要であると考えられた。

2004年2月，両親，担任とともに児童精神科を受診し，行動の障害に対して投薬が始められた。Aは現在，高等部1年生になり，進学にともなって大きな教育課程や時間割の変更などを経験したが，指導内容や集団編成，教育的対応の工夫ともあいまって，比較的おちついた学校生活を送っている。

自閉症児に対する教育的対応については，第1に，人との交流の中で，対人的な安心感や情緒的な安定を築くこと。第2に，教育内容は，子どもの主体性や内的動機を大事にして構想されること。第3には，そうした教育内容が，自閉症児の人や環境に対する過敏性，関係理解のむずかしさなどの障害の特徴に充分配慮して具体化されることが必要である。そのような対応が幼少の時期から継続され，その過程では，自閉症児童・生徒の発達・障害・生活実態を把握し，ていねいに一人一人の子どもを理解していくことが求められる。それらの前提のもとで，諸科学の成果に学びながら，様々な方法が教育的な観点を持って適切にとりいれられるべきであると考える。自閉症児に理解しやすい場や時間の設定，課題提示の工夫が必要であることはいうまでもない。さらにこうした教育指導は，個別指導だけでなく組織された集団指導を通して，子どもと子どもをつなぎ，子どもと指導者・大人を結びつけるという観点をもってすすめられることが，思春期という年齢を考えた時，自己認識や他者理解をすすめていくという意味でも重要であると考える。

文献

荒木穂積．(2000)．自閉症児における発達診断と教育的対応について．*障害者問題研究*, **28** (3), 12-21.

小山　正・神土陽子（編）．(2004)．*自閉症スペクトラムの子どもの言語・象徴機能の発達*．京都：ナカニシヤ出版．

田中昌人．(1987)．発達における対称性原理について．田中昌人（著），*人間発達の理論*（pp.63-156）．東京：青木書店．

Imaizumi, Shoko, **Case study report on the "Behaviorial Problems" of an autistic adolescent boy.** Japanese Journal of Clinical Developmental Psychology 2006, Vol.1, 91-96.

This is a case study report of an autistic adolescent boy's behavior conducted in the period from 2003 to 2004. Issues of his behavior were related to "aggression" and its expressions. Six sub-categories were applied for functional analysis: aggressive behavior, teasing, sexual behavior, obsessive / ceremonious behavior, withdrawal and others. Functionally, these subcategories have included the social / ego expression usually appearing at 3 years of age such as insight and assertion. Practical conversation, educational techniques and developmental support for fostering context- reading in social situations as well as the ability to read the mind of others (Theories of Mind) appear to be of primary importance to adolescent boys.

【Key Words】　Adolescents with autism spectrum disorders, Problem behavior

■コメント

須田　治
首都大学東京・大学院人文科学研究科

　実践研究誌の目的を，教育的支援とか社会福祉的支援を重視して，発達的理解を相対的に軽く見るということも，現実の制約のなかでは，致し方のないことはよく解る。
　しかしじっさいには支援において，「発達的理解」こそが，不適応形成の機序を推定するために必要であり，さらに当事者やその家族自身が，環境との関係を調整する重要なヒントとして，「発達的理解」そのものを得ることが必要でもあることも強調されるべきである。たとえば，わたしの進行中の研究では，アスペルガー障害の思春期・青年期の人びとに当事者インタビューをして，再認識したのは，発達的理解にもとづく専門的説明や助言のなされなかったケースには，困難が著しかったことである。すなわち，発達が何よりも本人のものでもあることを前提とし，わたしたちは「発達的理解」そのものを，説明し，実践することに関心を寄せるべきではないだろうかと思うのである。
　今泉さんのこの論文は，発達的理解へのその現場での取り組みを探ろうとしている。この著者は，1年間の集計された数値と自己の観察とのやりとりから，興味深い子どもの理解を引き出している。たしかに発達臨床的な理解とは，このような包括的理解であって良いとも思う。しかしもう一方で，その筆者（支援者）がどういう直観の積み重ねでそうしたセンスを育て，子どもの理解を深めるに至ったのかを説明することも必要ではないかとも考える。そこでこれから先は，以下（1）（2）のような発達的理解を進めることを期待したい。すなわち（1）このケースの問題行動のデータを，筆者は，主体の生きた時間の文脈から切り離して，集計して全体を概観している。とりわけ問題行動の出現が，時間待ちや休憩のとき，あるいは緊張からの逃避のときに見られているというが，行動の流れをとらえる分析をすると，それが気分調整であるとか，注目欲求であることとかを推測することができたのではないだろうか。ヴィデオを使わないとしてもABC分析を工夫することを期待するのである。（2）またこの筆者は，この子どもへの教育的対応をいくつか見いだしている。アセスメント的な把握と教育的対応に関連づけてとらえるとき，子どもにどういう変化を導いたか，それを縦断的なケースの問題行動の変化を把握することも望まれることである。

資　　料

【資料Ⅰ】『臨床発達心理実践研究』執筆の手引き（2009年6月版，抜粋）

1．実践研究の目的：何のための「研究」だろうか？（省略）

2．投稿論文の形式

論文は一般に，「要旨」，「問題」，「方法」，「結果」，「考察」，（「謝辞」）の各項目に分けられます。

1）要旨

読者が要旨を読むことで，手短に論文の内容を把握できるためのものです。目的・対象および方法・結果・考察を端的にまとめます。最初はメモ書きでかまいません。最終的に文章に仕上げます。

2）問題（はじめに，問題と目的などとも表記される）

読者に，この実践研究の意義と目的を理解してもらうために書く部分です。著者がこのテーマに注目する理由，この実践研究に関連した分野で明らかにされている知見，この論文で検討すべき事柄および目的などについて記載します。

実際の執筆に際しては，「問題」は最初ではなくて，最後に書くことが多いようです。考察とバランスをつけながら，論文を完成させるためです。

3）方法

方法では，対象児，指導期間，指導場所，教材（器具），指導手続き，結果の整理方法などを客観的，具体的に記載します。対象児の項目では，アセスメント，保護者および本人からの主訴・依頼事項，本人の得意な点などの行動および心理特性などを含めます。必要に応じて文献の引用を行います。

この部分は，指導計画および指導実施時に確定しているので，最も書きやすい箇所であると考えられます。

★特に事例研究の場合，以下の点に考慮して方法を記述すると良いでしょう。（以下は，臨床発達心理士申請ガイドを参考にしています）
　(1) 発達支援の対象者の概要（年齢，性別，生育歴，家族構成，支援・教育歴等。）
　(2) 発達支援等を実施した機関・施設・場所
　(3) 実施期間
　(4) アセスメント（発達検査や行動観察，また環境・生態学的調査など）
　(5) 総合所見

「(4) アセスメント」の結果から，
　a. 対象者の発達（生理・医学的側面，心理・学習・教育的側面など）に関する個体能力的観点からの実態や問題点
　b. 対象者に関わる人々・環境（環境・社会・文化的側面＝家族や教師・仲間など対人的環境，物理的環境）に関する実態や問題点
(6)「(5) 総合所見」に基づく支援仮説，長期・短期支援目標の設定。支援計画の策定。
　a. 対象者への支援
　b. 対象者に関わる人々（家族や教師・仲間など）や環境への支援

4）結果

　この実践研究で得られた結果を読者に簡潔に分かりやすく示します。結果は本文で記述し，本文を補足するために，図や表を加えます。図表は結果を明快に示しますが，多くの紙面を使うので，数を少なくすることに努めます。

　図表には，内容が一目で分かる題目や，理解を促す脚注を付けます。図の題目は図の下に，表のそれは表の上に書くのが一般的です。図の背景は白とし，目盛り線は縦横軸に限り，図の中に加えないようにしてください。

　まず最初に結果をまとめることが考えられます。結果が確定すると，結果に対応した形で，論文のその他の部分をまとめることができます。

★特に事例研究の場合，以下の点に考慮して結果を記述すると良いでしょう。
　支援等の経過を
　a. 対象者の時系列的変化
　b. 対象者に関わる人々（家族や教師・仲間など）や環境の時系列的変化
にできる限り分けて検討します。

　また，変化のようすがわかるよう，わかりやすく段階を分けて記述します。

　結果の記述の仕方は，できる限り量的記述（頻度データ），質的記述（エピソード記述）を組み合わせることが望ましいといえます。質的記述だけでも結果の記述になり得ます。質的記述は，やまだ（1987），麻生（1990）などを参考にして下さい。

5）考察

　まず，結果から導き出すことができる結論を述べ，次にその根拠を述べます。このとき，「問題」で引用した先行研究の知見を参照し，結論を補強すると説得力が増します。考察を書くにあたって，この研究から主張できる知見・事実の範囲を常に意識し，過剰な表現やテーマから外れた展開を避けるように心がけます。考察の最後に，この研究の成果と課題を述べます。

　段落毎ごとに一つのテーマについて述べます。また，最初か最後にその段落の結論を述べます。このようにすると，論旨が明確に読者に伝わります。

★特に事例研究の場合，以下の点に考慮して考察を記述すると良いでしょう。

支援の結果には，支援目標が達成された面と，達成されなかった面があるでしょう。これらから対象者の発達のメカニズムを検討し，最初の評価より一層深い，また新たな観点による対象者理解・評価を行い，今後の支援の課題と方法について考えます。

(1) 時系列的変化のメカニズムの検討
 a. 対象者の時系列的変化のメカニズム：
  対象者自身の生物学的変化・成長，支援の効果，およびそれらの相互作用などがどのように関連しあったのか。また，どの時期の，どのような操作が，どのメカニズムに効果をもたらしたかについて検討します。
 b. 関わる人々・環境の時系列的変化のメカニズム：
  対象者に関わる人々がどのように変化をしたのか，対象者に関わる人々や環境への支援の効果，およびその相互作用について検討します。
(2) 目標設定・支援方法の妥当性，支援の効果の検討
  (1)と関連させ，これらが妥当であったかを，支援の効果・限界について自己検証します。
(3) 新たな理解・評価と今後の課題
  支援をすることによって，対象者について更に深い理解，評価がなされたはずです。
  例えば，「支援によって……のような面の伸び，変化は見られたが，……のような面の困難さが認められた。」などです。これらから今後の課題・支援方法が導き出されると思われます。
(4) そのことを通して人間の発達メカニズムや，類似の事例について，先行研究と対照しながら，支援の一般化についても，考察することが望まれます。この点がなされている場合には「事例研究」としての意義が高いといえます。

6）謝辞

研究を進める上で協力，支援をしてくれた人，助言をしてくれた人などの名前を挙げて感謝の意を表します。また，子ども達や保護者など研究に協力していただいた方（通常匿名）への感謝を述べることもあります。この部分は，論文に必須でなく，筆者が必要と判断する場合に含めます。

3．文献と引用の仕方

1）文献の書式

論文中に引用された文献は，論文の最後にまとめ，見出しは「文献」とします。文献は，日本語文献と外国語文献に分けず，著者名のアルファベット順に並べます。

＊雑誌名および書名は斜体（イタリック体）で表記します。
 出版地を出版社の前に記載します。
 著者名はファミリーネーム，ファースト／ミドルネーム（イニシャルのみ），で表記します。複数著者の場合の表示は，日本語文献では・を，外国語文献では＆を使用します。
 外国語文献の編書の場合，編者名の後に，編者が1人の場合は Ed., 複数の場合は Eds. を入れます。

①雑誌：著者名．(発行年)．表題．*雑誌名*, 巻（必要な場合は号数），開始頁－終了頁．

＊紀要の大学の所在地，学会論文集の開催大学名は省く．

・本郷一夫．(2006)．臨床発達心理士の役割と課題．*臨床発達心理実践研究誌*, **1**, 159-164．
・秦野悦子．(1983)．指さし行動の発達的意義．*教育心理学研究*, **31**, 255-264．
・Denham, S. A. (1986). Social cognition, prosocial behavior, and emotion in preschoolers: Contextual validation. *Child Development*, **57**, 194-201.

②書籍：

日本語文献

著者名．(発行年)．*書名*．出版地：出版社．

・大藪　泰．(2000)．*共同注意――新生児から2歳6ヵ月までの発達過程*．東京：川島書店．
・山上雅子．(2001)．*自閉症児の初期発達*．京都：ミネルヴァ書房．
・子安増生．(2000)．*心の理論*．東京：岩波書店．
・岡本夏木．(1982)．*子どもとことば*．東京：岩波書店．
・正木健雄．(1995)．*おかしいぞ子どもの体*．東京：大月書店．
・上野一彦・撫尾知信・飯長喜一郎．(1991)．*絵画語い発達検査*．東京：日本文化科学社．
・嶋津峯眞．(1985)．*新版K式発達検査法*．京都：ナカニシヤ出版．

外国語文献

・Sroufe, L. A. (1996). *Emotional development: The organization of emotional life in the early years*. New York: Cambridge University Press.
・Nader, K. O., Blake, D. D., & Kriegler, J. A. (1994). *Instruction manual: Clinician-administered PTSD scale, child and adolescent version*. White River Junction. VT: National Center for PTSD.

③分担執筆：著者名．(発行年)．引用部表題．編者名（編），*書名*（pp. 開始頁－終了頁）．出版地：出版社．

・鈴木典子・小此木加江．(2000)．性別とひきこもり．狩野力八郎・近藤直司（編），*青年のひきこもり*（pp.54-66）．東京：岩崎学術出版社．
・松澤正子．(1999)．「注意」の発達．正高信男（編），*赤ちゃんの認識世界*（pp.115-156）．京都：ミネルヴァ書房．
・久原恵子．(1981)．形式的操作．梅津八三・相良守次・宮城音弥・依田　新（監修），*新版心理学事典*（pp.525-526）．東京：平凡社．
・荻野美佐子・小林春美．(1997)．コミュニケーションの発達．井上健治・久保ゆかり（編），*子どもの社会的発達*（pp.185-204）．東京：東京大学出版会．
・Tomasello, M. (1993). On the interpersonal origins of self concept. In N. Neisser (Ed.), *The perceived self-ecological and interpersonal sources of self-knowledge* (pp.174-184). Cambridge: Cambridge University Press.
・Zimmerman, B. J. (2002). Theories of self-regulated learning and academic achievement. In B. J. Zimmerman, & D. H. Schunk (Eds.), *Self-regulated learning and academic achievement: Theoretical perspectives* (2nd ed.) (pp.1-37). Mahwah, New Jersey: Lawrence Erlbaum Associates.

④翻訳書：原著者名．(発行年)．書名（訳者名，訳）．出版地：出版社（原著者名．(発行年)．*原書名*．出版地：出版社．)

＊原書名は斜体（イタリック体）で表記します．

著者名はファミリーネーム，ファースト/ミドルネーム（イニシャルのみ），で表記します．複数の表示は＆を使用します．

・Astington, J. W. (1995). 子どもはどのように心を発見するか（松村暢隆, 訳）. 東京：新曜社. (Astington, J. W. (1993). *The child's discovery of the mind*. Cambridge: Harvard University Press.)
・Garvey, C. (1980).「ごっこ」の構造（高橋たまき, 訳）. 東京：サイエンス社. (Garvey. C. (1977). *Play*. Cambridge Mass: Harvard University Press.)
・Lazarus, R. S., & Folkman, S. (1991). ストレスの心理学（本明　寛・春木　豊・織田正美, 監訳）. 東京：実務教育出版. (Lazarus, R. S., & Folkman, S. (1984). *Stress, appraisal, and coping*. New York：Springer.)

⑤政府刊行物等：編集機関名. (出版年). *書名*. 発行元.

・内閣府（編）. (2002). *国民生活白書　平成13年版：家族の暮らしと構造改革*. 東京：ぎょうせい.
・厚生労働省. (2004). *労働経済白書（平成16年版）*. 東京：ぎょうせい.
・毎日新聞社人口問題調査会（編）. (1998). *「家族」の未来："ジェンダー"を超えて*. 東京：毎日新聞社人口問題調査会.
・大阪府児童虐待対策検討会議. (1990). *被虐待児の早期発見と援助のためのマニュアル*. 大阪：大阪府児童虐待対策検討会議.

⑥修士論文・博士論文：著者名. (論文提出年). 論文タイトル. 修士論文（あるいは博士論文）. ○○大学. 大学所在地.

・今井むつみ. (1997). 日本語主要助数詞の意味と用法. 博士論文. 東京大学. 東京.

⑦学会報告原稿：著者名. (発行年). 原稿タイトル. *学会報告要旨集名*, 頁.

・辻あゆみ・高山佳子. (2003). 自閉症児におけるやりとりと模倣Ⅳ. *日本特殊教育学会第41回大会発表論文集*, 720.
・長崎　勤・松浦千春. (1999). 幼児は他者の欲求意図をどのように理解するか？ *日本発達心理学会第10回大会発表論文集*, 433.
・黒田吉孝. (2000). 健常乳幼児の「バイバイ」の身振り獲得過程にみられる手の平を内に向けた「逆向きパイパイ」の出現について. *日本特殊教育学会第38回大会発表論文集*, 366.

⑧電子メディア：

当該情報のタイトル，URL，アクセス年月日の順に記載します．

・文部科学省. (2002). 平成13年度の生徒指導上の諸問題の現状について（速報）. http://www.mext.go.jp/b_menu/houdou/14/08/020820.htm. 2008.3.21.
・中学校教育課程分科審議会. (1998). 第5回議事録. http://www.mext.go.jp/b_menu//shingi/12/kyouiku/gijiroku/004/980501.htm. 2005.6.1.

2）本文中の引用の仕方

著者名の省略は避け，全員の名前を明記します．ただし，著者が3名以上の場合は初出時のみ全員の名前を明記し，その後は「（筆頭著者名）ほか」，欧文の場合は「（筆頭著者名）et al.」と記します．著者が複数の場合，著者名の連記は以下の例に従います．

①文中の場合

【例】吉田・鈴木（1998）および我妻（1999）は……。
　　　滝口・宮沢・末松（2005）は……。……滝口ほか（2005）……。
　　　Davis & Sanderson（2000）は……。（著者が2名の場合，&の前に（,）を入れません。）
　　　Hala, Chandler, & Fritz（1991）は……。……Hala et al.（1982）によると……。（著者が3名以上の場合，&の前に（,）を入れます。）
②文末などの（　）内の場合
【例】……と報告されている（加藤・渡辺, 2004；別府, 2003）。
　　　……と報告されている（Okun, Melichar, & Hill, 1990）。
＊引用文献が複数の場合はセミコロン（；）で連ねます。
カッコ内の引用順は，論文末にあげる引用文献の順に準じます。
③電子メディアの場合
当該情報のタイトル，URL，アクセス年月日の順に記載します。

3）その他

文献と引用の仕方の詳細は，日本発達心理学会機関誌編集委員会（2005）の「論文原稿作成のための手引き」を参照してください。

〈参考文献〉

学会連合資格「臨床発達心理士」認定運営機構.（2006）.「臨床発達心理士」認定申請ガイド―2006年度版―.学会連合資格「臨床発達心理士」認定運営機構.

「発達障害研究」常任編集委員会.（2004）.発達障害研究論文投稿マニュアル.日本発達障害学会.

日本発達心理学会機関誌編集委員会.（2005）.論文原稿作成のための手引き.日本発達心理学会.

(2008年3月29日　常任編集委員会承認)

【資料Ⅱ】　研究倫理

1．事例報告における配慮

事例報告の記述にあたっては，対象者のプライバシーが十分守られるように配慮し，記述の中で対象者が容易に特定できるような情報は出さないように気をつけることが必要である。

論文においては，固有名詞は避け（A児などの表記），家族構成や実施機関や期間も差し障りがある場合は省くことが必要である。

またレポートの性格上，対象者を特定する情報を記載する場合は，本人あるいは保護者の了解を得ておくことが望ましい。

研究倫理に関しては古澤・斉藤・都筑（2000），安藤・安藤（2005）を参照してください。

〈文献〉

安藤寿康・安藤典明（編）.（2005）.事例に学ぶ心理学者のための研究倫理.京都：ナカニシヤ出版.

古澤頼雄・斉藤こずゑ・都筑　学（編著）.（2000）.心理学・倫理ガイドブック.東京：有斐閣.

2．臨床発達心理士倫理綱領

この倫理綱領は，臨床発達心理士の役割と任務の主旨にそって，臨床発達心理士として考慮すべき事項を示すものである。

第1条（人権の尊重）
臨床発達心理士は，その任務の遂行を通して関わるすべての人の基本的人権を最大限に尊重することにより，その人の人格を傷つけたり，権利を侵害することがないように留意することが求められる。

第2条（責任の保持）
臨床発達心理士は，自らの活動について，社会的・人道的責任を自覚することが求められる。

第3条（発達支援の実行への配慮と制約）
臨床発達心理士が，発達支援活動を行う場合，相手の心身状態および環境条件に最大限の配慮をはらい，活動を通して関わる人に，専門的職務の範囲を越えた介入をしないように留意することが求められる。

第4条（秘密保持の厳守）
臨床発達心理士は，その活動の性質上，関わる人の個人的側面に直結する情報に触れるのを回避することはできないが，その活動を通して知り得たいかなる情報をも支援活動の範囲を越えて，使用しないように留意することが求められる。

第5条（研修の義務）
臨床発達心理士は，自己の専門的資質を高い水準に保持しつづけるように努力することが必要である。そのために，臨床発達心理士は，臨床発達心理学やその関連領域の新しい研究知見の動向に積極的な関心をもち，自ら研修に努めることが求められる。

第6条（研究と公開）
臨床発達心理士が，臨床発達心理学に関する研究を行う場合，研究への協力者に対して，不要な負担をかけたり，苦痛や不利益を与えないように留意する必要がある。また，その研究成果公開にあたっては，学術的に公正であり，社会的責任を明白にすることが求められる。

第7条（倫理の遵守）
臨床発達心理士は，この倫理綱領を十分に咀嚼し，決して違反することがないように努めることが求められる。

※附則：この倫理綱領は，2001年12月2日より施行する。

■ 『臨床発達心理学の実践研究ハンドブック』編集委員会
○佐竹　真次　山形県立保健医療大学　　　　　　藤野　博　東京学芸大学
　長崎　勤　筑波大学　　　　　　　　　　　　　三宅　篤子　帝京平成大学
　山崎　晃　明治学院大学　　　　　　　　　　　伊藤　英夫　文京学院大学
＊宮﨑　眞　岩手大学　　　　　　　　　　　　　石川由美子　聖学院大学
　関戸　英紀　横浜国立大学　　　　　　　　　　○は編集委員長，＊は編集幹事

■ 事例執筆者（執筆順）
　高橋ゆう子　大妻女子大学　　　　　　　　　　松田　幸恵　岩手県立盛岡みたけ支援学校
　石川由美子　聖学院大学　　　　　　　　　　　宮﨑　眞　編者
　坂上　裕子　青山学院大学教育人間科学部・　　大槻美智子　千葉県香取市立佐原小学校
　　　　　　　日立家庭教育研究所　　　　　　　吉井　勘人　筑波大学附属大塚特別支援学校・
　加藤　邦子　日立家庭教育研究所　　　　　　　　　　　　　筑波大学大学院人間総合科学研究科
　沼崎　裕子　日立家庭教育研究所　　　　　　　　　　　　　博士後期課程
　京野　尚子　大妻女子短期大学　　　　　　　　松本　惠子　千葉県八千代市立八千代台小学校
　飯島　典子　東北大学大学院教育学研究科　　　長崎　勤　編者
　本郷　一夫　東北大学　　　　　　　　　　　　米山由希子　東京都立小金井特別支援学校
　倉盛美穂子　鈴峯女子短期大学　　　　　　　　藤野　博　編者
　三宅　幹子　編者　　　　　　　　　　　　　　新井　豊吉　東京都立あきる野学園
　荒木久美子　北海道札幌市ひまわり整肢園　　　佐竹　真次　編者
　井上　孝之　岩手県立大学　　　　　　　　　　関戸　秀子　神奈川県立麻生養護学校
　杉山　弘子　尚絅学院大学　　　　　　　　　　関戸　英紀　編者
　金田　利子　同朋大学　　　　　　　　　　　　本田　正義　山形県南陽市ことばの相談・
　秦野　悦子　白百合女子大学　　　　　　　　　　　　　　　指導訓練教室（指導員）
　廣利　吉治　東海学院大学　　　　　　　　　　野口　昌宏　作新学院大学職員
　西川由紀子　華頂短期大学　　　　　　　　　　　　　　　　（元作新学院高等学校教諭）
　坂田　和子　福岡女学院大学　　　　　　　　　梅宮れいか　福島学院大学
　山崎　晃　編者　　　　　　　　　　　　　　遠藤　美行　同志社大学・遠藤心理発達相談室
　土谷みち子　関東学院大学　　　　　　　　　　松田光一郎　社会福祉法人　北摂杉の子会
　森岡　茂樹　三重県名張市立名張中学校　　　　今泉　祥子　京都府立桃山養護学校
　中田ゆかり　高知県高知市立初月小学校

■ コメント執筆者（執筆順）
　河合　優年　武庫川女子大学　　　　　　　　　関戸　英紀　編者
　長崎　勤　編者　　　　　　　　　　　　　　藤野　博　編者
　足立　智昭　宮城学院女子大学　　　　　　　　宮﨑　眞　編者
　山崎　晃　編者　　　　　　　　　　　　　　三宅　篤子　編者
　佐竹　真次　編者　　　　　　　　　　　　　須田　治　首都大学東京
　内田　芳夫　鹿児島大学

一般社団法人　臨床発達心理士認定運営機構
日本臨床発達心理士会

〒160-0023　東京都新宿区西新宿 6-20-12　山口ビル 8F
FAX　03-6304-5705
メールアドレス　shikaku@jocdp.jp

21の実践から学ぶ　臨床発達心理学の実践研究ハンドブック

2010 年 8 月 26 日　初版第 1 刷発行　　　　　　　　　　　〔検印省略〕
2022 年 8 月 30 日　初版第 4 刷発行

編　者　一般社団法人　臨床発達心理士認定運営機構
　　　　　日本臨床発達心理士会

発行者　金 子 紀 子

発行所　株式会社　金子書房

〒112-0012　東京都文京区大塚 3-3-7
電話　03-3941-0111 ㈹
FAX　03-3941-0163
URL　https://www.kanekoshobo.co.jp
振替　00180-9-103376

印刷・藤原印刷株式会社　製本・一色製本株式会社

Ⓒ 2010　Japanese Organization of Clinical Developmental Psychologists
ISBN978-4-7608-3815-8　C3011
Printed in Japan